捧 读

触及身心的阅读

显微镜下的孟浩然

霍俊明 著

贵州出版集团
贵州人民出版社

图书在版编目（CIP）数据

显微镜下的孟浩然 / 霍俊明著. 贵阳：贵州人
民出版社，2024.1

ISBN 9787221178633

Ⅰ.①显… Ⅱ.①霍… Ⅲ.①孟浩然（689740）
传记 Ⅳ.①K825.6

中国国家版本馆CIP数据核字(2023)第163800号

XIANWEIJING XIA DE MENGHAORAN

显微镜下的孟浩然

霍俊明　著

出 版 人　朱文迅

策划编辑　张进步

责任编辑　严　娇

装帧设计　仙境设计

责任印制　刘洪鑫

出版发行　贵州出版集团　　贵州人民出版社

地　　址　贵阳市观山湖区中天会展城会展东路SOHO公寓A座

印　　刷　宝蕾元仁浩（天津）印刷有限公司

版　　次　2024年1月第1版

印　　次　2024年1月第1次印刷

开　　本　880毫米×1230毫米　　1/32

印　　张　11

字　　数　262千字

书　　号　ISBN 9787221178633

定　　价　45.00元

目录

显微镜下的大唐、烟火气与孟浩然

在大唐近三百年间的两千两百多位流传后世的诗人中，孟浩然早已经被经典化了。在大街上随机问一个人是否知道孟浩然，他（她）只要读过小学或中学就应该能够说出孟浩然广为流传的两首诗来，即"春眠不觉晓，处处闻啼鸟。夜来风雨声，花落知多少"（《春晓》），以及"移舟泊烟渚，日暮客愁新。野旷天低树，江清月近人"（《宿建德江》）。如果再继续追问，他（她）可能还会想起李白给孟浩然写过一首非常著名的送别诗："故人西辞黄鹤楼，烟花三月下扬州。孤帆远影碧空尽，唯见长江天际流。"（《黄鹤楼送孟浩然之广陵》）

以上关于孟浩然的印象，对于大众尤其是普通读者而言也就足够了。但如果深究起来的话，实际上孟浩然是一位一直被严重误读的刻板化、扁平化、类型化的诗人，甚至较之人们熟知的同时代的李白和杜甫跌宕起伏的人生，人们对孟浩然的一生几乎一无所知。

一千两百多年来，人们总是习惯性地想到孟浩然隐居的襄阳鹿门山，想当然地把他归结为一个纯然的隐士和山水田园派的隐逸诗人。

的确，孟浩然给后世留下的除了"隐士"和"山水田园诗人"之外，似乎就没有别的什么了。

究其原因，这与孟浩然一生只是两次短暂地做过荆州长史的幕僚而没有出仕做官的"布衣"经历有关，因为在科举时代，一个没有功名和社会地位可言的"处士""隐士"在死后往往是不会被时人重视的，这也是孟浩然的墓地很快就遭到了破坏而墓碑也不知所终的原因。正是因为墓碑不存，孟浩然的生卒年月、家世、经历以及他的妻子和后代的信息几乎是空白的。这也涉及唐代著名诗人孟郊是不是孟浩然的孙子这个问题，尽管这不妨碍好事者杜撰出孟浩然与当地一名叫韩襄客的歌妓的一桩情事。

另外，孟浩然对待自己诗歌的态度非常随意，往往是写完就丢掉了，而不会特意留存，以致他大量的诗歌基本都散佚了，只留下两百多首诗——其中有的还被认为是托名之作。

尽管孟浩然去世后不久，他的同乡王士源就四处搜集他的诗并编定《孟浩然集》三卷，尽管李白、王维、王昌龄、张九龄都是孟浩然的挚友并一定程度上传播了他的诗名，尽管杜甫、白居易、皮日休、张祜、司空图以及欧阳修、苏轼、黄庭坚、沈德潜等对孟浩然及其诗评价极高——比如沈德潜所评价的"从静悟中得之，故语淡而味终不薄"（《唐诗别裁》），但是一直有诸多关于孟浩然的疑问至今仍未解开……

那么，追问就来了！孟浩然到底是一个什么样的诗人？他的一生是怎样度过的？他有什么样的性格、遭际和命运？他是不是一个真正的隐士？他有没有不为人熟知的另一面或多个侧面？

所以，此次为孟浩然作传，我的出发点和写作方法是开放而又谨慎的。

一部好的传记既应该是专业的、全面的、深刻的、还原的、客观的，也应该具有亲切的体温和可触摸的生命感，更重要的是，还要具有文字的可读性和趣味性。

也就是说，为孟浩然作传，我不想让其成为小说家式的天马行空的狂想和无视或无暇顾及基本史实的空中高楼。与此同时，对于电视、网络以及社交媒体上各种低幼的、庸俗的、抖机灵的知识贩卖以及迎合低端审美趣味的过期心灵鸡汤式的解读唐代以及唐诗的做法我更不以为然。

我只想尽可能地还原出一个更为全面、真实、复杂、多侧面甚至自相矛盾的孟浩然形象。然而，这一还原过程和写作过程却是如此地艰难！

显然，"以诗证史"的传统做法对于研究孟浩然而言是远远不够的。

以往，人们只能更多地借助孟浩然的两百多首诗歌来求证他的性格、命运、交往以及出游，即"以诗证事""以诗证史"。但是，几乎除了杜甫之外，古人尤其是唐人写诗对具体的时间、地点、事件以及背景的交代不仅是模糊的而且往往是碎片化的、跳跃性的，这就遗留了诸多难解的谜团。比如，李白和孟浩然第一次相遇的时间，孟浩然几次到长安又几次往吴越，孟浩然在哪一年参加的进士考试，等等，都有诸多争议。正是因为整体性的缺失以及缺乏足够证据的支撑，人们对孟浩然小至一首诗的写作时间大到一个时期的人生经历都会有诸多存在争议甚至互相矛盾的说法。

要想全面而准确地还原孟浩然的形象，我们还必须把他置身于整个唐代尤其是开元时期的政治、军事、经济、地理、文化、生活的大框架中来综合考量。

也就是说，这不只关乎孟浩然的性格、诗歌、精神世界以及他一生的遭际，还与整个盛唐尤其是开元时期的社会文化大环境密切相关，也就是要进一步探究孟浩然背后的大唐历史和文化。我们既要关心孟浩然作为一个诗人和隐者的精神境遇，也要关注一个大时代的"烟火气"和可感可触可信可敬的微观日常生活。我更感兴趣的正是要着重复现和还原孟浩然以及同时代的唐人是如何生活、劳作、写作、科考、出行、贬谪、宴饮以及交游的，探究他们的冠帽、服饰、妆容以及生活处境、起居环境、交通条件、代步工具是什么样子的，还原大唐的交通、财政、官场、风物、建筑、饮食、舞乐、绘画尤其是科举文化、酒文化、隐士文化、佛道文化以及山水文化的面貌，考察唐代不同的社会阶层以及以长安、洛阳、襄阳、荆州、浙东为代表的地方的市井文化、世俗社会与乡村生活、农事场景等。

为此，几年来我通读了几乎所有关于孟浩然的诗文材料、研究著作以及几百篇的论文。在跨语际译介文化的传播背景下，我还阅读了包括著名的汉学家和海外作家（包括诺贝尔文学奖获得者）埃兹拉·庞德、约瑟夫·布罗茨基、奥克塔维奥·帕斯、圣-琼·佩斯、维克多·谢阁兰、加里·斯奈德、詹姆斯·赖特、波顿·沃森、泰奥菲尔·戈蒂耶、肯尼斯·雷克斯罗斯（王红公）、宇文所安、薛爱华、伊沛霞、田晓菲、杜德桥、倪健、杜希德、高友工、赖瑞和、梅祖麟、勒·克莱齐奥、艾略特·温伯格、比尔·波特、爱德华·谢弗、麦大维、平野显照、石见清裕、丸桥充拓等人关于孟浩然、唐诗文化以及唐代专题研究史的材料。

除了《礼记》《汉书》《后汉书》《隋书》《新唐书》《旧唐书》《唐会要》《唐六典》等案头书，我还通过《初学记》《开元天宝遗事》《安禄山事迹》《明皇杂录》《刘宾客嘉话录》《封氏闻见录》《北梦琐言》《朝野佥载》《唐诗归》《册府元龟》《云溪友议》《云仙杂记》《唐诗纪事》《唐摭言》《本事诗》《唐语林》《唐音癸签》《唐才子传》《太平广记》《世说新语》《酉阳杂俎》《云麓漫钞》《述异记》《集异记》《独异志》《夜航船》以及《诗品》《东坡志林》《沧浪诗话》《蜾斋诗话》《苕溪渔隐丛话》《石洲诗话》《唐人轶事汇编》《唐诗百话》《唐诗杂论》《唐代诗人丛考》《唐诗的读法》《唐代交通图考》《唐代墓志汇编》《唐代政治史述论稿》《唐代财政》《唐代财经问题与国家治理研究》《唐代政治经济史综论》《唐代经济史》《世界视野下的唐代科技文明》《中国服饰史》《中国古代服饰研究》《唐代仕女画研究》《唐代长安与西域文明》《唐代科举与文学》《唐代文学与佛教》《隋唐佛教史稿》《生态文化视野下的唐代长安佛寺植物》《唐代舞蹈》《唐代乐舞》《唐代城市乐人研究》《唐代妇女生活》《唐代女道士的生命之旅》《金缕瑞衣：法门寺地宫出土唐代丝绸考古及科技研究报告》等来了解唐代的宗室、年号、司法、政策、军事、科技、经济、城市、交通、宗教、艺术、服饰、生活、墓葬（壁画）以及诗学、诗坛的掌故等。

从唐代开始，凭吊和赞颂孟浩然的诗文渐多，所以我还得留意与孟浩然同时代的诗人、中晚唐诗人以及宋明时期的诗人是如何认识和评价孟浩然及其诗的。

因为同时代的王维以及后世宋、明时期的画家为孟浩然画过像，所以为了还原孟浩然的具体形象我就得了解一下唐代以来文人画的传统，要搜集不同时期关于孟浩然画像的资料——比如《宣和画谱》

《韵语阳秋》《历代名画记》，据此考察孟浩然瘦削的形象以及冒雪骑驴的落魄文士形象是如何形成的。

孟浩然是隐士，是"地方诗人"，但是他平生又非常注重结交朋友。他的朋友圈极其庞杂，少说也有两三百位形形色色的朋友，因此他的诗更多地带有应酬和交际的成分。孟浩然的朋友既有不同层级的官员和名士，也有诸多的僧人、道士和隐士，还有一些不知名的社会各个阶层的普通朋友。为了研究孟浩然，我得关注他各种层面的交往，比如他们是生死之交、知音之交，还是泛泛之交、势利之交。此外，我还将这几百人的资料都重新查找了一遍，包括他们大量的正史信息以及墓志等重要生平材料，在此过程中弄清了唐代文官的构成体系。这对于进一步梳理和印证孟浩然的交游、行迹以及性格、人品都非常有帮助。

孟浩然是襄阳人，他的很多诗歌都与故乡风物以及荆州有关，所以对于襄阳城的历史、文化、名胜、山水、地理位置的重要性以及唐代普通农家的生活我一定要有深入而全面的理解。为此，我又通读了大量的不同朝代所修撰的襄阳地方志，比如《襄阳府志》《襄阳县志》《同治襄阳县志》《钟祥县志》，还包括《襄阳耆旧记》《三国志》《三国演义》，等等。值得一提的是，伟大诗人杜甫与襄阳的渊源极深，这里是他的故乡，甚至他的衣冠冢就在这里。

古代诗人都是名副其实的旅行家，孟浩然更是超级背包客，常年在外游历，所以在襄阳以及荆州之外，我还要考察孟浩然一生的行迹。除了《水经注》《元和郡县图志》《舆地纪胜》《太平寰宇记》《方舆胜览》之外，我又找来唐代长安、洛阳以及襄阳、荆州的城市格局图，找来隋唐大运河、浙东地图以及唐代的交通地图。我要考察当年的孟浩然从洛阳走水路到吴越的具体线路，考察他数次的吴越之旅，尤其是包括绍兴和天台山在内的浙东"唐诗之路"的线路图，考察他从长安入蜀乃至到明月峡的行迹，考察他从襄阳去长安所要经过的路线和诸多驿站等。这是极其耗费精力的艰难的阅读过程，因为具体的地名乃至道路在不同年代都可能经历了巨大的变化。

通过考证和还原，我们会发现孟浩然并非一个纯粹的隐士，而是个性格十分矛盾的诗人；所以我还要关注他为什么一直在儒家和道家、入世与出世、官与隐之间纠结不已，关注他参加科举的真正动因——比如是不是为了给父母尽孝道而求仕，关注他广泛交游、寄情山水、求仙问道的内在心理机制和深层的复杂动因。

孟浩然不只是一个山水田园诗人，他还是与李白一样喜好剑术的用剑高手。

孟浩然一生体弱多病。他在出行的途中数次病倒并且每次患病都比较严重，在人生的最后几年一直卧病故园，而他的猝死也颇多戏剧性和宿命的成分，所以必然要还原一下孟浩然的病症以及死因，比如他的死与背疽复发、饮酒和食鱼鲜有没有直接的联系。为此我又阅读了《刘涓子鬼遗方》《齐民要术》《唐本草》《本草纲目》等。

孟浩然几乎不喝茶却嗜酒如命，平生以"酒狂"山简（253—312）作为自居的榜样，是有唐一代名副其实的"酒徒"，甚至因贪杯而耽误了大好前程。正是因为爱酒、嗜酒，孟浩然有数量颇为可观的饮酒诗，所以我必然要谈谈唐代的酒文化以及诗人与酒的特殊关系。

孟浩然是一个超级食客，是名副其实的老饕。那么，为什么他与同时代的王昌龄、王维、李白、杜甫以及宋代的苏轼、梅尧臣都如此偏爱生鱼片（鱼脍）这道美食？他为什么极其喜好故乡的美味槎头鳊？为此，我要对唐代的粮食生产、饮食结构和地方物产有一定的了解才行。

唐代诗歌的传播离不开科举取士，离不开宴饮和聚会，离不开教坊、青楼、酒肆、茶馆和驿站这些中介场所，所以我得通过科举文化（行卷之风）、歌舞文化、乐伎文化和大众传播文化来进一步考察孟浩然的诗歌传播背景及其所处时代的市井文化、田园文化的构造。

孟浩然有着深厚的儒家背景，按照孟氏族谱，孟浩然为孟子的第三十三代孙。儒家传统对孟浩然的人品和言行影响很大，所以很多性格完全不同的人也能成为他的好友，比如李白和王维都是孟浩然的挚友，但是李白和王维的一生却没有任何交往的迹象。值得注意的是，从很小的时候开始，孟浩然就格外喜好佛道文化，儒、释、道这三种文化对他的影响复杂地体现在他的人格、写作、交游以及世界观、人生观和价值观当中。除了在故乡鹿门山隐居之外，孟浩然一生遍访名山形胜以及大大小小的道观和寺庙，他有数量庞大的僧人、道士以及隐士朋友，所以我要对隐士文化以及唐代禅宗和道教的发展状况有一定的了解，要对襄阳地区以及长安、洛阳、浙东地区的名僧、道士和寺庙、道观的具体情况有所把握。所以，我又阅读了《高僧传》《五灯会元》《洛阳伽蓝记》等。

为孟浩然作传，也就是为唐诗立传，为唐人立传，为唐代立传。更准确一点讲，这也是为"当代"立传，因为我们熟知"一切历史都是当代史"，我们总是避免不了以当下的眼光来看待历史。

有一年的十月中旬，秋风渐起的时候，我独自一人站在温州的江心屿和楠溪江畔，望着眼前奔流不息的江水，我竟然在一瞬间不知今夕是何夕。千年万载奔流不息的江水和崭新的拔地而起的高楼同时出现在我的面前，而我们不可能把这些时代之物从风景当中直接抹去或视而不见。

这就是时代和生活的现场。

在迅速转换的历史背景和时代境遇中，诗人应该时时提醒自己，如果你看不清自己所踩着的这片土地，不呼吸掺杂着烟火气和异味的空气，不说当下体会最多、感受最深的话，你有什么资格去做一位诗人，你有什么理由和权利去解读历史，又何以借助孟浩然来感物寄兴、游目骋怀、思接千载、发思古之幽情？

总之，这一次我想尽量把孟浩然置于历史大背景和有烟火气的生活的显微镜之下。

我也相信，一个真切、丰满而又复杂、分裂的孟浩然形象以及他所处的盛唐时代的纷繁气象已经来到了读者朋友们的面前，正所谓"惊涛来似雪"，"沧江急夜流"，千古诗人侠隐梦……

卷
一

病发与猝亡

第一章
背疽与折耳根

唐代中晚期以及后世诗人凭吊孟浩然的诗不少，在此随举一例：

> 每每樵家说，孤坟亦夜吟。
>
> 若重生此世，应更苦前心。
>
> 名与襄阳远，诗同汉水深。
>
> 亲栽鹿门树，犹盖石床阴。

——张蠙《吊孟浩然》

这位张蠙为晚唐人，生卒年不详。张蠙少年成名，唐宣宗至唐昭宗（847—904）年间他与许棠、张乔、郑谷、任涛、周繇、剧燕、吴罕、温宪、喻坦之、李昌符、李栖远等十二位寒士诗人被称为"咸通十哲"，又称"芳林十哲"。唐昭宗乾宁二年（895）张蠙中进士，授校书郎，曾任栎阳尉、犀浦令。

由张蠙这首凭吊诗中的描述，我们人体可知孟浩然的墓地位于鹿门山附近，墓的四周树丛遮掩。对于孟浩然而言，虽然他的肉身早已湮灭，但其诗名与襄阳城、岘山和汉水永存。

孟浩然辞世后，于唐宪宗元和十五年（820）中状元的施肩吾（780—861）登上襄阳岘山亭写诗怀念这位被李白誉为"风流天

下闻"的孟夫子："岘山自高水自绿，后辈词人心眼俗。鹿门才子不再生，怪景幽奇无管属。"（《登岘亭怀孟生》）

当回溯孟浩然的一生，剥除千百年来留下的风流、潇洒和自然、率性的隐士风范的常规印象之后，我们会发现一个更为真实而丰富的孟浩然。实际上在很多时候，孟浩然活得并不轻松，甚至一直处于自我互搏式的反复纠结之中，"几千年来一直让儒道两派思想维持着均势，于是读书人便永远在一种心灵的僵局中折磨自己"（闻一多《唐诗杂论·孟浩然》）。孟浩然诗才名动天下却怀才不遇的命运不能不令人感叹唏嘘，正如白居易《与元九书》所言："李白、孟浩然辈不及一命，穷悴终身。"

在大唐开元时期（713—741）的诗人中，孟浩然五十二岁离世已经不算短寿的了，其时的平均寿命也就是三十岁左右。观其一生，孟浩然时常生病是一个非常突出的事实，比如他的《晚春卧病寄张八》《李氏园林卧疾》《初年乐城馆中卧疾怀归作》《家园卧疾毕太祝曜见寻》《疾愈过龙泉寺精舍，呈易、业二公》等诗所记，正所谓"已抱沉痼疾，更贻魑魅忧"（孟浩然《送王昌龄之岭南》）。对于孟浩然来说，这些多年痼疾终成大患，也为他的离奇去世埋下了无法救治的病灶。开元二十八年（740）是孟浩然在人世的最后一年。

开元二十六年（738）春夏之交，作为荆州大都督府长史的孟浩然思乡归隐心切，又由于身体有疾而终于还乡卧病。

此次孟浩然伏枕卧病的时间比较长，从开元二十六年夏初开始，到了深秋时节仍在病中。此时，孟浩然已经五十岁了，《礼记·王制》载"五十始衰"，他已经到了"斑白恨吾衰"的年纪。

此际，孟浩然卧病寒室，门前冷落，朋友隐遁。这种空前的萧瑟、孤冷之感也让"平生重交结"的孟浩然开始反思自己一生结交的朋友中到底有多少是真正的朋友。此时,任太祝(正九品上)的毕曜来访,暂时缓解了孟浩然心中的疑虑。

秋深,人单,卧病,室冷。老友毕曜在此际来访,真正可以说得上是雪中送炭。

> 伏枕旧游旷,笙簧劳梦思。
>
> 平生重交结,迨此令人疑。
>
> 冰室无暖气,炎云空赫曦。
>
> 隙驹不暂驻,日听凉蝉悲。
>
> 壮图哀未立,斑白恨吾衰。
>
> 夫子自南楚,缅怀嵩汝期。
>
> 顾予衡茅下,兼致禀物资。
>
> 脱分趋庭礼,殷勤伐木诗。
>
> 脱君车前鞅,设我园中葵。
>
> 斗酒须寒兴,明朝难重持。
>
> ——孟浩然《家园卧疾毕太祝曜见寻》

孟浩然确实嗜酒如命。即使已经卧病好几个月,但是一见到老朋友来访,他仍然按捺不住想要喝酒的冲动,仍然控制不住地频频举起手中的酒杯。

孟浩然在《家园卧疾毕太祝曜见寻》中提到的"葵"在古代是比较常见的蔬菜,即"古人恒食之"(清代阮元)。葵为"五菜"——葵、薤、葱、藿、韭——之一,薤即薤头,藿为豆类作物的叶子。基本上今天我们已经不再食用葵,对此物也没有多少认知和感受了。

葵，又称葵菜、落葵、冬葵、冬寒菜、木耳菜、豆腐菜，为一年生或二年生草本植物。叶片较为肥厚且微有皱缩而呈肾形，嫩叶和嫩梢可以食用，茎叶可入药。由葵菜，我们自然想起了《诗经》中的"六月食郁及薁，七月亨葵及菽"，想到汉乐府的"青青园中葵，朝露待日晞"以及"春谷持作饭，采葵持作羹"，此外还有"采葵莫伤根，伤根葵不生"。到了元代，葵菜仍被认为是"百菜之主"（王祯《农书·农桑通诀》），但是到了明代已经基本不再食用，正如李时珍在《本草纲目》中所说："而今人不复食之，亦无种者。"

毕曜，生卒年不详，曾任太祝，于乾元二年（759）任监察御史，后遭流放黔中。毕曜与孟浩然、杜甫、独孤及等为好友。杜甫曾作《赠毕四曜》一诗："才大今诗伯，家贫苦宦卑。饥寒奴仆贱，颜状老翁为。同调嗟谁惜，论文笑自知。流传江鲍体，相顾免无儿。"

开元二十六年（738）秋天，王昌龄被贬岭南，途经襄阳时拜访孟浩然。王昌龄与孟浩然可不是普通的朋友关系，而是在长安时同盖一条被子的挚友、知己。二人久别重逢，然而一个卧病、一个流放，加上时至深秋，此情此景自是令人悲欣交集。如孟浩然诗云："洞庭去远近，枫叶早惊秋。岘首羊公爱，长沙贾谊愁。土毛无缟纻，乡味有槎头。已抱沉痼疾，更贻魑魅忧。数年同笔砚，兹夕间衾裯。意气今何在，相思望斗牛。"（《送王昌龄之岭南》）

因为溽热加之年长体衰，身体机能下降，孟浩然旧病复发。令人意想不到的是，孟浩然的后背上长了疽，只能侧卧或趴在床榻之上，在痛、痒的折磨下更是食欲不振、心烦意乱，真是痛苦至极。

对此，我有过近乎相同的极其难挨的感受。

1989年夏天，不知什么原因我竟然患上了蛇胆疮，民间称为蛇盘疮，也就是带状疱疹病毒影响神经和皮肤的感染性疾病。起初是腰部两侧有零星分布，之后就不断向前、后呈腰带状蔓延。那时村里没有医生，就听信了偏方，每天用锅底灰和烟袋油子抹到患处，但是不管用，患处时时有灼热感和刺痛感。几天下来，整个人乏力、低热、焦躁异常、坐卧不安，甚至整晚整晚地睡不着觉。整个腰部和背部快爬满了蛇胆疮，眼看病情越来越重，父亲带着我去了镇上的卫生院。一个白白胖胖的张大夫给我开了一包西药，那些白色的小药片吃到第三天的时候就已经有了明显的效果，那些疱疹不断变小、萎缩……

关于背疽这个病，晋代刘涓子所著的外科专书《刘涓子鬼遗方》（又称《神仙遗论》）中有相关记述："凡发背，外皮薄为痈，皮坚为疽。如此者多现先兆，宜急治之。皮坚甚，大多致祸矣。"可见，"发背"看似小疾，实则大患。

《刘涓子鬼遗方》还提供了一个治疗痈疽的药方："淡竹叶（四升）、麦门冬（去芯）、黄芍药、干地黄、生姜（以上各三两）、前胡、黄芩、升麻、远志（去芯）、栝蒌、大枣（十四枚）、当归（一两）。上十二味先以水一斗八升，煮竹叶、麦门冬、黄芍药、干地黄、生姜，取一斗，去滓内诸药，再煮，取三升，分温三分。"背疮的另外一个医治方法是用大蒜（十瓣）、淡豉（半合）、乳香（一钱）研细作为药。疮上先铺上一层湿纸，纸上再铺药一层，厚约二分。艾灸百壮左右，痛灸至痒，痒灸至痛。这一药方出自《本草纲目》，是李时珍总结的医学经验，但我们已经无法确知孟浩然当年是如何医治自己的背疮的了。

关于孟浩然的背疽再说几句，因为它还关系到孟浩然的死因。

古代人是比较注重食疗的，而截菜（折耳根）对治疗背疮有一定的效果。

蕺菜既是蔬菜又是药草。按照《本草纲目》记载，如果患有背疮热肿，可以把蕺菜捣成汁涂在患处，留出透气的孔以便泄散热毒。

蕺菜又称岑草，为多年生草本植物，茎上有节，叶子互生而呈心脏形状，根茎和叶有鱼腥气味。蕺菜也就是我们所熟识的折耳根、鱼腥草，有的地方又叫作狗贴耳、猪鼻拱、侧耳根、狗心草、狗蝇草、臭菜、臭猪巢等。蕺菜，味辛、性寒凉，归肺经，可全株入药，嫩根茎可食，具有抗菌、抗病毒、提高机体免疫力以及利尿等作用，有清热、解毒、利水之效，能够治疗肠炎、痢疾、肾炎水肿及乳腺炎、中耳炎等。

南宋《会稽志》载："蕺山在府西北六里，越王尝采蕺于此。"古人其实很早就开始食用蕺菜了，汉代张衡《南都赋》就有记述："若其园圃，则有蓼蕺蘘荷，薯蔗姜䕩，菥蓂芋瓜。"再比如南北朝时谢灵运（385—433）的《山居赋》所记："畦町所艺，含蕊藉芳，蓼蕺裸荞，葑菲苏姜。绿葵眷节以怀露，白蓤感时而负霜。寒葱摽倩以陵阴，春藿吐苕以近阳。"更不用说在战乱、饥荒年代，劳苦人民挖掘蕺菜以充饥、果腹了。北魏贾思勰所著的《齐民要术》卷九提供了具体的制作蕺菜食物的方法："蕺去土、毛、黑恶者，不洗，暂经沸汤即出，多少与盐。一升，以暖米清沞汁净洗之，及暖即出，漉下盐、酢中。若不及热，则赤坏之。"

那么，居于湖北襄阳的孟浩然能吃到折耳根吗？

按照苏敬《新修本草》的说法，蕺菜此物，"山南江左人，好生食之，关中谓之菹菜也"。唐太宗贞观元年（627）设置关内、河南、河东、河北、山南、陇右、淮南、江南、剑南、岭南十道。其中山南道治所即在孟浩然的老家襄州（今湖北襄阳），所辖范围包括今湖北大江以北、汉水以西、陕西终南以南、河南北岭以南、四川剑阁以东、大江以南地区。山南道统辖荆、襄、邓、唐、随、郢、复、均、房、峡、归、夔、万、忠、梁、洋、金、商、凤、兴、利、阆、开、果、合、渝、涪、渠、蓬、壁、巴、通、集等州。到了唐玄宗开元二十一年（733），十道增加为十五道，即京畿道、关内道、都畿道、河南道、河东道、河北道、山南东道、山南西道、陇右道、淮南道、江南东道、江南西道、黔中道、岭南道、剑南道。

山南东道，治所设于襄州。该地区种植折耳根比较普遍，而对于生活在襄阳的孟浩然来说，在日常饮食中是能够接触到折耳根的，所以也存在着他用折耳根来治疗自己背疽的可能。更何况，襄阳还是盛产折耳根的地方。东晋著名史学家、文学家习凿齿在《襄阳耆旧记》中记载了西晋名将刘弘（字和季，236—306）任荆州刺史时于木兰桥种蕺菜以作猪饲料之事："木兰桥者，今之猪兰桥是也。刘和季以此桥近获，有蕺菜，于桥东大养猪。襄阳太守皮府君曰：'作此猪屎臭，当易名作猪兰桥耳，莫复云木兰桥也。'初如戏之，而百姓遂易其名。"

孟浩然的病情一直拖到了第二年，即开元二十七年（739）的夏天才痊愈，如此算来，此次卧病竟有一年多的时间，孟浩然能熬过实属艰难。

此年秋天，孟浩然还远游过洞庭湖一带，如其诗云："洞庭秋正阔，余欲泛归船。莫辨荆吴地，唯余水共天。渺弥江树没，合沓海潮连。迟尔为舟楫，相将济巨川。"（《洞庭湖寄阎九》）诗中这位阎九指的是阎防，南阳人，知识广博而放情于山水之间。阎防曾于终南山的丰德寺和百丈溪隐居读书，后在开元二十二年（734）中进士，曾任司户参军。阎防在开元二十七年（739）之前到访鹿门山而与孟浩然相熟，有诗为证："庞公嘉遁所，浪迹难追攀。浮舟暝始至，抱杖聊自闲。双岩开鹿门，百谷集珠湾。喷薄滍上水，春容漂里山。焦原不足险，梁壑未成艰。我行自春仲，夏鸟忽绵蛮。蕙草色已晚，客心殊倦还。远游非避地，访道爱童颜。安能徇机巧，争夺锥刀间。"（阎防《夕次鹿门山作》）

此次从湖湘返回襄阳的途中孟浩然经过了唐城（唐代属随州），有诗为证："犯霜驱晓驾，数里见唐城。旅馆归心逼，荒村客思盈。访人留后信，策蹇赴前程。欲识离魂断，长空听雁声。"（孟浩然《唐城馆中早发，寄杨使君》）

此时已经是萧瑟逼人的秋天了。

第二章
王昌龄的来访与孟浩然的暴亡

孔子曰："未知生，焉知死？"那么，孟浩然是因何离世的呢？

孟浩然的死因是确定的，即食鲜疾动而暴卒。《新唐书》记载，孟浩然于"开元末，病疽背卒"。

前文我们提到，开元二十六年（738）王昌龄被贬谪至岭南。开元二十八年（740）王昌龄遇赦，从岭南北还途中他与孟浩然在襄阳重逢。经过长时间的苦熬和医治，此时孟浩然的病情已经大为好转。然而谁也没能料到的是，王昌龄的到来在不期然间加重了孟浩然的病情。

二人畅饮食鲜数日，最终导致孟浩然病发而暴亡。

极其遗憾的是，作为重要当事人的王昌龄在孟浩然死后并没有相关的追悼诗文存世。在消息闭塞的年代，离开襄阳的王昌龄对于孟浩然的猝死很可能一无所知。

孟浩然去世后，其生前好友刘眘虚写信（诗）给襄阳的朋友江滔，希望他能帮忙找到孟浩然的一些遗文寄给自己，如其诗云："南望襄阳路，思君情转亲。偏知汉水广，应与孟家邻。在日贪为善，昨来闻更贫。相如有遗草，一为问家人。"（《寄江滔求孟六遗文》）

关于孟浩然的死因，最早的也是最权威的说法见于唐人王士源的记载。

王士源是孟浩然的老乡，襄州宜城人，十八岁开始他就游历山川、寻道求隐。天宝四载（745），王士源在偶然间才知道孟浩然已经过世几年，于是四方搜求后，最终编定了《孟浩然集》三卷。关于整个搜集和编定过程，我们可以看看王士源下面的这段话："士源幼好名山，行年十八，首事陵山，践止恒岳，咨求通玄丈人。又过苏门，问道隐者元知运。太行采药，经王屋小有洞，太白习隐诀，终南修《亢仓子》九篇。天宝四载徂夏，诏书征谒京邑，与家臣八座讨论，山林之士麇至，始知浩然物故。嗟哉！未禄于代，史不必书，安可哲踪妙韵从此而绝？故详问文者，随述所论美行嘉闻，十不纪一。浩然凡所属缀，就辄毁弃，无复编录，常自叹为文不逮意也。流落既多，篇章散逸，乡里购采，不有其半。敷求四方，往往而获，既无他事为之传次，遂使海内衣冠缙绅，经襄阳思睹其文，盖有不备见而去，惜哉！"（《孟浩然集·序》）

此时，距离孟浩然离世刚刚过去五年的时间，所以王士源所写的序中关于孟浩然的生平记述、性格、逸事、交往、诗歌特点以及历史定位和评价是比较可信的，他所编的《孟浩然集》也成为后世最有参考价值的重要文献底本。

王士源对孟浩然的为人以及诗品给予了非常高的评价，也以近乎小说家的笔法为孟浩然的一生添加了诸多传奇的色彩。《孟浩然集·序》记载："孟浩然，襄阳人也。骨貌淑清，风神散朗。救患释纷，以立义表；灌蔬艺竹，以全高尚。交游之中，通脱倾盖，机警无匮。学不为儒，务掇菁藻；文不按古，匠心独妙。五言诗天下称其尽美矣。闲游秘省，秋月新霁，诸英华赋诗作会，浩然句曰：'微云淡河汉，疏雨滴梧桐。'举座嗟其清绝，咸搁笔不复为继。丞相范阳张九龄、侍御史京兆王维、尚书侍郎河东裴朏、范阳卢僎、大理评事河东裴总、华阴太守郑倩之、太守河南独孤策，率与浩然为忘形之交。山南采访使本郡守昌黎韩朝宗，谓浩然闲深诗律，置诸周行，必咏穆如之颂，因入奏，与偕行，先扬于朝，与期约日引谒。及期，浩然会寮友，文酒讲好甚适。或曰：'子与韩公豫诺而怠之，无乃不可乎！'浩然叱曰：'仆已饮矣，身行乐耳，遑恤其他！'遂毕席不赴。由是间罢。既而浩然亦不之悔也，其好乐忘名如此！士源它时笔赞之，曰：'导漾挺灵，实生楚英，浩然清发，亦其自名！'……浩然文不为仕，伫兴而作，故或迟；行不为饰，动以求真，故似诞；游不为利，期以放性，故常贫。名不继于选部，聚不盈于担石，虽屡空不给，而自若也。"

据传，孟浩然的弟弟（孟洗然）也编过三卷本的孟浩然诗集，但是散佚不传。王士源所编《孟浩然集》收入诗作计218首，分为游览、赠答、旅行、送别、宴乐、怀思、田园七类。王士源这样分类编排孟浩然诗选对后世相关的版本影响甚深。明代著名的收藏家、出版家和文学家毛晋（1599—1659）的校本《孟襄阳集》就是在王士源的选本以及宋三卷本、元刻刘须溪评本、明弘治年间关中刻本的基础上收入孟浩然诗作 266 首，分类也更为详细，即游览、赠答、旅行、送别、宴乐、怀思、田园、美人、时令、拾遗等十类。

孟浩然留存下来的 260 多首诗中近体诗近 200 首。孟浩然长于五言诗的创作，其现存的五绝和五律加在一起高达 150 首。清代施闰章赞云："襄阳五言律、绝句，清空自在，淡然有余。"（《蠖斋诗话》）清代翁方纲（1733—1818）对孟浩然的诗歌评价甚高："读孟公诗，且毋论怀抱，毋论格调，只其清空幽冷，如月中闻磬，石上听泉，举唐初以来诸人笔虚笔实，一洗而空之，真一快也。"（《石洲诗话》卷一）闻一多认为"淡"是孟浩然诗歌及其为人的根本："淡到看不见诗了，才是真正孟浩然的诗，不，说是孟浩然的诗，倒不如说是诗的孟浩然，更为准确。"（《唐诗杂论·孟浩然》）

《全唐诗》收录孟浩然诗作 267 首。较之"李杜"，孟浩然确实算得上诗歌流传数量比较少的，然而诗人的成就与所作诗歌数量没有必然联系，甚至有时候诗歌恰恰是"以少胜多"的艺术。对此杜甫早就评价过孟浩然的诗歌成就：

吾怜孟浩然，裋褐即长夜。

赋诗何必多，往往凌鲍谢。

清江空旧鱼，春雨余甘蔗。

每望东南云，令人几悲吒。

杜甫《遣兴五首·其五》

尽管杜甫并没有见过孟浩然，但是他对孟浩然的诗和人都评价极高，在今天看来其评价是非常客观的。杜甫在《解闷十二首·其六》中写道："复忆襄阳孟浩然，清诗句句尽堪传。"

值得注意的是，孟浩然诗歌创作的数量要远远高于今天看到的这些诗，因为孟浩然几乎不会对自己的诗特意地保存，正如王士源所说的："浩然凡所属缀，就辄毁弃，无复编录，常自叹为文不逮意也。流落既多，篇章散逸，乡里购采，不有其半。"（《孟浩然集·序》）

孟浩然对自己诗歌的"轻视"态度使得他的诗能够流传下来已经算是奇迹了。今人在研究孟浩然时指出："在作品被整理甚至记录之前，便销毁了许多自己的创作。除此之外，孟浩然只在很短的时间内担任官职，他有无数的朋友，还花了大量的时间用来旅行，而他的作品则很难以在任何单一地点被找到。诗人一方的极端行为激发了编者的极端行为。在描述唐代诗集时使用一种独特的方法（虽然很可能作为实际的实践，它并不那么独特），王士源为那些显然是孟浩然所作的诗歌'提供奖赏'。这并不意味着类似的实践会进一步驱动人们考量孟氏风格的诗，继而使很多冠以孟浩然之名的作品的合法性受到质疑。但这个方法论上颇为灵活的搜集过程以及它可能激发的模仿，让王士源感到他的发现最终还是那么有限。"（倪健《有诗自唐来：唐代诗歌及其有形世界》）

接下来，我们再来看看孟浩然之死。

前文已经提及过，王士源在《孟浩然集·序》中对孟浩然死因的记述成为后世研究中绕不开的说法。详引于下：

开元二十八年，王昌龄游襄阳，时浩然疾疹发背，且愈，相得欢甚，浪情宴谑，食鲜疾动，终于冶城南园，年五十有二。

南宋计有功所撰的《唐诗纪事》基本是复述了王士源关于孟浩

然之死的说法。该书中写道："开元二十八年，王昌龄游襄阳，时浩然疾发背且愈，相得欢饮。浩然宴谑，食鲜疾动，终于南园。年五十有二。"

可见，与王昌龄的此番欢聚在偶然间加重了孟浩然的病情并使其最终不幸暴亡。

大家熟知的王昌龄（698—757）是有唐一代边塞诗人的杰出代表，尤其擅长七绝，因而被誉为"七绝圣手"。

王昌龄为山西太原人（一说为京兆长安人），在家中排行老大，因而孟浩然等一干好友称他为"王大"。王昌龄于开元十五年（727）进士及第，那一年考中进士的共计二十三人，可见唐代科举取士的难度远超于宋明时期。王昌龄中进士后授校书郎。校书郎属于清官序列，唐代的秘书省、集贤殿、司经局、弘文馆以及崇文馆均设有校书郎一职，官阶自从九品下到正九品上。

孟浩然在开元十六年（728）左右到长安参加科举，但最终落榜，滞留长安一段时间之后决定返乡。临别之际，王维（一说此诗为孟浩然的生死之交张子容所作）赠诗予以安慰："杜门不复出，久与世情疏。以此为良策，劝君归旧庐。醉歌田舍酒，笑读古人书。好是一生事，无劳献子虚。"（《送孟六归襄阳》）肃杀的秋天已然来临，在独自一人出潼关的难以排遣的落寞中，在黑夜逆旅忽闪明灭的烛光中，孟浩然枯坐良久，只能写诗给好友王昌龄倾诉自己此刻的孤寂与落寞。如其诗云："向夕槐烟起，葱茏池馆曛。客中无偶坐，关外惜离群。烛至萤光灭，荷枯雨滴闻。永怀芸阁友，寂寞滞扬云。"（《初出关旅亭夜坐，怀王大校书》）

我们顺便说一说王昌龄被贬去的岭南。

唐代设岭南道，治所在广州，其四十五州分属于广州、桂州、容州、邕州、安南五个都督府（又称"岭南五管"），其辖境包含今广东全部、海南全部、广西大部、福建大部、云南东南部、湖南和江西的部分地区以及越南北部的红河三角洲地区。要知道，岭南在唐代属于极其僻远的荒蛮之地，"这些南方省份居住的土著居民，被统称为'蛮'（Man），这不是英语单词 man，而是汉语中表达类似'南方的野蛮人'意思的字眼。从训诂学范围来看，其同源词包括'曲折的、弯曲的、蜿蜒的、蛇伏的'等意义"（薛爱华《朱雀：唐代的南方意象》）。

岭南这一瘴疠之地成为古代官员流放的首选之地。众所周知，唐代的王昌龄、刘禹锡、宋之问、韩愈、李商隐、储光羲等都曾被贬岭南。对于这些远谪之人来说，被贬岭南往往就意味着有去无还的悲剧，所以被贬岭南（泷州，今广东省云浮市罗定市）的宋之问甚至会偷偷逃回洛阳避难。

宋之问（约656—约712）是有唐一代人品最差的诗人，坊传他甚至为了夺诗而杀害自己的外甥刘希夷。唐代韦绚《刘宾客嘉话录》记载："刘希夷诗曰'年年岁岁花相似，岁岁年年人不同'。其舅宋之问苦爱此两句，知其未示人，恳乞，许而不与。之问怒，以土袋压杀之。"宋之问属于典型的"墙头草"般的轻薄小人，一生不断攀附各种权贵，极尽阿谀奉承之能事。宋之问身材伟岸，仪表堂堂，一心想成为"北门学士"而攀附武则天。据传因为宋之问患有口臭而招致武则天的嫌弃，最终未被选用。事见孟棨的《本事诗·怨愤第四》："宋考功，天后朝求为北门学士，不许，作《明河篇》以见其意。末云：'明河可望不可亲，愿得乘槎一问津。更将织女支机石，还访成都卖卜人。'则天见其诗，谓崔融曰：'吾非不知之问有才调，但以其有口过。'盖以之问患齿疾，口常臭故也。之问终身惭愤。"神龙元年（705），宋之问被贬岭南，任泷州（今广东省云浮市罗定市）参军。次年春，宋之问从泷州逃回洛阳。在经过孟浩然的故乡襄阳时，宋之问作了一首诗——《渡汉江》：

> 岭外音书断，经冬复历春。
> 近乡情更怯，不敢问来人。

诗是好诗。明代钟惺、谭元春在《唐诗归》中评价宋之问的这首诗"实历苦境，皆以反说，意又深一层"。施蛰存则指出这首诗所表现出来的复杂心理："越是已近家乡，遇到从家乡来的人，越是不敢打听家乡的消息。在交通不便、书信难通的古代行旅情况下，这首诗刻划（画）出了回乡旅人的心情。"（《唐诗百话》）先天元年（712）八月，唐玄宗李隆基即位后，宋之问被赐死于徙所，结束了其龌龊无两的一生。《新唐书》对此有记载："之问得诏震汗，东西步，不引决。祖雍请使者曰：'之问有妻子，幸听决。'使者许之，而之问荒悸不能处家事。祖雍怒曰：'与公俱负国家当死，奈何迟回邪？'乃饮食洗沐就死。"

当时岭南与内地风俗迥异，按照孟浩然的说法就是"土毛无缟纻"（《送王昌龄之岭南》），即岭南人没有穿生绢和细麻所制的衣服的习惯。

王昌龄此去被贬之地——岭南必然是凶多吉少，所以王昌龄与孟浩然这两个失意之人只能暂且以浊酒慰藉冷彻的境遇。

临别饯行之际，王昌龄的落魄、焦虑以及对岭南的恐惧感愈发强烈，正如薛爱华指出的："只要想象一下前往南越途中那坎坷艰险的长途跋涉，北方人心中就会激起一种复杂的情感。在他动身之前，朋友们通常都会为他饯行，在这个场合，他内心那种既激动又恐惧的感觉变得更加强烈。这一类快乐的聚会，经常是在郊外酒肆举行。人们往往望着行人即将出发的那个方向，联想起与行人途中以及目的地相关的各种风物以及想象，然后赋诗赠别，主题都是描述行人途中可能遭遇的各种物质艰难与精神困顿。"（《朱雀：唐代的南方意象》）

分别之际正值深秋，孟浩然以诗相赠满怀惆怅的老友：

> 洞庭去远近，枫叶早惊秋。
>
> 岘首羊公爱，长沙贾谊愁。
>
> 土毛无缟纻，乡味有槎头。
>
> 已抱沉痼疾，更贻魑魅忧。
>
> 数年同笔砚，兹夕间衾裯。
>
> 意气今何在，相思望斗牛。
>
> ——孟浩然《送王昌龄之岭南》

在孟浩然的这首送别诗中，我们可以感受到他与王昌龄非同一般的交谊。王昌龄还没有取得功名的时候，孟浩然在长安时曾与他同盖一床被子，写文作诗时同用一个砚台、一支笔，几乎已经到了不分你我的境地。孟浩然比王昌龄大九岁，二人早已成莫逆之交。他们能够交往且成为挚友除了性情相投之外，还有很重要的一点就是他们都非常崇尚道教，这实则与唐代道教文化的兴盛关系密切。王昌龄在二十多岁的时候于嵩阳修道，开元十四年（726）已近三十岁的王昌龄又隐居于蓝田西南四十里的石门谷。《册府元龟》载："唐高祖武德六年（623），宁民（县令）颜昶开渠引南山水入京城，至石门谷，有汤泉涌出。"

孟浩然还曾与王昌龄一同拜访、结交过一位王道士。

> 归来卧青山，常梦游清都。
>
> 漆园有傲吏，惠好在招呼。
>
> 书幌神仙篆，画屏山海图。
>
> 酌霞复对此，宛似入蓬壶。
>
> ——孟浩然《与王昌龄宴王道士房》

与此同时，《送王昌龄之岭南》这首诗也印证738年秋天写作此诗之际孟浩然正在患病期间，即"已抱沉痼疾"。

不幸之中的万幸，仅仅一年多之后，王昌龄遇赦北还，于开元二十八年（740）再次途经襄阳。

老友重逢，自是悲欣交集、感慨良多。王昌龄辞别孟浩然之后不久，于该年冬赴任江宁县丞。其后在天宝七载（748）被贬为从九品下的龙标尉，安史之乱时被濠州刺史（一说亳州刺史）闾丘晓诬陷并惨遭杀害。闾丘晓则于至德二年（757）十月因为延误军情而为张镐所杀，此事见载于《旧唐书·张镐传》："时方兴军戎，帝注意将帅，以镐有文武才，寻命兼河南节度使，持节都统淮南等道诸军事。镐既发，会张巡宋州围急，倍道兼进，传檄濠州刺史闾丘晓引兵出救。晓素慢傲，驭下少恩，好独任己。及镐信至，略无禀命，又虑兵败，祸及于己，遂逗留不进。镐至淮口，宋州已陷，镐怒晓，即杖杀之。"

再次回到740年王昌龄与孟浩然的这次相遇，二人此次分别却成永诀。

此时，孟浩然背上的毒疮已经基本痊愈了。孟浩然生性洒脱、豪放，因患病已禁酒一年多，而对好友王昌龄的遇赦到来自然欣喜不已，一时酒瘾大发，决计纵情畅饮。

接连数日，二人喝了一坛又一坛的土酒，几乎日日烂醉如泥。加之食鱼鲜等发物导致孟浩然病根发作，王昌龄离开不久后，孟浩然便与世长辞。

谁也没想到，此番欢聚会导致这样的后果……

在此，就背疽再啰唆几句。

背疽，民间又称"搭背""疽搭背"，即背后生毒疮、脓疮，专业术语叫"有头疽"，即粟米样的疮头。中医认为此病是外感风湿火热、气血为毒邪阻滞所致。隋代巢元方撰的《诸病源候论》对此病也有记述："疽发背者，多发于诸脏俞也。五脏不调则发疽。"按现代西医的说法就是背部急性化脓性蜂窝织炎，症状是脓疮处红肿、热痛、溃烂，而全身寒热、口渴烦躁。古代因医治条件的限制，常有人因此病而亡，西楚霸王项羽的著名谋士范增（前277—前204）就是在辞官回乡途中"疽发背而死"（《史记》）。

孟浩然患背疽与其常年心理郁结而不得舒展有关，看似淡然洒脱、风流不羁、不慕名利的"隐者"孟浩然实则大半生都处于纠结和矛盾之中，所谓"既笑接舆狂，仍怜孔丘厄"（《山中逢道士云公》）就透露了他的这一心理。

患了背疮之人，在饮食上有着相当多的禁忌，比如要尽量避免摄入高盐和高脂肪的食物，因为高脂肪食物可以滋生热量而使得背疮的热毒加剧。尤其要避免饮酒，鱼和海鲜更不能食用。《黄帝内经》记载："鱼者使人热中，盐者胜血。"鱼性属火，多食会积热于体内，而痈发于外。而盐味咸，咸能入血，多食则伤血。庄绰在《鸡肋编》

中也提到："盐则散血走下，鱼乃发热作疮，酒则行药有毒。"孟浩然当时恰恰是饮了大量的酒且吃了鱼等鲜冷之物导致病发的。这着实印证了生病或服药期间饮酒是大忌，酒大多性热且不利于疾病康复。

舆地与风物

第三章

冠绝荆楚：南船北马襄阳城

我曾有一些机会去襄阳，但是都因为各种原因而未能成行。为了写孟浩然这本书，2021 年岁末我与友人商定了出行计划，但是几个月下来，北京以至全国的新冠疫情不断蔓延，而我的襄阳之行只能一再被搁置……

据李吉甫所撰《元和郡县图志》，在孟浩然所生活的唐代开元时期，襄州东西长二百四十六里，南北为三百六十七里，管辖七县（襄阳、临汉、南漳、义清、宜城、乐乡、穀城）七十七个乡，共计三万六千多户。到了 2020 年，襄阳市的人口已经达到五百二十六万。

说到襄阳，此地自古名人辈出，比如宋玉、王粲、刘表、庞德公、诸葛亮、徐庶、羊祜、杜预、习郁、山简、昭明太子萧统、孟浩然、张继、皮日休、米芾等。在唐代，襄州中进士的有十余人。可见，襄阳是有历史有文化有高度的，所以来此的诗人大多是心怀景仰之情的。尤其是在战乱、饥馑的动荡年代，荆楚地区特别是襄阳常成为人口和人才流动的重要空间。《三国志》载："关中膏腴之地，顷遭荒乱，人民流入荆州者十万余家"。汉末三国时期出现了"荆州学派"。唐开元时期，襄州为三万六千多户，而历一百年时间到元和年间（806—820）则激增为十万余户。人口流动、人才汇集，自然也使得襄阳成为文化汇聚、风俗融合的中心。《旧唐书》记载："自至德后，中原多故，襄、邓百姓，两京衣冠，尽投江、湘，故荆南井邑，十倍其初"。

汉水是长江最大的支流。襄阳属于典型的渡口城市，位于湖北西北部、汉江中游，因位于襄水之北而得名，是楚文化、汉文化和三国文化的重要发源地。据统计，一百二十回的《三国演义》中有三十二回的故事发生于襄阳，比如人们耳熟能详的司马荐贤、三顾茅庐、马跃檀溪、水淹七军、刮骨疗毒等。

襄阳为鄂北重镇，始建于西汉高帝六年（前201），有两千二百多年的建城史。张九龄称："江汉间，州以十数，而襄阳为大，旧多三辅之家，今则一都之会。故在晋称南雍，在楚为北津，厥繇庞杂，亦云难理。"（《故襄州刺史靳公遗爱碑铭》）因沟通南北且贯穿东西，其地理位置极其重要，为政治、经济、军事和文化中心，如文献载："襄阳城，本楚之下邑。檀溪带其西，岘山亘其南，为楚国之北津也。楚有二津：谓从襄阳渡沔，自南阳界出方城关是也，通周、郑、晋、卫之道；其东则从汉津渡江夏，出平皋关是也，通陈、蔡、齐、宋之道。"（习凿齿《襄阳耆旧记》）襄阳被称为"七省通衢、南船北马"之地，东瞰吴越、西带秦蜀、南遮湖广、北通汝洛。襄阳自古为镇，重山拥其西南，长江缭其东北，物象萧爽，冠绝荆楚。东汉蔡邕在《汉津赋》中描述襄阳"南援三州，北集京都，上控陇坻，下接江湖。导财运货，懋迁有无"。就襄阳极其重要的地理位置，顾祖禹《读史方舆纪要》强调："形势以东南言之，则重在武昌；以湖广言之，则重在荆州；以天下言之，则重在襄阳"。严耕望指出古代南北交通有东线、中线和西线三大线："西线由关中越秦岭西段，循嘉陵江入巴蜀。东线由河淮平原逾淮水至长江下游之吴越；

汴河既开，即以汴河河道为主线。中线由关中东南行，由河洛西南行，皆至宛郡（南阳），再循白水流域，南下襄阳，复南循汉水至长江中游之荆楚。"（《唐代交通图考》）这条中线涉及襄阳、汉水，襄阳极其特殊而重要的地理位置可见一斑。非常有意思的是，这三条重要交通线孟浩然都曾游历过，其间情状有纵情山水、宴饮交游之洒脱、豪放，也有失意、困顿和卧病之际无法消解的愁苦。

在唐朝近三百年的历史中出现了两次拟迁都襄阳之议。

第一次发生在唐初，即唐高祖武德七年（624）。事见《新唐书·突厥传》所记："突厥既岁盗边，或说帝曰：'虏数内寇者，以府库子女所在，我能去长安，则戎心止矣。'帝使中书侍郎宇文士及逾南山，按行樊、邓，将徙都焉。群臣赞迁，秦王独曰：'夷狄自古为中国患，未闻周、汉为迁也。愿假数年，请取可汗以报。'帝乃止。"

第二次是在唐末，即唐昭宗乾宁元年（894）。作为襄阳人的朱朴（初为荆门令、京兆府司录参军、著作郎、国子博士，后任谏议大夫、同中书门下平章事）向唐昭宗上奏议迁都曰："夫襄、邓之西，夷温数百里，其东，汉舆、凤林为之关，南，菊潭环屈而流属于汉，西有上洛重山之险，北有白崖联络，乃形胜之地，沃衍之墟。若广浚漕渠，运天下之财，可使大集。自古中兴之君，去已衰之衰，就未王而王。今南阳，汉光武虽起而未王也。臣视山河壮丽处多，故都已盛而衰，难可兴已；江南土薄水浅，人心嚣浮轻巧，不可以都；河北土厚水深，人心强愎狠戾，不可以都。惟襄、邓实惟中原，人心质良，去秦咫尺，而有上洛为之限，永无夷狄侵轶之虞，此建都之极选也。"（《新唐书》）

因地理位置重要和交通便利，作为"南北襟喉"的襄阳是多方必争的军事要塞。

不同年代的襄阳县志，其中记述最多的就是武备、兵事、城防。藩镇割据尤其是安史之乱导致彼时的唐朝战乱频仍、国运衰败、民不聊生，只有襄阳城巍然屹立。在安禄山的叛军进攻距离襄阳非常近的南阳时，萧颖士（717—768）就对驻守襄阳的源洧说过这样一番话：“官兵守潼关，财用急，必待江、淮转饷乃足，饷道由汉、沔，则襄阳乃今天下喉襟，一日不守，则大事去矣。”（《新唐书》）

就襄阳城池的具体形势而言，因为其山峻、江险、城坚（三面环水、一面靠山）而被誉为“华夏第一城池”。护城河最宽处有二百五十多米。“铁打的襄阳，纸糊的樊城”就道出了尽管襄阳和樊城仅一水之隔，但是二者的地理位置的差异和重要性却有如霄壤。

襄阳古城共有六座城门，即震华门、临汉门、拱宸门、阳春门、西成门、文昌门。明万历四年（1576）襄阳知府万振孙为六座城门题额。万振孙为庐州府合肥人，字性儒，嘉靖四十一年（1562）进士，性情刚正。清顺治二年（1645），知县董上治分别为东门、南门、西门、北门题额“保厘东郊”“化行南国”“西土好音”“北门锁钥”。

历史上围绕襄阳的战争有史可查的多达一百七十多次，羊祜、刘表、朱序、张柬之、邓愈等都曾镇守襄阳，名将白起、关羽、岳飞等都曾在此鏖战。崇祯十四年（1641）二月，张献忠（1606—1647）攻克襄阳，擒杀襄王朱翊铭。崇祯十六年（1643），李自成（1606—1645？）将襄阳更名为襄京，在此建立“大顺”政权，自号“奉天倡义文武大元帅”。

很多人是通过当年金庸的《射雕英雄传》《神雕侠侣》以及《倚天屠龙记》而知道襄阳这座古城的。原版小说中郭靖、黄蓉夫妇守护襄阳、抗拒蒙古大军的侠义故事为读者们津津乐道。

历史上真实的襄樊之战开始于南宋咸淳三年（1267），结束于咸淳九年（1273），历时六年之久，而最终以襄樊失陷告终。

说到襄阳，就得谈谈汉江。

汉江，即汉水、汉江河，发端于秦岭南麓（今陕西宁强县），流经沔县而称沔水，东流至汉中而称汉水，流经襄阳以下而称襄江、襄水，经湖北而汇流入长江。汉江流经襄阳城，樊城区与襄城区隔江相望。汉水与长江、淮河、黄河合称"江淮河汉"。正是因为汉水，襄阳城自古水患不断，有大水"坏城"与"冒城"之险。李骘《徐襄州碑》云："汉南数郡，常患江水为灾，每至暑雨漂流，则邑居危垫，筑土环郡，大为之防"。

关于襄阳水患，有史可查的是神龙元年（705）、会昌元年（841）、大中十年（856）、乾德三年（965）、绍兴二十二年（1152）、庆元三年（1197）、正德十一年（1516）。

正德十一年夏天，汉水大涨，居然破城三十余丈。此外，从嘉靖三十年（1551）至隆庆元年（1567），汉水不断破堤、坏城。所以在不同年代，刘表、羊祜、杜预、胡烈、朱序、张柬之、卢钧、徐商、赵延进、陈桷、吕文焕等不断组织筑堤、补城。城西北筑有老龙堤，起自万山，全长五千米，平均高度八米，堤坝宽六至十米。史料记载："老龙堤，起万山东麓。东曰长门堤，起城西土门，绕城北，迄长门。"（《襄阳府志》）"老龙堤"这一名字来自一个传说，如文献载："修堤时，有老人取草曲折之形以授之，云'如是则固'。语讫不见，人疑为老龙，堤成故以为名。"（《襄阳县志》）

有唐一代，襄阳孕育了一大批杰出的诗人，比如灵辩、杜易简、张柬之、张敬之、孟浩然、王迥、张子容、张珍、张继、鲍防、席豫、朱放、皮日休、善会等。由此,我们尊封襄阳为诗书礼乐之地毫不过分。王象之《舆地纪胜》记载:"宋玉、王逸、张悌、习凿齿之徒实生此土,故民尚文,其地近被二京之饶富、远通三川之游侠,北鱼南徐之习不替,故其俗尚侈。"写下千古名篇《枫桥夜泊》的张继(生卒年不详)也是襄阳人,但是傅璇琮先生认为此说有待商榷,而持南阳(邓州南阳郡)说。张继于天宝十二载(753)中进士,曾任检校祠部员外郎。张继去世后,刘长卿作挽诗《哭张员外继》:"恸哭钟陵下,东流与别离。二星来不返,双剑没相随。独继先贤传,谁刊有道碑。故园荒岘曲,旅榇寄天涯。白简曾连拜,沧洲每共思。抚孤怜齿稚,叹逝顾身衰。泉壤成终古,云山若在时。秋风邻笛发,寒日寝门悲。世难愁归路,家贫缓葬期。旧宾伤未散,夕临咽常迟。自此辞张邵,何由见戴逵。独闻山吏部,流涕访孤儿。"

由襄阳我们必然想到孟浩然,陈羽过孟浩然旧居时便曾作诗一首,诗云:"襄阳城郭春风起,汉水东流去不还。孟子死来江树老,烟霞犹在鹿门山。"(《襄阳过孟浩然旧居》)孟浩然一生所作的诗中约有三分之一都与襄阳有关,甚至有的诗浓墨重彩地描摹和赞颂过故乡的山川风物、时序更迭、历史遗迹和文化先贤。这也印证了刘勰所言的"若乃山林皋壤,实文思之奥府"以及"春秋代序,阴阳惨舒,物色之动,心亦摇焉"的观点。

襄阳之于孟浩然具有不可替代的重要性。闻一多在《唐诗杂论·孟浩然》中这样写道:"张祜曾有过'襄阳属浩然'之句,我们却要说,浩然也属于襄阳。也许正惟浩然是属于襄阳的,所以襄阳也属于他。大半辈子岁月在这里度过,大多数诗章是在这地方、因这地方、为这地方而写的。没有第二个襄阳人比孟浩然更忠于襄阳，更爱襄阳的。晚年漫游南北，看过多少名胜，到头还是：'山水观形胜，襄阳美会稽。'实在襄阳的人杰地灵，恐怕比它的山水形胜更值得人赞美。从汉阴丈人到庞德公，多少令人神往的风流人物，我们简直不能想象一部《襄阳耆旧传》，对于少年的孟浩然是何等深厚的一个影响。了解了这一层，我们才可以认识孟浩然的人、孟浩然的诗。"

作为孟浩然的好友，李白除了写有《赠孟浩然》《黄鹤楼送孟浩然之广陵》《春日归山，寄孟浩然》及《游溧阳北湖亭望瓦屋山怀古赠孟浩然》（一说为《游溧阳北湖亭望瓦屋山怀古赠同旅》）、《淮南对雪赠孟浩然》（一说为《淮南对雪赠傅霭》）等诗外，还有不少与襄阳有关的诗作，比如《岘山怀古》《与韩荆州书》《襄阳歌》《襄阳曲（四首）》《大堤曲》《赠从兄襄阳少府皓》《忆襄阳旧游，赠马少府巨》《赠参寥子》等。这既与李白同孟浩然的深入交往有关，又与襄阳深厚的历史文化相关联，比如《襄阳曲（四首）》就涉及襄阳诸多的历史名人、传说典故、山川风物、当地习俗等，兹录于下：

其一

襄阳行乐处，歌舞白铜鞮。

江城回绿水，花月使人迷。

其二

山公醉酒时，酩酊高阳下。

头上白接篱，倒著还骑马。

其三

岘山临汉水，水绿沙如雪。

上有堕泪碑，青苔久磨灭。

其四

且醉习家池，莫看堕泪碑。

山公欲上马，笑杀襄阳儿。

山川形胜，歌楼酒肆，历史遗迹，风物习俗，这一切尽收李白襟怀。

襄阳自古物产丰富，"田土肥良，桑梓野泽"（《南齐书·州郡志》），此地"其险足固，其土足食"（同治《襄阳县志》）。在唐代，此地的漆器制造已经颇负盛名。《太平寰宇记》载襄州土贡有"咸干鱼、丹獐皮、火麻布、库路真、麝香、鳖甲、缩砂、弓弩材"，这里提到的"库路真"，就是当地著名的漆器。

因为水路交通便利，从唐宋直至明清，襄阳商贾云集、店铺林立，遍布会馆、商号以及码头、船帮，呈现出空前繁荣的景象。李贺的《大堤曲》对此就有生动的描述："妾家住横塘，红纱满桂香。青云教绾头上髻，明月与作耳边珰。莲风起，江畔春。大堤上，留北人。郎食鲤鱼尾，妾食猩猩唇。莫指襄阳道，绿浦归帆少。今日菖蒲花，明朝枫树老。"此外，还有刘禹锡的《堤上行（三首）》：

其一

酒旗相望大堤头，堤下连樯堤上楼。

日暮行人争渡急，桨声幽轧满中流。

其二

江南江北望烟波，入夜行人相应歌。

桃叶传情竹枝怨，水流无限月明多。

其三

春堤缭绕水徘徊，酒舍旗亭次第开。

日晚上楼招估客，轲峨大舶落帆来。

无论是李白、李贺、刘禹锡关于襄阳的诗，还是历史悠久的古舞乐曲"襄阳乐""大堤曲""白铜鞮（也作白铜蹄）"，都印证了襄阳经济和文化的空前繁荣以及当地风俗的影响力。"《古今乐录》曰：'《襄阳乐》者，宋随王诞所作也。诞始为襄阳郡，元嘉二十六年仍为雍州刺史，夜闻诸女歌谣，因而作之，所以歌和中有"襄阳来夜乐"之语也。'旧舞十六人，梁八人。"（郭茂倩《乐府诗集》）顾炎武《天下郡国利病书》曰："考襄阳古有大堤曲，是堤之设，自商周已然矣。"《隋书·音乐志》曰："初武帝之在雍镇，有童谣云'襄阳白铜蹄，反缚扬州儿'。识者言，白铜蹄谓马也；白，金色也。及义师之兴，实以铁骑，扬州之士，皆面缚，果如谣言。故即位之后，更造新声，帝自为之词三曲，又令沈约为三曲，以被弦管。"

襄沔一带流行大堤歌舞，每当女子春日出游，惊艳的场面频频引发围观。鲍令晖有诗记载道："朝发襄阳城，暮至大堤宿。大堤诸女儿，花艳惊郎目。"（《襄阳乐》）

作为襄阳土著，孟浩然对大堤歌舞更是怀有特殊的感情。襄阳的繁华以及春日出游的盛景，付诸孟浩然的笔端自然更富有情致。

大堤行乐处，车马相驰突。

岁岁春草生，踏青二三月。

王孙挟珠弹，游女矜罗袜。

携手今莫同，江花为谁发。

——孟浩然《大堤行寄万七》

李白来襄阳时与孟浩然一同游乐，遂写有《大堤曲》相和："汉水临襄阳，花开大堤暖。佳期大堤下，泪向南云满。春风复无情，吹我梦魂散。不见眼中人，天长音信断。"

关于襄阳，除了熟知的孟浩然之外，我们还会想到杜甫的那首《闻官军收河南河北》：

剑外忽传收蓟北，初闻涕泪满衣裳。

却看妻子愁何在，漫卷诗书喜欲狂。

白日放歌须纵酒，青春作伴好还乡。

即从巴峡穿巫峡，便下襄阳向洛阳。

这首诗作于唐代宗广德元年（763）春天，正值安史之乱末期。

襄阳对于杜甫来说意义非同一般。

尽管杜甫出生于河南巩县，但襄阳也是他的故乡，因为祖宗的根系在那里。在杜甫的暮年，于病痛和颠沛流离之中他最为牵系最为挂怀的仍是襄阳。

这可能与其世祖相关。杜甫的十三世祖杜预就是襄阳人，直至杜甫的曾祖父杜依艺因为任巩县令才举家从襄阳迁居。《旧唐书·杜甫传》载："杜甫，字子美，本襄阳人，后徙河南巩县。曾祖依艺，位终巩令。祖审言，位终膳部员外郎，自有传。父闲，终奉天令。"

唐代宗大历三年（768），杜甫一家离开三峡往江陵、公安以及岳阳等地。在动荡不已的一叶小舟上，杜甫仍然想着要回到故乡襄阳去。他所作《回棹》中有言："清思汉水上，凉忆岘山巅。顺浪翻堪倚，回帆又省牵。吾家碑不昧，王氏井依然。"

杜甫的祖父杜审言（约645—708）是初唐时期杰出的诗人。

旅客三秋至，层城四望开。

楚山横地出，汉水接天回。

冠盖非新里，章华即旧台。

习池风景异，归路满尘埃。

——杜审言《登襄阳城》

杜审言于唐高宗咸亨元年（670）中进士，曾任隰城尉、洛阳丞、修文馆直学士，后被贬为吉州司户参军，又授著作佐郎，后又被贬岭南。杜审言与李峤、崔融、苏味道被称为"文章四友"，为唐代近体诗的重要开创者。

《旧唐书》记载杜审言雅善五言诗，工书翰，有能名，但是因为恃才謇傲而为时辈所嫉。辛文房《唐才子传》也强调杜审言"恃高才傲世"。显然，杜审言恃才傲物的性格也遗传到了杜甫的身上。

第四章

节气与时序："气之动物，物之感人"

钟嵘《诗品》指出："气之动物，物之感人，故摇荡性情，形诸舞咏。"

个人生活甚至大时代有时候又对应于自然更迭，它们更为细碎而有规律地分布在一个个时间节点尤其是时令和节俗之上，正如杜甫所言"天时人事日相催"。精敏异常的诗人总是在季节和时序的变化中感受到自然的循环以及生命的变化与无常，因此也就比一般人多了更多的愁思和忧虑。孟浩然的一部分诗就与节气有关，这些与时令、节俗有关的诗作体现了人与时节、物候以及自然环境之间的深层互动关系以及祈福消灾的心理。

唐人书写除夕、上元节、端午节、中秋节以及二十四节气的诗很多，《全唐诗》收录了一千多首与节气、时令有关的诗作。这与农耕文明尤其是农事劳作直接关联。确实，时令、节气与古代农耕稼穑关系密切，受"顺应天时"观念的影响，节令深入影响到日常生活、习惯、生产劳作以及出行等各个方面。与此同时，节令又对应于不同的季节和时间节点上人的日常生活、身体状态、心理潮汐的相应变化。

在古代，二十四节气由于与自然、时令、礼法、天时、物候以及稼穑、畜牧关系密切而备受重视，节气按时序分别为立春、雨水、惊蛰、春分、清明、谷雨、立夏、小满、芒种、夏至、小暑、大暑、立秋、处暑、白露、秋分、寒露、霜降、立冬、小雪、大雪、冬至、小寒、大寒。此外，除夕、元日（正月初一）、元夕（正月十五）、穿天（正月二十一日至二十二日）、花朝（二月十二）、上巳（三月初三）、端午（五月初五）、七夕（七月初七）、盂兰会（七月十五）、中秋（八月十五）、重阳（九月初九）以及社日、腊八（十二月初八）等重要节日为唐代日常生活增加了仪式感。

唐代尤其重视时令和节俗，上至宫廷下至民间都在同享每一个节日和假期。胡震亨《唐音癸签》有载："唐时风习豪奢，如上元山棚，诞节舞马，赐酺纵观，万众同乐。更民间爱重节序，好修故事，彩缕达于王公，粒粔不废俚贱。文人纪赏年华，概入歌咏。又其待臣下法禁颇宽，恩礼从厚。凡曹司休假，例得寻胜地宴乐，谓之旬假，每月有之。遇逢诸节，尤以晦日、上巳、重阳为重。后改晦日，立二月朔为中和节，并称三大节。所游地推曲江最胜……凡此三节，百官游宴，多是长安、万年两县有司供设，或径赐金钱给费。选妓携筋，幄幕云合，绮罗杂沓，车马骈阗，飘香堕翠，盈满于路。朝士词人有赋，翼日即留传京师。当时倡酬之多，诗篇之盛，此亦其一助也。"

其时，每一个节日都有相应的习俗，比如元夕放天灯，上巳踏青、戴细柳圈以及进行油花卜，端午采艾、挂菖蒲、续命缕、浴兰汤、包粽祭水、饮雄黄酒以及射团，七夕穿七孔针乞巧，重阳登高、饮茱萸酒，腊八吃七宝五味粥等。冯贽《云仙杂记》记载："洛阳人家，正旦，造丝鸡、蜡燕、粉荔枝；正月十五日，造火蛾儿，食玉梁糕；寒食，装万花舆，煮杨花粥，端午，术羹、艾酒，以花丝楼阁插鬓，赠遗辟瘟扇；乞巧，使蜘蛛结万字，造明星酒，装同心脍；重九，迎凉，脯羊肝饼，佩瘿木符；冬至，煎饧，彩珠，戴一阳巾；除夜，铜刀刻门，埋小儿砚，点水盆灯；腊曰，造脂花餤。"唐代宫中在端午节还流行射团的游戏，如王仁裕《开元天宝遗事》载："宫中每到端午节，造粉团、角黍，贮于金盘中。以小角造弓子，纤妙可爱。架箭射盘中粉团，中者得食。盖粉团滑腻而难射也。都中盛于此戏。"唐玄宗（李隆基）就有《端午》一诗："端午临中夏，时清日复长。盐梅已佐鼎，曲糵且传觞。事古人留迹，年深缕积长。当轩知槿茂，向水觉芦香。亿兆同归寿，群公共保昌。忠贞如不替，贻厥后昆芳。"

物候、季节以及时令的抒写与一个人具体的处境和心境密切关联，所以也会出现"以盛景写哀情"的情况。

张子容和孟浩然是同乡，二人是生死之交。张子容与孟浩然曾在乐成（亦作"乐城"）共度除夕，其时他们所饮的正是柏叶酒。唐代有于除夕和元日喝椒酒、屠苏酒、柏叶酒的习俗。我们先来看看在除夕辞旧迎新之际，张子容与孟浩然把酒畅饮的开怀场面："远客襄阳郡，来过海岸家。樽开柏叶酒，灯发九枝花。妙曲逢卢女，高才得孟嘉。东山行乐意，非是竞繁华。"（张子容《除夜乐城逢孟浩然》）接着，再看看当时孟浩然在异乡过春节的情形："畴昔通家好，相知无间然。续明催画烛，守岁接长筵。旧曲梅花唱，新正柏酒传。客行随处乐，不见度年年。"（孟浩然《岁除夜会乐城张少府宅》）

关于除夕守岁这一重要习俗，孟浩然还有诗《除夜有怀》："五更钟漏欲相催，四气推迁往复回。帐里残灯才去焰，炉中香气尽成灰。渐看春逼芙蓉枕，顿觉寒销竹叶杯。守岁家家应未卧，相思那得梦魂来。"通过"五更"（又称五鼓、五夜）一词，我们可知孟浩然在凌晨三点到五点之间还在守岁而没有入睡，可见古人十分看重除夕。

元日，又称元朔、元正、正旦、端日、新年、元春。元日为"三元日"，即一岁之元、一月之元、一日之元。唐代冯贽《云仙杂记》

引北宋钱易《南部新书》曰："长安风俗，元日以后，递饮食相邀，号'传座'。"关于元日流传最广的诗出自王安石："爆竹声中一岁除，春风送暖入屠苏。千门万户曈曈日，总把新桃换旧符。"（《元日》）此外，孟浩然也有写元日的诗：

> 昨夜斗回北，今朝岁起东。
> 我年已强仕，无禄尚忧农。
> 桑野就耕父，荷锄随牧童。
> 田家占气候，共说此年丰。
>
> ——孟浩然《田家元日》

通过孟浩然这首诗的题目《田家元日》，我们可知此诗写于正月初一。"我年已强仕，无禄尚忧农"点明孟浩然已经四十岁了，但是没有功名可言，只能祈祷今年的年景和作物收成能更好一些。在举家欢度春节之际，孟浩然却一点也开心不起来，可见李白所赞扬的孟浩然"风流天下闻"也只是其一个侧面而已，而真实的孟浩然实际上一直是纠结、痛苦而失落的。

襄阳距离南阳很近，当时襄阳和南阳都属于山南道，开元二十一年（733）后属山南东道。襄阳属襄州，南阳属邓州（治所在穰城）。虽然往来于襄阳和南阳两地很方便，但对于孟浩然这样一个敏感的诗人来说，尤其对于身处异地思念故乡的人来说，心理距离才是最难逾越的，正所谓"异县殊风物，羁怀多所思"。

我们可以看看他的一首诗——《人日登南阳驿门亭子，怀汉川诸友》：

朝来登陟处，不似艳阳时。

异县殊风物，羁怀多所思。

剪花惊岁早，看柳讶春迟。

未有南飞雁，裁书欲寄谁。

人日，就是正月初七。

正月初一至初八，分别对应鸡日、犬日、豕日、羊日、牛日、马日、人日、谷日。传统观念认为，如果这八天为晴天的话，则与之相对应的家畜、人丁或者作物在该年就易于繁衍生息，反之为阴天或雨雪天的话则易于受到灾变的影响甚至夭亡。此外，关于人日我们耳熟能详的诗还有南北朝时期的薛道衡所作的《人日思归》："入春才七日，离家已二年。人归落雁后，思发在花前。"

在唐代，人日这天有将七种菜做羹以及剪彩的习俗。

剪彩就是女子将彩帛或彩纸剪成人的形状，贴在屏风、窗户上或戴在头上。徐延寿《人日剪彩》就描绘了这一习俗："闺妇持刀坐，自怜裁剪新。叶催情缀色，花寄手成春。帖燕留妆户，黏鸡待馈人。擎来问夫婿，何处不如真。"

立春，又称岁首、岁节、改岁、立春节、正月节，为二十四节气之首，是春天开始之意，预示着万物复苏。此时，东风解冻、蛰虫始振、鱼陟负冰，在农耕时代其重要性不言而喻。唐代有立春日作春饼、送春盘的习俗。

在开元二十六年（738）立春日这天的清晨，孟浩然与张九龄在同游之际分别作诗唱和。张九龄诗曰："忽对林亭雪，瑶华处处开。今年迎气始，昨夜伴春回。玉润窗前竹，花繁院里梅。东郊斋祭所，应见五神来。"（《立春日晨起对积雪》）孟浩然对曰："迎气当春至，承恩喜雪来。润从河汉下，花逼艳阳开。不睹丰年瑞，焉知燮理才。撒盐如可拟，愿糁和羹梅。"（《和张丞相春朝对雪》）张九龄诗中提到了立春日的"东郊斋祭"，即"东郊迎春"的习俗。与此同时，我们可知张九龄与孟浩然的结交在开元二十五年（737）之后，因为自开元二十五年十月一日起，唐代才有东郊迎春的习俗。

卢僎（生卒年不详），字守成，范阳涿县人。开元六年（718）为集贤殿学士，出为襄阳令。开元末年，卢僎任祠部员外郎、司勋员外郎、吏部员外郎。

卢僎在襄阳任职期间，时时与孟浩然交游唱和。有一年春天，孟浩然陪同卢僎出游巡视农耕，之后泛舟回岘山，作有诗云："百里行春返，清流逸兴多。鹢舟随雁泊，江火共星罗。已救田家旱，仍忧俗化讹。文章推后辈，风雅激颓波。高岸迷陵谷，新声满棹歌。犹怜不调者，白首未登科。"（孟浩然《陪卢明府泛舟回岘山作》）。

孟浩然所言的"行春"，即是地方官员在春天出巡以"劝人农桑，振救乏绝"。

古代官员通常处于频繁的调动或贬谪之中。在卢僎离任襄阳即将远行千里之际，孟浩然于江岸赋诗作别：

楚关望秦国，相去千里余。

州县勤王事，山河转使车。

祖筵江上列，离恨别前书。

愿及芳年赏，娇莺二月初。

——孟浩然《送卢少府使入秦》

襄阳的万山又名汉皋山，海拔仅一百五十米，但是因为绝壁临江、西屏襄阳城以及位于南阳郡和邓县分界处的特殊地形而被称为"襄阳第一名山"。《襄阳耆旧记》载："万山北隔汉水，父老相传，即交甫见游女弄珠之处。"经由这位郑交甫我们来说说传统节日"穿天节"。

这一节日来自晋代郑交甫的故事，如文献载："郑交甫南游汉江，遇二女，佩两珠，交甫与言，愿得子之佩。二女解佩与交甫怀，去十余步，探之亡矣。回视二女，亦失所在。"（《方舆胜览》）刘向《列仙传》对此事的描述更为详尽："江妃二女者，不知何所人也。出游于江汉之湄，逢郑交甫。见而悦之，不知其神人也。谓其仆曰：'我欲下请其佩。'仆曰：'此间之人，皆习于辞，不得，恐罹悔焉。'交甫不听，遂下与之言曰：'二女劳矣。'二女曰：'客子有劳，妾何劳之有？'交甫曰：'橘是柚也，我盛之以筐，令附汉水，将流而下。我遵其傍，采其芝而茹之。以知吾为不逊也，愿请子之佩。'二女曰：'橘是柚也，我盛之以莒，令附汉水，将流而下，我遵其傍，采其芝而茹之。'遂手解佩与交甫。交甫悦受，而怀之中当心。趋去数十步，视佩，空怀无佩。顾二女，忽然不见。"

襄阳的解佩渚与弄珠滩的得名即来自郑交甫遇神女的故事。关于这一故事，孟浩然作有《万山潭作》一诗："垂钓坐磐石，水清心益闲。鱼行潭树下，猿挂岛藤间。游女昔解佩，传闻于此山。求之不可得，沿月棹歌还。"甚至，孟浩然的诗中还反复提到"神女弄珠"的故事，如"向夕波摇明月动，更疑神女弄珠游"（《登安阳城楼》），"神女鸣环佩，仙郎接献酬"（《陪独孤使君同与萧员外证登万山亭》），"漾舟逗何处，神女汉皋曲"（《初春汉中漾舟》），等等。

近些年，襄阳当地恢复了"穿天节"这一重要传统节日。"穿天节"

又称"穿石节"。《襄沔记》云："正月二十一日、二十二日谓之天地穿日，移市于城北津弄珠滩。"在节日当天，当地百姓乘舟泛游汉江，其时有《汉水女神赋》的节目表演。

我们再来看看宋人庄绰在襄阳任职时所见所感的"穿天节"是什么样的一番情形：

> 襄阳正月二十一日，谓之"穿天节"，云交甫解佩之日。郡中移会汉水之滨，倾城自万山泛彩舟而下，妇女于滩中求小白石有孔可穿者，以色丝贯之，悬插于首，以为得子之祥。
>
> ——庄绰《鸡肋编》

穿天节在范仲淹这里也有记述："彩丝穿石节，罗袜踏青期。"（《献百花洲图上陈州晏相公》）范仲淹在该诗的自注中言："襄邓间旧俗，正月二十二日，仕女游河，取小石通中者，用彩丝穿之，带以为祥。"

在一年的寒食前后，孟浩然病倒在李家庄园，为此不得不又在洛阳多停留了一段时间，有诗为证："我爱陶家趣，园林无俗情。春雷百卉坼，寒食四邻清。伏枕嗟公干，归山羡子平。年年白社客，空滞洛阳城。"（《李氏园林卧疾》）诗中的"白社"代指隐居或隐居之地，典故出自晋代隐士董京（字威辇）。《晋书·隐逸传》记载："董京，字威辇，不知何郡人也。初与陇西计吏俱至洛阳，被发而行，逍遥吟咏，常宿白社中。时乞于市，得残碎缯絮，结以自覆，全帛佳绵则不肯受。或见推排骂辱，曾无怒色。孙楚时为著作郎，数就社中与语，遂载以俱归，京不肯坐……后数年，遁去，莫知所之，于其所寝处惟有一石竹子及诗二篇。其一曰：'乾道刚简，坤体敦密，茫茫太奏，是则是述。末世流奔，以文代质，悠悠世目，孰知其实！逝将去此至虚，归我自然之室。'"白社"又见东晋葛洪《抱朴子·杂应》所载："洛阳有道士董威辇，常止白社中，了不食，陈子叙共守事之"。

寒食节是唐代重要的节日，因为寒食节是农历冬至后的第一百零五日，所以又称"百五节"。寒食的第二天称小寒食。在清初汤若望立法改革之后，寒食节定为清明节前一日。寒食节又称禁烟节、冷节、禁火节，据传是为了纪念春秋时期的介子推。晋文公重耳为了让隐居绵山的介子推辅佐自己而放火烧山，本想逼介子推出山却没料到介子推与其母亲都被焚烧致死。寒食节实际上反映了古代改火的习俗。随着春季到来，天气逐渐变暖、干燥，冬天保留下来的火种（旧火）熄灭不用，故而在清明前重新钻木取新火，所以寒食节又称"改火节"。有不少诗曾写过寒食节，王表诗云："寒食花开千树雪，清明日出万家烟。"（《清明日登城春望寄大夫使君》）苏轼诗云："临皋亭中一危坐，三见清明改新火。"（《徐使君分新火》）

在唐代，寒食节除了要禁火、祭祖、踏青之外，还流行荡秋千、蹴鞠、斗鸡、拔河（牵钩）等游戏。唐玄宗非常喜爱蹴鞠，使得这项游戏在宫廷和民间大为流行。甚至当时女子也能参与蹴鞠这项娱乐活动，即所谓的"白打"，一般不设球门，而是以花样（解数）和技巧取胜，如转乾坤、斜插花、风摆荷、叶底摘桃、双肩背月、金佛推磨等。孟浩然的好友王维对寒食节玩蹴鞠的游戏场面有过描述："清溪一道穿桃李，演漾绿蒲涵白芷。溪上人家凡几家，落花半落东流水。蹴鞠屡过飞鸟上，秋千竞出垂杨里。少年分日作遨游，不用清明兼上巳。"（《寒食城东即事》）杜甫亦有诗云："十年

蹴鞠将雏远，万里秋千习俗同。"（《清明二首·其二》）

寒食节，紧挨着农历三月初三的上巳日（上巳节）。

> 卜洛成周地，浮杯上巳筵。
>
> 斗鸡寒食下，走马射堂前。
>
> 垂柳金堤合，平沙翠幕连。
>
> 不知王逸少，何处会群贤。
>
> ——孟浩然《上巳洛中寄王九迥》

孟浩然在上巳日所作的这首诗，一般认为是写给王迥的，也有一说是写给黄九的。黄九是何许人已完全不可考，而孟浩然与王迥的交往却是很深。

> 闲归日无事，云卧昼不起。
>
> 有客款柴扉，自云巢居子。
>
> 居闲好芝术，采药来城市。
>
> 家在鹿门山，常游涧泽水。
>
> 手持白羽扇，脚步青芒履。
>
> 闻道鹤书征，临流还洗耳。
>
> ——孟浩然《白云先生王迥见访》

王迥（生卒年不详），号白云先生，襄阳人，曾隐居鹿门山。王迥非常认可孟浩然的才华和人品，诗云："屈宋英声今止已，江山继嗣多才子。作者于今尽相似，聚宴王家其乐矣。共赋新诗发宫徵，书于屋壁彰厥美。"（《同孟浩然宴赋》）王迥的出游经历也非常丰富，孟浩然写有不少与之有关的诗，比如《登江中孤屿赠白云先生王迥》《白云先生王迥见访》《游精思观回，王白云在后》《同王九题就师山房》《鹦鹉洲送王九之江左》《赠王九》《王迥见寻》《上巳洛中寄王九迥》《李少府与王九再来》。

值得一提的是，有一年的上巳日，孟浩然在自己的涧南园等待着已经约好的朋友们的到访，但是这些朋友最终都爽约了，以至于孟浩然失望至极。

> 摇艇候明发，花源弄晚春。
>
> 在山怀绮季，临汉忆荀陈。
>
> 上巳期三月，浮杯兴十旬。
>
> 坐歌空有待，行乐恨无邻。
>
> 日晚兰亭北，烟开曲水滨。
>
> 浴蚕逢姹女，采艾值幽人。
>
> 石壁堪题序，沙场好解绅。
>
> 群公望不至，虚掷此芳晨。
>
> ——孟浩然《上巳日涧南园期王山人、陈七诸公不至》

上巳日有在水边去除邪祟、踏青、交游以及聚会的习俗。

《后汉书·礼仪志上》载："是月上巳，官民皆洁于东流水上，曰洗濯祓除、去宿垢疢为大洁。"魏晋以后，上巳日定为三月三日。张说《三月三日定昆池奉和萧令得潭字韵》云："暮春三月日重三，春水桃花满禊潭。广乐逶迤天上下，仙舟摇衍镜中酣。"

杜甫作于天宝十二载（753）的《丽人行》对三月三日这一天出游的华丽香艳的盛况进行了非常真切的描摹。兹录部分如下：

三月三日天气新，长安水边多丽人。

态浓意远淑且真，肌理细腻骨肉匀。

绣罗衣裳照暮春，蹙金孔雀银麒麟。

头上何所有？翠微盍叶垂鬓唇。

背后何所见？珠压腰衱稳称身。

春节、清明节、端午节和中秋节为四大传统节日。

孟棨《本事诗·情感第一》就记载了崔护〔772—846，贞元十二年（796）进士及第，大和三年（829）任京兆尹〕在清明当天出游而在城南偶遇村中美丽女子的一波三折的传奇故事。书中写道："博陵崔护，姿质甚美，而孤洁寡合。举进士下第。清明日，独游都城南，得居人庄，一亩之宫，而花木丛萃，寂若无人。扣门久之，有女子自门隙窥之，问曰：'谁耶？'以姓字对，曰：'寻春独行，酒渴求饮。'女入，以杯水至，开门设床命坐，独倚小桃斜柯伫立，而意属殊厚，妖姿媚态，绰有余妍。崔以言挑之，不对，目注者久之。崔辞去，送至门，如不胜情而入。崔亦眷盼而归，嗣后绝不复至。及来岁清明日，忽思之，情不可抑，径往寻之。门墙如故，而已锁扃之。因题诗于左扉曰：'去年今日此门中，人面桃花相映红。人面不知何处去，桃花依旧笑春风。'后数日，偶至都城南，复往寻之，闻其中有哭声，扣门问之，有老父出曰：'君非崔护耶？'曰：'是也。'又哭曰：'君杀吾女。'护惊起，莫知所答。老父曰：'吾女笄年知书，未适人，自去年以来，常恍惚若有所失。比日与之出，及归，见左扉有字，读之，入门而病，遂绝食数日而死。吾老矣，此女所以不嫁者，将求君子以托吾身，今不幸而殒，得非君杀之耶？'又特大哭。崔亦感恸，请入哭之。尚俨然在床。崔举其首，枕其股，哭而祝曰：'某在斯，某在斯。'须臾开目，半日复活矣。父大喜，遂以女归之。"

关于清明节，请看孟浩然的诗——《清明即事》：

帝里重清明，人心自愁思。

车声上路合，柳色东城翠。

花落草齐生，莺飞蝶双戏。

空堂坐相忆，酌茗聊代醉。

此外，孟浩然还有诗《清明日宴梅道士房》："林卧愁春尽，开轩览物华。忽逢青鸟使，邀入赤松家。丹灶初开火，仙桃正落花。童颜若可驻，何惜醉流霞。"

一年七夕，孟浩然正客居他乡，头顶一弯新月勾起他的愁思，于是遥念起远方的妻子来，如其诗云："他乡逢七夕，旅馆益羁愁。不见穿针妇，空怀故国楼。绪风初减热，新月始临秋。谁忍窥河汉，迢迢问斗牛。"（《他乡七夕》）

在这首诗中，孟浩然提到了七夕乞巧的习俗。关于七夕乞巧，《荆楚岁时记》记载："是夕，人家妇女结彩缕，穿七孔针，或以金银鍮石为针，陈瓜果于庭中以乞巧。"宫中则为庆祝七夕专门设有"乞巧楼"，《开元天宝遗事》记载："宫中以锦结成楼殿，高百尺，上可以胜数十人，陈以瓜果酒炙，设坐具，以祀牛、女二星。嫔妃各以九孔针、五色线，向月穿之，过者为得巧之候。动清商之曲，宴乐达旦。士民之家皆效之。"

九月九日为重阳节。张岱《夜航船》称："九为阳数，其日与月并应，故曰'重阳'。"在唐德宗时期，重阳节被正式定为节日，为"三令节"之一。

重阳节又称重九节、登高节、祭祖节、双九节、晒秋节、老年节、敬老节，寓意一元肇始、长久长寿。古代有重阳节出游、登高望远、宴饮祈寿的习俗。《荆楚岁时记》记载："九月九日，四民并藉野饮宴。"在这一天，人们饮菊花酒、食莲饵、品重阳糕，并头戴、身插茱萸或者佩戴插着茱萸的布袋（"茱萸囊"），以祈求祛病长寿。孟浩然《九日得新字》诗曰："初九未成句，重阳即此晨。登高闻古事，载酒访幽人。落帽恣欢饮，授衣同试新。茱萸正可佩，折取寄情亲。"《西京杂记》卷三载："九月九日，佩茱萸，食蓬饵，饮菊华酒，令人长寿。"《太平御览》卷三十二引《风土记》云："俗于此日，以茱萸气烈成熟，尚此日，折茱萸房以插头，言辟恶气而御初寒。"南朝梁吴均《续齐谐记》载："汝南桓景随费长房游学累年。长房谓曰：'九月九日，汝家中当有灾。宜急去，令家人各作绛囊，盛茱萸，以系臂，登高饮菊花酒，此祸可除。'景如言，齐家登山。夕还，见鸡犬牛羊一时暴死。长房闻之曰：'此可代也。'今世人九日登高饮酒，妇人带茱萸囊，盖始于此。"

开元八年（720）九月九日重阳节这天，孟浩然与贾昇等人登上岘山。在诗酒唱和之际，孟浩然不觉遥想和缅怀起先贤羊祜来，在时间的无情法则面前，任何诗人、名士以及伟人作为过客都有其脆弱的一面。孟浩然感慨之下，遂作一诗：

> 人事有代谢，往来成古今。
> 江山留胜迹，我辈复登临。
> 水落鱼梁浅，天寒梦泽深。

羊公碑尚在，读罢泪沾襟。

——孟浩然《与诸子登岘山》

　　孟浩然这首登临怀古诗涉及羊祜、庞德公和屈原，其犹如一场伟大的致敬仪式，甚至对海外汉学界都有着巨大的影响。正如美国汉学家宇文所安所动情描述的那样，"孟浩然的诗使我们恍如置身于一场追溯既往的典礼中：所有在我们之前读到'堕泪碑'的人都哭过了，现在，轮到我们来读，轮到我们来哭了"（《追忆：中国古典文学中的往事再现》）。

　　孟浩然时常与友人登临万山，北望汉江。在一年的重阳佳节到来之际，孟浩然又登上万山，想到远方的好友张五。显然，在重要节日能够想到的朋友一定是不可替代的挚友或知己。

北山白云里，隐者自怡悦。

相望试登高，心随雁飞灭。

愁因薄暮起，兴是清秋发。

时见归村人，沙行渡头歇。

天边树若荠，江畔洲如月。

何当载酒来，共醉重阳节。

——孟浩然《秋登万山寄张五》

　　诗中所提及的张五指的是张諲，他是孟浩然与王维共同的好友。其生卒年不详，排行第五，永嘉（今属浙江）人，擅长书画，官至刑部员外郎。

　　与同时代的诗人一样，孟浩然尤其喜爱在重阳节出游，与友朋登高聚饮。他的诗中，出现最多的节日就是重阳节，比如《过故人庄》《九日得新字》《途中九日怀襄阳》《九日龙沙作，寄刘大昚虚》《卢明府九日岘山宴袁使君、张郎中、崔员外》《秋登万山寄张五》《和贾主簿昇九日登岘山》。

《卢明府九日岘山宴袁使君、张郎中、崔员外》一诗就对重阳饮酒的场面予以了详尽的描述：

> 宇宙谁开辟，江山此郁盘。
>
> 登临今古用，风俗岁时观。
>
> 地理荆州分，天涯楚塞宽。
>
> 百城今刺史，华省旧郎官。
>
> 共美重阳节，俱怀落帽欢。
>
> 酒邀彭泽载，琴辍武城弹。
>
> 献寿先浮菊，寻幽或藉兰。
>
> 烟虹铺藻翰，松竹挂衣冠。
>
> 叔子神如在，山公兴未阑。
>
> 传闻骑马醉，还向习池看。

有一年，冬至刚过，孟浩然专门前往檀溪拜访两位好友。其间作有一诗，兹录部分于下：

> 闲垂太公钓，兴发子猷船。
>
> 余亦幽栖者，经过窃慕焉。
>
> 梅花残腊月，柳色半春天。
>
> 鸟泊随阳雁，鱼藏缩项鳊。

停杯问山简，何似习池边。

——孟浩然《冬至后过吴、张二子檀溪别业》

　　冬至在阳历十二月二十二日前后，古时人们十分重视此节气，有"冬至大如年"之说。冬至又称冬节、亚岁、日南至。冬至被认为是"阴极之至，阳气始生，日南至，日短之至，日影长之至"之日。此时阳气开始上升，所以古时有在冬至前后拜友、宴饮、祭祖的习俗。甚而百官休沐，静心养身，《后汉书》记载："冬至前后，君子安身静体，百官绝事，不听政，择吉辰而后省事。"

卷
三

往来与古今

第五章

"田园在汉阴"：涧南园今安在

关于孟浩然的故宅，以往一些文献记载和包括闻一多在内的学者认为位于鹿门山。《嘉庆重修一统志》卷三四七之《襄阳府》载："孟浩然宅，在襄阳县东南鹿门山。"

这种说法过于粗略，只是给出了大致的范围。

具体言之，孟浩然当年所居之涧南园位于现在襄阳市东津开发区古院岗后岗村孟家巷。

此地在唐朝属汉阴镇，紧邻汉水东岸，距离蔡洲很近。

> 南国辛居士，言归旧竹林。
>
> 未逢调鼎用，徒有济川心。
>
> 予亦忘机者，田园在汉阴。
>
> 因君故乡去，遥寄式微吟。
>
> ——孟浩然《都下送辛大之鄂》

话说 1958 年，孟家巷出土了明代万历年间的一方石碑。这为考证孟浩然涧南园居所的具体位置提供了有力支持。

但因为年代太久，墓碑已经磨损得很厉害，上面的一些字迹已经模糊甚至脱落以致难以分辨。

碑文如下：

第承直郎北京户部清吏司主事、郡人岘滨柯维恭□士第正议大夫、北京大理寺侍郎、郡人鸣岘郑继之撰文，进士加四品明□□□□山东兖州同知郡人□庵王继圣书。墓之有志也，以示不忘也，惟士□子□言懿行，足垂不朽者，必勒石，俾来祀有所考。□□云：有母仪□，妇道可式可训者，亦启子壶范，亦楷模也。可无所志以铭乎？襄郡城南江之东，古院岗世孟姓者，乃唐孟浩然先贤遗裔。奕业相延不知几十代，传及处士孟公希曾，娶孺人段氏，生伯子应元、仲子应斿。伯子娶刘氏，生孙五：……享寿七十有七。说者曰：仁者必有寿，德厚后必昌，于郡孺人亦大快矣。孺人生于嘉靖辛卯二月十七日，卒于万历丁未八月十七日。以是年十二月二十四日合葬于处士之墓右。

碑文中最为重要的一段话是："襄郡城南江之东，古院岗世孟姓者，乃唐孟浩然先贤遗裔也。奕业相延不知几十代，传及处士孟公希曾"。

为此墓碑撰文的郑继之就是襄阳人，其于嘉靖四十四年（1565）中进士，曾任吏部尚书、太子太保。尤其值得注意的是，他曾为万历四十五年（1617）所修《襄阳县志》（李思启、王业浩纂修）作序。2010年9月，襄阳市博物馆工作人员在清理明襄王府遗址时意外发现了郑继之夫妇的墓志铭——《明光禄大夫太子太保吏部尚书郑公府君墓志铭》（共1558字）。由此，我们可以确认郑继之生于嘉靖乙未（1535）十二月初四，卒于天启癸亥（1623）十月十九日，享年八十九岁。

唐代大诗人白居易曾两次经过襄阳，其中一次是在元和十年（815），其时白居易因为宰相武元衡当街遇刺一事上书而被贬为江州司马。

在游襄阳之际，于挫折中备感失意怅然的白居易想到了一生功名无成的孟夫子。

楚山碧岩岩，汉水碧汤汤。

秀气结成象，孟氏之文章。

今我讽遗文，思人至其乡。

清风无人继，日暮空襄阳。

南望鹿门山，蔼若有余芳。

旧隐不知处，云深树苍苍。

——白居易《游襄阳怀孟浩然》

此时，距离孟浩然去世也才七十多年的时间，而孟浩然的居所早已经湮没不见了。

从襄阳外城下马之后，白居易改走水路，途中短暂休整于汉阴镇的驿馆。

下马襄阳郭，移舟汉阴驿。

秋风截江起，寒浪连天白。

本是多愁人，复此风波夕。

——白居易《襄阳舟夜》

此时秋风正萧瑟，官场失意之人更感悲凉、压抑。白居易当时之所以要乘船到汉阴驿有两种可能：一是其为必经之路，二是专门为探访孟浩然在汉阴的故居。

孟浩然在襄阳的居所称涧南园，又称汉南园、南园。这也正是孟浩然的同乡王士源在《孟浩然集》的序文中强调的"食鲜疾动，终于冶城南园"的"南园"。

涧南园这块宅地是孟浩然的先祖留下来的，所谓"先人留素业"（《南山下与老圃期种瓜》）、"素产唯田园"（《涧南园即事贻皎上人》）。

关于这一宅院和田产，请看孟浩然自己的介绍：

> 尝读高士传，最嘉陶征君。
>
> 日耽田园趣，自谓羲皇人。
>
> 予复何为者，栖栖徒问津。
>
> 中年废丘壑，上国旅风尘。
>
> 忠欲事明主，孝思侍老亲。
>
> 归来当炎夏，耕稼不及春。
>
> 扇枕北窗下，采芝南涧滨。
>
> 因声谢同列，吾慕颍阳真。
>
> ——孟浩然《仲夏归汉南园，寄京邑耆旧》

写这首诗时，孟浩然已经落第回乡。他满怀怅惘，自觉愧对双亲。

孟浩然对于居所附近的环境喜爱至极，日日流连，荒废时光。

当时，涧南园附近有不少的道观、寺庙和居士修行的茅屋。孟浩然诗曰："停午闻山钟，起行散愁疾。寻林采芝去，转谷松翠密。傍见精舍开，长廊饭僧毕。石渠流雪水，金子耀霜橘。竹房思旧游，过憩终永日。入洞窥石髓，傍崖采蜂蜜。日暮辞远公，虎溪相送出。"
（《疾愈过龙泉寺精舍，呈易、业二公》）

　　孟浩然反复描写涧南园所处的地理位置和周边环境，如："弊庐在郭外，素产唯田园。左右林野旷，不闻朝市喧。钓竿垂北涧，樵唱入南轩。书取幽栖事，将寻静者论。"（《涧南园即事贻皎上人》）通过诗中提到的"北涧"，我们可以确认其住宅的位置是在涧水的南面，这大概是涧南园得名之故。

　　关于北涧，我们可以再来看看孟浩然的介绍：

> 北涧流恒满，浮舟触处通。
>
> 沿洄自有趣，何必五湖中。
>
> ——孟浩然《北涧泛舟》

　　有研究者认为"北涧"就是"襄渠""南渠"，即襄水，其大体流向是自鸭湖东南流经岘山、蔡洲至习家池，最后注入汉水。

　　孟浩然的涧南园附近的北涧距鱼梁渡口很近，此渡口因为靠近鱼梁洲而得名。孟浩然诗曰："山寺钟鸣昼已昏，渔梁渡头争渡喧。人随沙岸向江村，余亦乘舟归鹿门。鹿门月照开烟树，忽到庞公栖隐处。岩扉松径长寂寥，惟有幽人自来去。"（《夜归鹿门歌》）

　　鱼梁渡位于汉水与唐白河之间，系泥沙淤积和砂卵石叠加而成的沙洲。孟浩然对鱼梁洲非常偏爱，其一诗曰："悠悠清江水，水落沙屿出。回潭石下深，绿筱岸傍密。鲛人潜不见，渔父歌自逸。忆与君别时，泛舟如昨日。夕阳开返照，中坐兴非一。南望鹿门山，归来恨如失。"（《登江中孤屿赠白云先生王迥》）

　　在孟浩然所处的开元时期，鱼梁洲还处于半岛的状态，还不是今天我们所见到的江心洲。鱼梁洲最早是三面环水、一面傍山的半岛。后来由于主流改道，鱼梁洲才逐渐成为江心洲。

《襄阳府志》载："鱼梁，亦槎头，在岘津上，水落时洲人摄竹木为梁，以捕鱼。"《水经注·沔水》称："沔水（汉水）中有鱼梁洲，庞德公所居。"东汉末年群雄之一的刘表（142—208，字景升）在任荆州牧期间曾在鱼梁洲上筑高台用于养鹰，时人称之为"景升台""呼鹰台"。鱼梁洲又因位于襄阳城南而称南渡头。鱼梁洲在不同时期曾有不同的叫法，比如月洲、玉娘洲、大河洲、无粮洲、大沙洲、无浪洲等。这里水陆交通非常便利，怪不得孟浩然会说："我家南渡头，惯习野人舟。日夕弄清浅，林湍逆上流。山河据形胜，天地生豪酋。君意在利往，知音期自投。"（《送张祥之房陵》）

二十一世纪以来，随着南水北调工程和崔家营航电枢纽工程的启动，鱼梁洲已经由江心洲变成了库中岛，汉江上游的王甫洲、新集都建了水电站。

围绕着孟浩然的居所进行探析，北涧、鱼梁渡以及鹿门山一一展现出来。我们能够感受到孟浩然的居所环境是非常清幽、僻静的，山林、沙洲、流水、旷野、山僧、道士、隐士以及钓叟、樵夫都增添了山水田园的安闲气息。

我们可以通过《水经注·沔水》再来看看孟浩然当时居住地的环境。书中写道："襄阳城东有东白沙，白沙北有三洲，东北有宛口，即清水所入也。沔水中有鱼梁洲，庞德公所居。士元居汉之阴，在南白沙，世故谓是地为白沙曲矣。司马德操宅洲之阳，望衡对宇，欢情自接，泛舟褰裳，率尔休畅。岂待还桂柁于千里，贡深心于永思哉。水南有层台，号曰景升台。盖刘表治襄阳之所筑也。言表盛游于此常所止憩。表性好鹰，尝登此台，歌《野鹰来曲》。其声韵似孟达《上堵吟》矣。沔水又径桃林亭东，又径岘山东，山上有桓宣所筑城，孙坚死于此。又有桓宣碑。羊祜之镇襄阳也，与邹润甫尝登之。及祜薨，后人立碑于故处，望者悲感。杜元凯谓之堕泪碑。山上又有征南将军胡罴碑，又有征西将军周访碑，山下水中，杜元凯沉碑处。沔水又东南径蔡洲，汉长水校尉蔡瑁居之，故名蔡洲。"

通过王维的凭吊诗，我们能大体看到孟浩然当年所居之地的位置。

故人不可见，汉水日东流。

借问襄阳老，江山空蔡洲。

——王维《哭孟浩然》

《太平御览》引《荆州图经》认为蔡洲位于襄阳县南八里、岘山东南一十里的江中。蔡洲，因汉末襄阳蔡氏望族在此居住而得名，其中著名的人物有蔡瑁。《襄阳耆旧记》记载："蔡瑁，字德珪，襄阳人，性豪自喜。少为魏武所亲。刘琮之败，武帝造其家，入瑁私室，呼见其妻、子，谓曰：'德珪，故忆往昔共见梁孟星，孟星不见人时否？闻今在此，那得面目见卿耶！'是时，瑁家在蔡洲上，屋宇甚好，四墙皆以青石结角。婢妾数百人，别业四五十处。汉末，诸蔡最盛。蔡讽，姊适太尉张温；长女为黄承彦妻，小女为刘景升后妇，瑁之姊也。瓒，字茂珪，为鄢相，琰，字文珪，为巴郡太守，瑁同堂也。永嘉末，其子犹富，宗族甚强，共保于洲上，为草贼王如所杀，一宗都尽，今无复姓蔡者。"

唐代诗人张祜（约785—约849）与孟浩然一样举进士而不第，富有诗才但不被赏识（据传是元稹一直打压他），所以更多时间是在游山玩水、广游寺观、浪迹江湖。张祜和孟浩然有诸多的共同点，所以他们会成为灵魂意义上的命运伙伴。

> 高才何必贵，下位不妨贤。
> 孟简虽持节，襄阳属浩然。
>
> ——张祜《题孟处士宅》

张祜在孟浩然的故宅题壁作诗的时候孟浩然已经离世几十年了。真是"生年不满百，人事有代谢"。

与张祜同时期的唐代诗人朱庆馀（生卒年不详，越州人，宝历二年进士，官至秘书省校书郎）在经过孟浩然旧居时亦感慨孟浩然的时运不济以及岁月巨大的损毁力量。

> 命合终山水，才非不称时。
> 冢边空有树，身后独无儿。
> 散尽诗篇本，长存道德碑。
> 平生谁见重，应只是王维。
>
> ——朱庆馀《过孟浩然旧居》

第六章

岘山：羊公堕泪碑与独孤册遗爱颂碑

岘山不高，但为名山。

张九龄于开元二十五年（737）被贬为荆州大都督府长史，登岘山之际感怀赋诗："昔年亟攀践，征马复来过。信若山川旧，谁如岁月何。蜀相吟安在，羊公碣已磨。令图犹寂寞，嘉会亦蹉跎。宛宛樊城岸，悠悠汉水波。逶迤春日远，感寄客情多。地本原林秀，朝来烟景和。同心不同赏，留叹此岩阿。"（《登襄阳岘山》）

襄阳有名山、名川、名迹、名寺、名流，等等。名胜古迹这一块，有岘山、万山、鹿门山、凤凰山、穀山、柤山、薤山，有檀溪、斩蛟渚、解佩渚、鱼梁洲、蔡洲、沉碑潭、习郁池（又称习家池、高阳池），有夫人城、堕泪碑（又称羊公碑）、羊杜祠、古隆中、诸葛亮宅、王粲井、杜甫宅、刘琦台、道安岩、庞居洞、米公祠，等等。

襄阳名寺遍布，有"一里一寺"之说，比如谷隐寺、鹿门寺、万山寺、景空寺、凤林寺、檀溪寺、卧佛寺、延庆寺、耆阇寺等。

值得一提的是，卧佛寺旁有虎皮井，这得名于开元年间的一个传说："有崔生应举过寺宿焉，见一虎入寺，脱皮则一美妇也。崔昵之，既而窥其皮在井边，遂投之井中。妇人觅皮不得，因随崔至京。授县尉，历县尹，在官六年，生子二。后复过寺，崔意妇随日久，必无他虞，告之故。妇欣然令取皮，皮故无恙，仍披之，成一虎，大吼，回顾二子而去。"（《同治襄阳县志》）

襄阳深厚的佛教文化对孟浩然的人生观以及隐士思想有着极大

影响。东晋时期，释道安（312—385）在五十三岁时南下襄阳，在此驻锡弘法达十五年之久，对襄阳佛教兴盛起到了极大的推动作用。

孟浩然的诗对襄阳风物有着非常深情的描述，涉及岘山、岘亭、鹿门山、万山、万山亭、望楚山、北津、鱼梁洲、高阳池、檀溪、白鹤岩，等等。

对于襄阳的山水和人文景观，我们可以通过与孟浩然同时代且年纪相仿的李颀（690—751）的《送皇甫曾游襄阳山水兼谒韦太守》一诗来加深一下印象。此诗曰："岘山枕襄阳，滔滔江汉长。山深卧龙宅，水净斩蛟乡。元凯春秋传，昭明文选堂。风流满今古，烟岛思微茫。白雁暮冲雪，青林寒带霜。芦花独戍晚，柑实万家香。旧国欲兹别，轻舟眇未央。百花亭漫漫，一柱观苍苍。按俗荆南牧，持衡吏部郎。逢君立五马，应醉习家塘。"

在襄阳，最为著名的是岘山。

岘山为襄阳城的案山，即郡城门户。岘山在襄阳城东南九里，山的东面临汉水，以环抱之势护佑襄阳城。据传说，伏羲死后身体化为岘山诸峰，包括岘首山（下岘）、紫盖山（俗称琵琶山、中岘）、万山（上岘）。东汉皇甫谧所撰《帝王世纪》即云："伏羲葬南郡，在襄阳。"

岘山不高，是名副其实的小山，但因为西晋著名的政治家、军事家、文学家羊祜（221—278）而名闻天下。《元和郡县图志》记载："羊祜镇襄阳，与邹润甫共登此山，后人立碑，谓之堕泪碑，其铭文即蜀人李安所制。"

岘山有堕泪碑、岘山亭、羊（羊祜）杜（杜预）二公祠。

岘山确实是因为羊祜而闻名的，而羊祜也因此山而得以被后世铭记。《晋书》有载："祜乐山水，每风景，必造岘山，置酒言咏，终日不倦。尝慨然叹息，顾谓从事中郎邹湛等曰：'自有宇宙，便有此山。由来贤达胜士，登此远望，如我与卿者多矣！皆湮灭无闻，使人悲伤。如百岁后有知，魂魄犹应登此也。'湛曰：'公德冠四海，道嗣前哲，令闻令望，必与此山俱传。至若湛辈，乃当如公言耳。'"

李白有诗云："君不见晋朝羊公一片石，龟头剥落生莓苔。"（《襄阳歌》）由此可见，岘山和堕泪碑成为后世不断追忆和累积记忆的场景和象征物。正如宇文所安所言："有一些场景可以使得回忆的行为以及对前人回忆行为的回忆凝聚下来，让后世的人借此来回忆我们。在这类场景中，最引人注目的大概要数岘山上的'堕泪碑'了。"（《追忆：中国古典文学中的往事再现》）

咸宁四年（278）八月，羊祜染病并于该年冬去世。

羊祜的死讯传开后，百姓罢市痛哭，司马炎更是哭得泪水流到胡须上都结了冰。为了纪念羊祜，其部属于岘山立碑，即羊公碑，杜预将之称为堕泪碑。晋人李兴撰碑文曰："公讳祜，字叔子，泰山南城人也。其先晋羊舌大夫之胄，当汉中兴，始自南阳家于岱野，缨冕相继，九世于兹矣。显祖南阳太守，考上党太守，咸有能名。公承俊烈之高风，应明哲之盛代，德擅规模，仁成兹惠。其器量宏深，容度广大，浩浩乎固不可测已；其志节言行，卓尔不群，游神玄默，散志青云，弘之以道籍，博之以艺文。于是仁声远耀，芳风遐流。年十有七，上计吏察孝廉，州辟不肯就，群公休之，四府并命，盘桓累载，及公车徵，拜中书侍郎秘书监。于时当晋之盛，明扬英俊，乃引公为相国从事中郎，迁中领军，遇革命之期，任受禅之会，秉文经武，以集大晋之祚。皇采增辉，帝威远迈，伟绝代之风，弘唐虞之绪，帝嘉厥庸，酬以大国。公乃逡巡固让，裁居小邦。天子俞咨，仍复公中军将军散骑常侍，内厘王度，外绥区域，严恭寅畏，帝命允饬。运国威于句陈，握皇枢于紫极，于时之盛，未有上公者也。拜卫将军尚书仆射，以揆天极，崇成大业。帝道缉熙，泰阶永肃。"（《晋故使持节侍中太傅钜平成侯羊公碑》）

《晋书·羊祜列传》载："襄阳百姓于岘山祜平生游憩之所建碑立庙，岁时飨祭焉。望其碑者莫不流涕，杜预因名为堕泪碑。"

羊祜在临终前举荐度支尚书杜预，而杜预（222—285，京兆杜陵人）正是杜甫的先祖。杜预的三子杜耽、四子杜尹分别是唐代诗人杜甫、杜牧的先祖。

杜预接替羊祜任镇南大将军，在晋灭吴的过程中发挥了重大作用。在明朝之前，杜预是历史上唯一同时进入文庙和武庙的人。《晋书·杜预传》载："预好为后世名，常言'高岸为谷，深谷为陵'，刻石为二碑，纪其勋绩，一沉万山之下，一立岘山之上，曰：'焉知此后不为陵谷乎！'"关于先祖沉碑，杜甫曾作诗记之："清思汉水上，凉忆岘山巅。顺浪翻堪倚，回帆又省牵。吾家碑不昧，王氏井依然。"（《回棹》）欧阳修则与杜甫不同，对杜预沉碑留名的戏剧化举动予以了批评："元凯铭功于二石，一置兹山之上，一投汉水之渊。是知陵谷有变，而不知石有时而磨灭也。"（《岘山亭记》）

孟浩然时常与朋友登岘山怀古。

人事有代谢，往来成古今。

江山留胜迹，我辈复登临。

水落鱼梁浅，天寒梦泽深。

羊公碑尚在，读罢泪沾襟。

——孟浩然《与诸子登岘山》

登岘山观羊公碑，孟浩然更为深切地感受到了在亘古如斯的山川和宇宙面前，人的一生显得极其短暂而渺小。如果能像羊祜一样以功德传之后世则为大幸，然而世事无常，并不能总是顺遂人意，所以更令人潸然垂泪。

在孟浩然出生之前，初唐诗人陈子昂（659？—700？）在调露元年（679）出蜀赴京，准备在国子监学习。路经襄阳时，他登上岘山，远眺之际发怀古之幽情："秣马临荒甸，登高览旧都。犹悲堕泪碣，尚想卧龙图。城邑遥分楚，山川半入吴。丘陵徒自出，贤圣几凋枯。野树苍烟断，津楼晚气孤。谁知万里客，怀古正踟蹰。"（《岘山怀古》）

岘山除了有羊公碑，还有独孤册的遗爱颂碑。

孟浩然从越地回到襄阳后正值仲夏（农历五月）之际，鹿门山、涧南园的暑热之气开始上升。

开元十四年（726）秋天到开元十五年（727）地方大旱，已经有十七个道、州发生重大旱情，此时的襄阳也不例外。我们通过孟浩然写给独孤册的诗可以真切感受到当时大旱的严峻情形。

郎官旧华省，天子命分忧。

襄土岁频旱，随车雨再流。

云阴自南楚，河润及东周。

廨宇宜新霁，田家贺有秋。

竹间残照入，池上夕阳浮。

寄谢东阳守，何如八咏楼。

——孟浩然《同独孤使君东斋作》

此时，独孤册任襄州刺史。

独孤册，字伯谋，洛阳人，曾任永昌县尉、户部郎中，开元年间出任襄州刺史。独孤册与孟浩然亦为忘形之交，二人过从甚密，时时相约登临赋诗，如："万山青嶂曲，千骑使君游。神女鸣环佩，仙郎接献酬。遍观云梦野，自爱江城楼。何必东南守，空传沈隐侯。"（孟浩然《陪独孤使君同与萧员外证登万山亭》）

孟浩然提到的萧证应为萧诚（生卒年不详），他是当时极负盛名的书法家，曾任荆州大都督府兵曹参军、司勋员外郎等职。衡山的《南岳真君碑》系萧诚于开元二十年（732）所书，而南岳真君祠为开元十三年（725）司马承祯所建。司马承祯曾说："南岳祠宇庵岩，仅三百余所。超越于汉武之朝，盛隆在唐皇之代，他山无可拟者。岂不以万古灵踪，千真遗化，并协壬辰之运。"（《南岳总胜集》）北宋大书法家米芾对萧诚的书法造诣评价极高，甚为推崇："御史萧诚书太原题名，唐人无出其右。为《司马系南岳真君观碑》，极有钟、王趣，余皆不及矣。"（《海岳名言》）在萧诚即将赴任荆州大都督府兵曹参军之际，孟浩然在岘山为其饯行，心怀感伤之余祝好友此去能够飞黄腾达。其诗曰："岘山江岸曲，郢水郭门前。自古登临处，非今独黯然。亭楼明落照，井邑秀通川。涧竹生幽兴，林风入管弦。再飞鹏激水，一举鹤冲天。伫立三荆使，看君驷马旋。"（《岘山送萧员外之荆州》）

书法大家李邕和萧诚与孟浩然、独孤册都有交往。

由李邕撰文、萧诚所书的《襄阳牧独孤册遗爱颂碑》尤值得人们注意。欧阳修认为此碑是萧诚所书碑中最值得称道的，所谓"诚书世多有，而此尤佳"（《欧阳修集》）。这块碑立于岘山亭下。李邕（678—747）是其时著名的书法家，鄂州江夏人，曾任校书郎、左拾遗、户部郎中、殿中侍御史、括州刺史、北海太守等职。李邕年少成名，博学多才而尤擅书法。《宣和书谱》载，李邕"精于翰墨，行草之名尤著……初学王右军行法，既得其妙，乃复摆脱旧习，笔力一新"。李邕的性格与孟浩然很像，为人放旷而不拘细节，李邕后为奸相李林甫构陷，既而被杖刑致死。天宝四载（745），时任北海太守的李邕亲自往历下亭（位于山东济南）见杜甫，此时李邕已经六十八岁高龄了。尽管二人相差三十四岁，但早已经是忘年之交，李邕对杜甫极其赏识。杜甫在历下亭当场赋诗赠李邕："东藩驻皂盖，北渚凌清河。海右此亭古，济南名士多。云山已发兴，玉佩仍当歌。修竹不受暑，交流空涌波。蕴真惬所遇，落日将如何。贵贱俱物役，从公难重过。"（《陪李北海宴历下亭》）

大文豪欧阳修（1007—1072）于景祐三年（1036）被贬夷陵令（今湖北宜昌），又于景祐四年（1037）的年底改任乾德令（乾德县后改名光化县，即今襄阳老河口市）。在赴乾德令任的路上，欧阳修专门至襄阳岘山寻访襄阳牧独孤册遗爱颂碑，并称："碑为四面，而一面最完，今人家所传只有一面，而余所得有二面，故其一面颇有讹缺也。"（《集古录跋尾》卷六）

欧阳修对襄阳有着极其特殊的感情，这很大程度上来源于此地的山川风貌、历史古迹以及文化先贤，他对孟浩然尤其尊崇。欧阳修晚年仍对襄阳惦念不已。其《奉寄襄阳张学士兄》吟道："东津渌水南山色，梦寐襄阳二十年。顾我百忧今白首，羡君千骑若登仙。花开汉女游堤上，人看仙翁拥道边。况有玉钟应不负，夜槽春酒响如泉。"欧阳修又有《和韩学士襄州闻喜亭置酒》："巉岩高城汉水边，登临谁与共跻攀。清川万古流不尽，白鸟双飞意自闲。可笑沉碑忧岸谷，谁能把酒对江山。少年我亦曾游目，风物今思一梦还。"

熙宁元年（1068），欧阳修的好友史中辉守襄阳，于第二年组织修缮和扩建岘山亭。熙宁三年（1070）十月二十二日，欧阳修为此撰文。其文《岘山亭记》中有言："岘山临汉上，望之隐然，盖诸山之小者。而其名特著于荆州者，岂非以其人哉？其人谓谁？羊祜叔子、杜预元凯是已。方晋与吴以兵争，常倚荆州以为重，而二子相继于此，遂以平吴而成晋业，其功烈已盖于当世矣。至于风流余韵，蔼然被于江汉之间者，至今人犹思之，而于思叔子也尤深。盖元凯以其功，而叔子以其仁，二子所为虽不同，然皆足以垂于不朽。"

《元和郡县图志》成书于唐宪宗元和八年（813），因为距离孟浩然的年代比较近，所以书中并没有关于孟浩然的记载。而在宋人王象之所撰的《舆地纪胜》中，孟浩然的身影已频繁出现在相关的风物、名人、遗迹以及关于襄阳的诗文中，显然这时候的孟浩然已经完全被经典化了。

我们总是说沧海桑田，时过境迁。在时间的法则面前，岘山也不能例外。因为追求经济利益，岘山的下岘岘首山曾遭受过疯狂的开采，生态环境遭到严重破坏。近年来，这里得到有效整治。破坏的山体被打造成了高约五十米、长约九十米的孟浩然摩崖雕像。

卷
四

结交与世风

第七章

"平生重交结"：达人孟浩然的朋友圈

2021 年 9 月 22 日，沈浩波写了一首"拟古诗"——《出塞曲》：

汽车从扁都口峡谷开出去

就从甘肃开进了青海

祁连山绵长蜿蜒

有时白云飘过

和山顶的白雪相互映照

有时乌云覆盖

把雪山的峰峦抹成黑色

这当然可以写成一首诗

不过早就被人写出

"青海长云暗雪山"

出自盛唐诗人王昌龄

王昌龄是李白的哥们儿

孟浩然的哥们儿

王维的哥们儿

后来被人杀死在安徽亳州

沈浩波在这首诗中谈到了王昌龄的朋友圈，其中包括李白、孟浩然、王维。

朋友之交分为很多种。

有君子之交、知音之交、刎颈之交，有总角之交、忘年之交、忘形之交，有侨札之交、管鲍分金之交、弹冠结绶之交、青云之交、布衣之交，有口头之交、点头之交、小人之交，还有非正道交友的势交、贿交、谈交、穷交、量交。

自古以来诗歌是知音的艺术，诗人更是在传奇或灾难性的一生中不断寻求着知己。

千百年来流传最广、影响最深的知音之交非俞伯牙、钟子期的"高山流水"莫属。史料记载："伯牙鼓琴，钟子期听之。方鼓琴而志在太山，钟子期曰：'善哉乎鼓琴！巍巍乎若太山。'少选之间，而志在流水，钟子期又曰：'善哉乎鼓琴！汤汤乎若流水。'钟子期死，伯牙破琴绝弦，终身不复鼓琴，以为世无足复为鼓琴者。"（《吕氏春秋·本味》）由此，琴携带了知音的特质，成为很多文人、隐士精神操守的重要象征。《礼记》云"士无故不彻琴瑟"，嵇康有诗曰"目送归鸿，手挥五弦"（《赠秀才入军》）。古时，琴作为文人雅士的"标配"和佛道文化的重要中介物发挥着不可替代的作用。正所谓"佛曰：'不妄语。汝抚琴，山河大地木石尽作琴声，岂不是？'王曰：'是。'佛曰：'迦叶亦复如是。所以实不曾作舞'"（《五灯会元》）。

琴文化源远流长。张岱认为："伏羲氏始削桐为琴，十弦。神农作五弦琴，具五音。文王始增少宫、少商二弦，为七弦。"（《夜航船》）张岱列举了自古以来的诸多名琴，比如伏羲离徽、黄帝清角、帝俊电母、伊陟国阿、周宣王响风、秦惠文王的宣和与闲邪、楚庄王绕梁、齐桓公鸣廉、庄了橘梧、闵损掩容、卫帅曹风嗓、鲁谢涓龙腰、魏师坚履杯、鲁贺云龙额、魏杨英风势、秦陈章神晖、赵胡言亚额、李斯龙腮、始皇秦琴、司马相如绿绮、荣启期双月、张道响泉、赵飞燕凤凰、梁鸿灵机、马明四峰、宋蒙蝉翼、扬雄清英、晋刘安云泉、王钦古瓶、谢庄怡神、庄女落霞、李勉百纳、徐勉玉床、荀季和龙唇等。

被后世誉为"唐代乐圣"的李龟年善辨琴声。张岱《夜航船》载，"李龟年至岐王宅，闻琴，曰：'此秦声。'良久，又曰：'此楚声。'主人入问之，则前弹者陇西沈妍，后弹者扬州薛满。二妓大服"。

宋徽宗赵佶绘有《听琴图》。画面中，宋徽宗于一棵挺拔的松树下抚琴，两名分别身着红衣和绿衣的官员一个俯首一个仰头正在极其认真而谦恭地倾听。权臣蔡京还在画上题诗一首："吟徵调商灶下桐，松间疑有入松风。仰窥低审含情客，似听无弦一弄中。"

在孟浩然等唐代诗人的创作中，"知音之交"以及高逸雅趣、自况心声往往是与听琴、弹琴、携琴的场景联系在一起的。

唐代诗人中写琴最多的非白居易莫属——居然有一百二十首之多。他把诗、琴、酒视为三友，诗曰："今日北窗下，自问何所为。欣然得三友，三友者为谁。琴罢辄举酒，酒罢辄吟诗。三友递相引，循环无已时。一弹惬中心，一咏畅四肢。犹恐中有间，以酒弥缝之。岂独吾拙好，古人多若斯。嗜诗有渊明，嗜琴有启期。嗜酒有伯伦，三人皆吾师。"（《北窗三友》）

孟浩然关于琴的诗有十余首，比如"理琴开宝匣，就枕卧重帏"（《寒夜》），"挂席樵风便，开轩琴月孤"（《寻张五回夜园作》），"豫有相思意，闻君琴上声"（《送张郎中迁京》），"欲取鸣琴弹，恨无知音赏"（《夏日南亭怀辛大》），"谁家无风月，此地有琴尊"(《夜登孔伯昭南楼时，沈太清、朱昇在座》）；再比如"阮籍推名饮，清风坐竹林。半酣下衫袖，拂拭龙唇琴。一杯弹一曲，不觉夕阳沉。余意在山水，闻之谐凤心"(《听郑五愔弹琴》），"蜀琴久不弄，玉匣细尘生。丝脆弦将断，金徽色尚荣。知音徒自惜，聋俗本相轻。不遇钟期听，谁知鸾凤声"(《赠道士参寥》），"吾与二三子，平生结交深。俱怀鸿鹄志，昔有鹡鸰心。逸气假毫翰，清风在竹林。达是酒中趣，琴上偶然音"(《洗然弟竹亭》）。

关于孟浩然那些不太知名的知音朋友，我们可以通过孟浩然的诗歌穿越时空去感受他们当时交往的情形。

> 山光忽西落，池月渐东上。
>
> 散发乘夕凉，开轩卧闲敞。
>
> 荷风送香气，竹露滴清响。
>
> 欲取鸣琴弹，恨无知音赏。
>
> 感此怀故人，中宵劳梦想。
>
> ——孟浩然《夏日南亭怀辛大》

诗中提到的辛大（因在兄弟中排行老大，故称）即辛之谔，是孟浩然的同乡。《新唐书·艺文志》记载，开元十七年，辛之谔上《叙训》二卷，授长社尉。《封氏闻见录》对此事亦有记载："开元中，有唐颀上《启典》一百二十卷，穆元林上《洪范外传》十卷，李镇上《注史记》一百三十卷、《史记义林》二十卷，辛之谔上《叙训》两卷，卞长福上《续文选》三十卷，冯中庸上《政事录》十卷，裴杰上《史护异议》，高峤上《注后汉书》九十五卷。如此者，并量事授官，或沾赏赉，亦一时之美。"

通过《夏日南亭怀辛大》一诗，我们可以认识到孟浩然是把辛之谔视为知音的。辛之谔也怀才不遇，在山中隐居度过很长时间。《夏日南亭怀辛大》这首诗的前半部分主要写从黄昏到夜晚的清闲时刻，而后半部分则转向对知音、朋友的挂怀以及不能见面的失落、惆怅。正是因为知音难求，孟浩然才会在难得的清凉夏夜想念远方的辛之谔。

孟浩然写有两首送别辛之谔的诗。

其一是送辛之谔离开襄阳：

> 送君不相见，日暮独愁绪。
> 江上空裴回，天边迷处所。
> 郡邑经樊邓，山河入嵩汝。
> 蒲轮去渐遥，石径徒延伫。
>
> ——孟浩然《送辛大之鄂渚不及》

其二是孟浩然送辛之谔回襄阳：

> 南国辛居士，言归旧竹林。
> 未逢调鼎用，徒有济川心。
> 予亦忘机者，田园在汉阴。
> 因君故乡去，遥寄式微吟。
>
> ——孟浩然《都下送辛大之鄂》

知音可遇而不可求，难怪杜甫会发出"百年歌自苦，未见有知音"的感慨。

孟浩然享年五十二岁，其一生的交结极其广泛、驳杂。有案可查的朋友竟然多达两百五六十人，可见其人缘和名声之好。其中有泛泛的点头之交以及逢迎的酒肉之交，也有生死之交和忘形之交、忘年之交。

与其交好的朋友不乏像王昌龄、李白、张九龄、张说、王维、张子容这样传诵千古的名人，也有诸多不同级别的政府官员。

在与孟浩然交往的朋友中不乏县令（明府）一级以及更高级别的宰相、尚书、节度使、采访使、刺史、长史等官员。于是，孟浩然的朋友圈中就频繁出现了张丞相、张吏部、宋大使、韩大使、独孤（册）使君、姚使君、韩使君、杨使君、贺侍郎、张郎中、曹（三）御史、萧员外郎、李侍御、王侍御、裴侍御、袁左丞、袁拾遗、綦毋校书、王（大）校书、卢明府、张明府、裴明府、白明府、崔明府、卫明府、崔少府、张少府、李少府、萧少府、贺少府、申少府、卢少府、裴少府、刘少府、张判官、张别驾、袁太祝、毕太祝、张主簿、贾主簿、张记室、薛司户、袁司户、裴司士、张参军等诸多不同层级的官员。

在唐代的文官体系中，宰相、尚书、侍郎、中书舍人、盐铁转运使、刺史（使君）、大都督府长史等为高层文官，监察御史、殿中侍御史、侍御史、拾遗、补阙、员外郎、郎中、县令、录事参军、判官等为中层文官，校书郎、县尉、参军、判司、巡官、推官、掌书记等为基层文官。

关于孟浩然的交友，先来看看他的一首诗：

贵贱平生隔，轩车是日来。

青阳一觏止，云路豁然开。

祖道衣冠列，分亭驿骑催。

方期九日聚，还待二星回。

——孟浩然《岘山饯房琯、崔宗之》

孟浩然提到了两位朋友，即房琯和崔宗之。

崔宗之（名成辅，生卒年不详）是孟浩然、李白、杜甫共同的好友，为丞相崔日用之子。崔日用（673—722）曾被贬为荆州长史。崔宗之袭封齐国公，曾任左司郎中、侍御史，后被贬金陵。崔宗之被杜甫誉为"饮中八仙"之一，其诗有云："宗之潇洒美少年，举觞白眼望青天，皎如玉树临风前。"（《饮中八仙歌》）

房琯（697—763，字次律）与崔宗之一样，出身于名门望族，为宰相房融之子。房琯历任校书郎、冯翊县尉、卢氏县令、监察御史、睦州司户、主客员外郎、主客郎中、给事中、宜春太守、太子左庶子、刑部侍郎等职。安史之乱中房琯随唐玄宗入蜀，拜吏部尚书、同平章事。

在孟浩然交往的张姓朋友中，除了张九龄、张说之外，还有张明府、张郎中。在孟浩然这些明府（县令）一级的官员朋友中，张明府和张郎中出现得比较频繁，孟浩然写过较多相关的诗作，比如《寒夜张明府宅宴》《同张明府清镜叹》《和张明府登鹿门作》《同张明府碧溪赠答》《秋登张明府海亭》《奉先张明府休沐还乡海亭宴集》《张郎中梅园中》《送张郎中迁京》《卢明府九日岘山宴袁使君、张郎中、崔员外》《卢明府早秋宴张郎中海园即事，得秋字》《同卢明府饯张郎中除义王府司马，海园作》等。

因为张子容与孟浩然非同一般的关系，人们容易把张子容和张明府、张郎中混淆。那么，张明府和张郎中具体所指是谁？

通过孟浩然诗中所提供的信息，张明府曾任奉先令以及郎中，这就基本可以确认是张愿。

张愿在开元十七年（729）任奉先令，如《唐会要》所载："奉先县，开元十七年十一月十日升，以奉陵寝，以张愿为县令。"张愿在开元二十一年（733）任别驾郎中，还曾任义王府司马。

张愿出身于名门，为中书令、上柱国、汉阳郡王张柬之的孙子。

张柬之（625—706），字孟将，襄阳人，曾任清源县丞、监察御史、中书舍人、合州刺史、蜀州刺史、荆州长史、洛州司马、刑部侍郎、中书侍郎、同平章事。狄仁杰曾高度评价张柬之并极力举荐他："荆州长史张柬之，其人虽老，真宰相才也。且久不遇，若用之，必尽节于国家矣。"神龙元年（705），张柬之参与发动"神龙政变"（又称神龙革命、五王政变），在洛阳紫微城逼迫武则天退位，恢复李唐王朝。杜牧《樊川文集》载："汉阳王张公柬之，亦进士也，年八十为相，殴致四王，手提社稷，上还中宗。"年老时，张柬之回故乡襄阳养病，任襄州刺史。之后，张柬之又遭贬谪流放，最后忧愤而死。

正是因为张愿和孟浩然为同乡，他们的交往就更深了一层。

> 自君理畿甸，予亦经江淮。
>
> 万里音书断，数年云雨乖。
>
> 归来休浣日，始得赏心谐。
>
> 朱绂恩虽重，沧州趣每怀。
>
> 树低新舞阁，山对旧书斋。
>
> 何以发秋兴，阴虫鸣夜阶。
>
> ——孟浩然《奉先张明府休沐还乡海亭宴集》

通过孟浩然《奉先张明府休沐还乡海亭宴集》这首诗中提供的信息可知，张愿在任奉先令之后在秋季"休沐还乡"。"还乡"则印证了这位"张明府"是襄阳人无疑。通过此诗，我们还可以知道孟浩然在长安时（约开元十七年到开元十九年）就已经与张愿结识。

休浣，亦作休沐，指官吏按例休假，泛指休息。在唐代，以往五日一休的传统被改为十日一休，即旬假、旬休。因每月初十、二十及月底休息，休浣又分为上浣、中浣、下浣。

结合《唐六典》的休宁放假制度，可知唐代的节假日以及旬休加在一起每年超过了八十天。《唐六典》记载："元正、冬至，各给假七日；寒食通清明四日；八月十五日、夏至及腊八各三日；正月七日、十五日、晦日、春秋二社、二月八日、三月三日、四月八日、五月五日、三伏日、七月七日、七月十五日、九月九日、十月一日、立春、春分、立秋、秋分、立夏、立冬、每旬，并给休假一日。"此外，官员还有探亲假（定省假）。除了这些假之外，官员还享受五月的"田假"，九月的"授衣假"，这两个假各是十五天。而官员调动、赴任还有专门的"装束假"和"程假"。其时赴任往往路途遥远，官员甚至数月乃至半年都在路上奔波，当然也就多了游山玩水、访友交游的时间。官员如果遭丧，"凡斩衰三年、齐衰三年者，并解官。齐衰杖周及为人后者为其父母、若庶子为其母者，解官，申其心丧，皆为生己。若嫡继慈养改嫁或归宗三年以上断绝者，及父为长子、夫为妻，并不解官，假同齐衰周也。给假。凡齐衰周，给假三十日，葬五日，除服三日。齐衰三月、五月，大功九月，并给假二十日，葬三日，除服二日。小功五月，给假十五日，葬二日，除服一日。缌麻三月，给假七日，出降者三日，葬及除服各一日。无服之殇，本品周以上，给五日，大功三日，小功二日，缌麻一日。若闻丧举哀，其假三分减一。师经受业者，丧给三日。冠给假三日，婚给假九日，除程。周亲婚假五日，大功三日，小功一日。周以下，百里内除程。私忌日给假一日，忌前之夕听还。凡内外官，三年一给定省假三十日，五年一给拜扫假十五日，并除程。凡遭丧被起者，以服内忌日给假三日，大小祥各七日，禫五日，每月朔望各一日，祥禫给程。凡私家祔庙给五日，四时祭给四日"（杜佑《通典》）。

此外，孟浩然《同张明府碧溪赠答》一诗还表明张愿在襄阳有别业。

> 别业闻新制，同声和者多。
>
> 还看碧溪答，不羡绿珠歌。
>
> 自有阳台女，朝朝拾翠过。
>
> 绮筵铺锦绣，妆牖闭藤萝。
>
> 秩满休闲日，春余景气和。
>
> 仙凫能作伴，罗袜共凌波。
>
> 曲岛寻花药，回潭折芰荷。
>
> 更怜斜日照，红粉艳青娥。

开元二十一年（733），任别驾郎中的张愿回到襄阳，将叔父张漪和弟弟张点迁葬至安养县（天宝元年改称临汉县，唐代属襄州）相城里的张氏祖坟。

张点（字子敬），父亲为张峰（张柬之次子），系张柬之的第七孙。张点年仅十七岁因病而亡，时在先天二年（713）八月。张漪（字若水），张柬之的长子，曾任左补阙、著作佐郎，壮年早逝，去世时三十七岁。张轸（697—732，字季心）为张漪第四子，曾任河南府参军。其生性不食肉，九岁出家，后还俗，卒于开元二十年（732）六月五日，享年三十六岁。所谓"知音者莫不云：变风雅之篇什，禀江山之清润，方经国而可大，尚沉迹而未光，痛昭世之早辞，乃邦家之殄瘁"（《唐故河南府参军张君墓志并序》）。

张轸与其夫人邵氏于天宝六载（747）十月十二日合葬于安养县相城里张氏先祖之旧茔。

张愿这次回乡迁葬是家族提前商议好的，因为按《唐故朝散大夫著作郎张（漪）府君墓志铭》《唐故秀士张（点）君墓志》的记录，其墓主人都是在开元二十一年（733）十月十六日完成的改葬立碑仪式。

《河南参军张轸及妻邵氏合葬志》为丁凤所撰。丁凤（丁大），生卒年不详，但根据其为张轸夫妇合葬所撰墓志的时间，其747年时尚健在。同乡中除了挚友张子容、张愿之外，孟浩然与丁凤（孟浩然称其为丁大）亦交往很深。关于丁凤的生平情况没见史料记载，我们只能通过孟浩然的诗来探知一二。孟浩然诗云："夕阳度西岭，群壑倏已暝。松月生夜凉，风泉满清听。樵人归欲尽，烟鸟栖初定。之子期宿来，孤琴候萝径。"（《宿业师山房期丁大不至》）在丁凤进京赶考之际，孟浩然为其送别并专门托张九龄对他予以帮衬，诗曰："吾观鹡鸰赋，君负王佐才。惜无金张援，十上空归来。弃置乡园老，翻飞羽翼摧。故人今在位，岐路莫迟回。"（《送丁大凤进士赴举，呈张九龄》，此诗题目存疑）最终丁凤不负所望，以乡贡中进士。

此外，孟浩然的朋友圈还有像朱大、席大、陈大、朱二、张二、荣二、奚三、马四、张五、房六、陈七、万七、薛八、杨九、袁十、张十一、郑十三、李十四等这些不太为后世所熟知的社会各层人物，更有湛然、王山人、荣山人、王道士、梅道士、远上人、空上人、湛上人、皎上人、惠上人、融上人、聪上人、岳上人、业师、云表观主、精思观主、参寥道士、明禅师、辨玉法师、刘隐士、张逸人、陈逸人、张野人、菊花潭主人等僧人、道士或隐士。

孟浩然之所以有如此众多的僧人、道士和隐士朋友，与他少年时期就喜欢佛道文化有直接关系。孟浩然自言"幼闻无生理""禅坐证无生"，可见他从小就对佛禅道教文化很感兴趣，这为他此后常年的漫游和求仙问道埋下了种子。

孟浩然所言的"无生"又作"无起"，为佛教用语，谓诸法之实相无生灭，即无生无灭的涅槃真谛。孟浩然的好友王维亦有相关诗句："空居法云外，观世得无生。"（《登辨觉寺》）因写出"春城无处不飞花，寒食东风御柳斜。日暮汉宫传蜡烛，轻烟散入五侯家"（《寒食》）而名满天下的唐代诗人韩翃也言道："记取无生理，归来问此身。"（《题龙兴寺澹师房》）

明禅师在天宝十载（751）去世，郑炅之为其撰碑文。孟浩然曾在西山寺庙与这位明禅师交游，孟浩然曾这样描述二人的交往："西山多奇状，秀出倚前楹。停午收彩翠，夕阳照分明。吾师住其下，禅坐证无生。结庐就嵌窟，剪茗通往行。谈空对樵叟，授法与山精。日暮方辞去，田园归冶城。"（《游明禅师西山兰若》）

湛然（约710—782）是唐代的高僧，晋陵荆溪人（今江苏宜兴）。湛然对天台宗的中兴起到了重要作用，著有《法华玄义释签》《法华文句记》《法华五百问论》《摩诃止观辅行传弘决》《金刚錍》《止观义例》《摩诃止观辅行搜要记》《维摩经略疏》等。这位湛然与孟浩然相差二十二岁。值得注意的是，他并不是与襄阳裴观德政碑有关的那个湛然。贾昇撰、湛然书的《唐裴观德政碑》于开元八年

（720）立于岘山，而此时与天台宗有关的高僧湛然才十岁。也就是说，与孟浩然相交的湛然还另有其人。有研究者认为另一位湛然是襄阳当地的一个僧人，擅长书法。

孟浩然与湛然交往很深。

> 朝游访名山，山远在空翠。
>
> 氛氲亘百里，日入行始至。
>
> 杖策寻故人，解鞍暂停骑。
>
> 石门殊豁险，篁径转森邃。
>
> 法侣欣相逢，清谈晓不寐。
>
> 平生慕真隐，累日探奇异。
>
> 野老朝入田，山僧暮归寺。
>
> 松泉多逸响，苔壁饶古意。
>
> 谷口闻钟声，林端识香气。
>
> 愿言投此山，身世两相弃。
>
> ——孟浩然《寻香山湛上人》

通过这首诗中的"石门"以及"香山"，可以确定孟浩然所游访之地就是河南洛阳的香山寺，其时湛然法师正在此处。香山寺因位于洛阳城南的香山而得名，紧挨着龙门石窟。《方舆纪要》载："阙塞山在洛阳南三十里，一名阙山，一名钟山。山东曰香山，西曰龙门。"在孟浩然来洛阳之前，宋之问陪同武后游香山作应制诗而拔得头筹，获赠锦袍。孟浩然之后，自号"香山居士"的白居易（772—846）在大和六年（832）曾捐款六七十万贯重修香山寺。唐代，一千文为一贯，相当于一两白银。六七十万贯折合成白银的话就是六七十万两，这已经是相当惊人的数目了，尽管白居易所处时期的货币较之开元时期已经贬值了不少。在唐太宗贞观年间（627—649），一斗米卖五文钱，一贯即可买二百斗米。唐代的一石约合五十九公斤，十斗为一石，二百斗即是二十石，所以一贯钱大约能够买米一千一百八十公斤。到唐玄宗开元时期，一斗米已经卖十文钱了，比唐太宗贞观时期的价钱翻了一倍。

我们发现孟浩然写给湛然和尚的诗都比较长，其间寄寓了其渴求出世归隐、求道修禅之情，也表现出了他对湛然的极其尊崇之意。

> 幼闻无生理，常欲观此身。
>
> 心迹罕兼遂，崎岖多在尘。
>
> 晚途归旧壑，偶与支公邻。
>
> 导以微妙法，结为清净因。
>
> 烦恼业顿舍，山林情转殷。
>
> 朝来问疑义，夕话得清真。
>
> 墨妙称古绝，词华惊世人。
>
> 禅房闭虚静，花药连冬春。
>
> 平石藉琴砚，落泉洒衣巾。
>
> 欲知冥灭意，朝夕海鸥驯。
>
> ——孟浩然《还山贻湛法师》

裴观曾任襄州刺史。据《册府元龟》记载，开元八年（720）八月襄州刺史裴观改任梁州都督、山南道按察使。孟浩然与为裴观撰碑文的贾昇相识，他们曾在重阳节一起登岘山，饮酒、赋诗、望远、抒怀。

楚万重阳日，群公赏宴来。

共乘休沐暇，同醉菊花杯。

逸思高秋发，欢情落景催。

国人咸寡和，遥愧洛阳才。

——孟浩然《和贾主簿昇九日登岘山》

贾昇由襄州主簿随裴观赴任按察使之际，孟浩然设宴辞别，并作诗："奉使推能者，勤王不暂闲。观风随按察，乘骑度荆关。送别登何处，开筵旧岘山。征轩明日远，空望郢门间。"（《送贾昇主簿之荆府》）

孟浩然"风流天下闻"这一盛赞出自李白。

吾爱孟夫子，风流天下闻。

红颜弃轩冕，白首卧松云。

醉月频中圣，迷花不事君。

高山安可仰，徒此揖清芬。

——李白《赠孟浩然》

李白如此不吝惜词语地极力夸赞孟浩然脱俗、高洁的品行，可见其情之真挚，也可见孟浩然非同一般的人格、气度、才华和魅力。

"诗仙"李白的拥趸在唐时已经甚众，但是能够成为孕白偶像的则寥寥无几。那么孟浩然何故能让李白生出"吾爱孟夫子""高山安可仰"的盛赞之情呢？重要原因在于二人性情相投，命运也有相似之处，相同的寄情山水和寻道归隐的文人意趣使得这两个清高孤傲的灵魂更为契合。因此，纵酒谈诗成为他们交往中不可或缺的环节。

关于李白这首《赠孟浩然》的写作时间说法诸多，有开元二十一年（733）、开元二十二年（734）、开元二十三年（735）、开元二十五年（737）、开元二十六年（738）、开元二十七年（739）之说。

前三个说法的时间段基本是在李白寓居湖北安陆而时出交游时期，即727年至736年之间。在这一时期，李白常常往来于襄汉之间。一说此诗作于李白往襄阳拜望孟浩然，而孟此时恰巧外出。开元二十二年（734），孟浩然第二次到长安求仕，失败后很快又回到襄阳闲居，此诗或为这一年李白途经襄阳访孟浩然不遇而作。如果说该诗作于开元二十七年（739），这时孟浩然已经是暮年，与李白所言的"白首卧松云"形象倒是比较契合。

李白称孟浩然为"夫子"。夫子是古时对有学问的长者的尊称，可见恃才傲物的李白对孟浩然非常敬重。

李白称赞孟浩然"风流天下闻"，夸赞他重然诺、好节义的人格魅力以及潇洒、卓异的风度和超拔的诗歌文采。"高山安可仰"，换个说法就是高山仰止。这一成语出自《诗经·小雅》："高山仰止，景行行止。"司马迁在《史记》中曾借此表达对孔子的崇仰之情，即所谓"诗有之：'高山仰止，景行行止。'虽不能至，心向往之"。在《赠孟浩然》一诗的最后，李白用"清芬"比喻孟浩然高洁的品行，并拱手行礼表达致敬之意。

李白说"吾爱孟夫子，风流天下闻"，杜甫则言"吾怜孟浩然，裋褐即长夜"。李白和杜甫所言的"爱""怜"同义。中国诗歌史上最牛的这两位诗人对孟浩然有如此高的评价实属罕见。这对于验证孟浩然的诗品以及人品具有非常大的说服力。甚至在孟浩然的同乡、晚唐诗人皮日休看来，孟浩然是能够与李、杜比肩的伟大诗人。其《皮子文薮》称："明皇世，章句风大得建安体，论者推李翰林、杜工部为尤。介其间能不愧者，唯吾乡之孟先生也。"

孟浩然长李白十二岁，二人属于忘年、忘形之交。

忘年交见于《南史·何逊传》："逊，字仲言，八岁能赋诗，弱冠，州举秀才。南乡范云见其对策，大相称赏，因结忘年交。"

开元十二年或十三年李白离蜀往游襄汉，然后游览洞庭、金陵、扬州等地。李白与孟浩然的相遇大致在此时。大约在开元十四年（726），孟浩然与李白在溧阳第一次见面。

李白有诗《游溧阳北湖亭望瓦屋山怀古赠孟浩然》（一作《游溧阳北湖亭望瓦屋山怀古赠同旅》），兹录部分于下：

> 朝登北湖亭，遥望瓦屋山。
>
> 天清白露下，始觉秋风还。
>
> 游子托主人，仰观眉睫间。
>
> 目色送飞鸿，邈然不可攀。
>
> 长吁相劝勉，何事来吴关。

溧阳距宣州和扬州都很近，李白当时游历了溧阳的北湖亭、文昌阁等名胜。史料记载："北湖亭，太白游此，有诗。与太白游者，曰孟山人。欲寻鸿爪，入江扬尘。"（清嘉庆《溧阳县志》）

李白在天宝年间多次到过溧阳，其中一个重要原因是他的族弟李济在溧阳任县尉。著名诗人孟郊（751—814）亦曾在此为官五年。

李白在溧阳还遇到了"草圣"张旭（约685—约759）。当时张旭在常熟任县尉，此次是专门来看望李白，二人在长安时都被杜甫誉为"饮中八仙"之一。李白在即将往游东越之际，与张旭登楼钱别，有诗曰："楚人每道张旭奇，心藏风云世莫知。三吴邦伯皆顾盼，四海雄侠两追随。萧曹曾作沛中吏，攀龙附凤当有时。溧阳酒楼三月春，杨花茫茫愁杀人。胡雏绿眼吹玉笛，吴歌白纻飞梁尘。丈夫相见且为乐，槌牛挝鼓会众宾。我从此去钓东海，得鱼笑寄情相亲。"（《宴别张旭于溧阳酒楼》，一作《猛虎行》）《溧阳县志》对此事亦有记载："太白酒楼，宴别张旭处。今建之县城，非故址矣。前有猛虎，后有长鲸，一去东海，空梁月明。"

关于《黄鹤楼送孟浩然之广陵》一诗的创作时间历来也是说法诸多，比如开元十五年（727）、开元十六年（728）、开元二十三年（735）以及开元二十五年（737）。

孟浩然离开襄阳再次往吴越，途中在江夏与李白相遇。

李白关于江夏的诗作近二十首，其中有几首都是送别诗，如《江夏别宋之悌》《江夏送张丞》《江夏送倩公归汉东》《江夏送友人》。

在孟浩然前往扬州之际，李白送别。正是在黄鹤楼，李白写下了送别孟浩然往广陵的千古名篇。

黄鹤楼与湖南岳阳楼、江西滕王阁并称"江南三大名楼"。黄鹤楼始建于三国时期的 223 年，位于武汉蛇山之巅，原在黄鹄矶。

关于黄鹤楼得名的由来说法不一。一说因古代仙人子安乘黄鹤路过此处而得名，又云因费祎登仙驾鹤于此而得名。《图经》云："费祎登仙，尝驾黄鹤返憩于此，遂以名楼。"唐代《报应录》载："辛氏昔沽酒为业，一先生来，魁伟褴楼，从容谓辛氏曰：'许饮酒否？'辛氏不敢辞，饮以巨杯。如此半岁，辛氏少无倦色，一日先生谓辛曰：'多负酒债，无可酬汝。'遂取小篮橘皮，画鹤于壁，乃为黄色，而坐者拍手吹之，黄鹤蹁跹而舞，合律应节，故众人费钱观之。十年许，而辛氏累巨万，后先生飘然至，辛氏谢曰：'愿为先生供给如意。'先生笑曰：'吾岂为此。'忽取笛吹数弄，须臾白云自空下，画鹤飞来，先生前遂跨鹤乘云而去，于此辛氏建楼，名曰黄鹤。"张岱在《夜航船》中也复述了这个故事，"晋时有酒保姓辛，卖酒江夏，有道士就饮，辛不索钱，如此三年。一日，道士饮毕，以橘皮画一鹤于壁，以箸招之即下舞，嗣是贵客皆就饮，辛遂致富，乃建黄鹤楼。后道士骑鹤而去。"

历来抒写黄鹤楼的诗作众多，孟浩然亦曾在鹦鹉洲和黄鹤楼赋诗送别友人。

昔登江上黄鹤楼，遥爱江中鹦鹉洲。

洲势逶迤绕碧流，鸳鸯鸂鶒满滩头。

滩头日落沙碛长，金沙熠熠动飙光。

舟人牵锦缆，浣女结罗裳。

月明全见芦花白，风起遥闻杜若香。

君行采采莫相忘。

——孟浩然《鹦鹉洲送王九之江左》

以我越乡客，逢君谪居者。

分飞黄鹤楼，流落苍梧野。

驿使乘云去，征帆沿溜下。

不知从此分，还袂何时把。

——孟浩然《江上别流人》

严羽在《沧浪诗话》中将崔颢的《黄鹤楼》誉为唐代七律之首。

据传李白登黄鹤楼而想作诗,看到崔颢这首诗之后无奈罢笔。《唐才子传》卷一载:"后游武昌,登黄鹤楼,感慨赋诗。及李白来,曰:'眼前有景道不得,崔颢题诗在上头。'无作而去,为哲匠敛手云。"

李白的《黄鹤楼送孟浩然之广陵》没有直接写黄鹤楼,而是将其作为离别背景,但偏偏这首诗成了千古名篇。

故人西辞黄鹤楼,烟花三月下扬州。

孤帆远影碧空尽,唯见长江天际流。

三月(农历)下扬州是最为惬意之游。说起扬州,我们就想到了当年的隋炀帝以及他的诗:"舳舻千里泛归舟,言旋旧镇下扬州。借问扬州在何处,淮南江北海西头。六辔聊停御百丈,暂罢开山歌棹讴。讵似江东掌地,独自称言鉴里游。"(《泛龙舟》)

李白《黄鹤楼送孟浩然之广陵》通过浩荡无涯、空荡荡的江面延长了依依不舍之情。孟浩然所乘船只已经消失不见,而李白仍独自在黄鹤楼上远眺苍茫江水。这一时空留白实则蕴含了绵绵不尽的朋友深情。

20世纪美国意象派诗人兼评论家埃兹拉·庞德(1885—1972)将李白这首诗译成了英文,且因为"误读"而带来了意外的创造性效果。

Separation on the River Kiang

Ko—jin goes west from Ko—kaku—ro,
The smoke—flowers are blurred over the river.

His lone sail blots the far sky,

And now I see only the river, the long Kiang, reaching

heaven.

　　在吴越的那段游历是孟浩然一生最为惬意的时光，而欢乐总是短暂易逝的。

　　开元二十七年（739），也就是在孟浩然辞世的前一年，李白写信给孟浩然。那时朋友之间的交往通常是以诗代信。

　　　　　　朱绂遗尘境，青山谒梵筵。

　　　　　　金绳开觉路，宝筏度迷川。

　　　　　　岭树攒飞栱，岩花覆谷泉。

　　　　　　塔形标海月，楼势出江烟。

　　　　　　香气三天下，钟声万壑连。

　　　　　　荷秋珠已满，松密盖初圆。

　　　　　　鸟聚疑闻法，龙参若护禅。

　　　　　　愧非流水韵，叨入伯牙弦。

　　　　　　　　　　——李白《春日归山寄孟浩然》

　　在孟浩然以及王维的影响下，储光羲、刘眘虚、王湾、常建、綦毋潜等后起之秀都以相似的诗风推动了开元、天宝时期五言诗的发展。其中，储光羲、綦毋潜、刘眘虚是孟浩然的好友。

　　孟浩然于开元十二年（724）至十四年（726）为求仕在洛阳滞留。开元二十年（732）左右孟浩然又再次到过洛阳。在洛阳，孟浩然遇到老友储光羲以及綦毋潜，作有诗曰："珠弹繁华子，金羁游侠人。酒酣白日暮，走马入红尘。"（《同储十二洛阳道中作》）储光羲和綦毋潜为同榜进士，关系自然深厚。此时，储光羲正在汜水县（今河南省荥阳市西北汜水镇）尉任上，汜水县到洛阳的距离是八十多公里。唐代诗人中，王昌龄曾在开元二十二年（734）任汜水县尉。

储光羲（约706—约763）比孟浩然小近二十岁，两人是忘年交。

储光羲作有《洛阳道五首献吕四郎中》。通过这五首诗可以看出当时储光羲与孟浩然相遇正值初春时节，其中有云："洛水春冰开，洛城春水绿。朝看大道上，落花乱马足。"（其一）尽管储光羲在开元十四年（726）中进士时年仅二十岁，但是仍感到才华不得舒展，如其诗云："洛水照千门，千门碧空里。少年不得志，走马游新市。"（其五）储光羲也是唐朝山水田园诗派的代表诗人，他受孟浩然的影响很深。开元二十一年（733）储光羲辞官隐居终南山。安史之乱中储光羲为叛军所俘，被迫接受了伪职。

綦毋潜（约691—约756），字孝通，一说为荆南（今湖北荆州）人。綦毋潜在开元十四年（726）中进士，此前曾落第。开元八年（720）綦毋潜落第之后，王维在其还乡之际极力予以安抚、劝慰和鼓励，诗曰："圣代无隐者，英灵尽来归。遂令东山客，不得顾采薇。既至君门远，孰云吾道非。江淮度寒食，京洛缝春衣。置酒临长道，同心与我违。行当浮桂棹，未几拂荆扉。远树带行客，孤村当落晖。吾谋适不用，勿谓知音稀。"（《送綦毋潜落第还乡》）

唐代科举取士的重要性是不言而喻的，应试不第对于当时的任何当事人来说都是无法形容的巨大打击。王维反复鼓励落第的綦毋潜不要心灰意冷而做隐士，要志存高远、积极进取，宽慰他有才能之人总会遇到知音，总会有被赏识和施展才华的机会。经过发奋努力，綦毋潜终于在落榜六年之后登进士第。

綦毋潜曾任宜寿尉、右拾遗、著作郎，安史之乱中弃官归隐江淮一带，即所谓"后见兵乱，官况日恶，挂冠归隐江东别业"（《唐才子传》）。对此，亦有王维的诗为证："明时久不达，弃置与君同。天命无怨色，人生有素风。念君拂衣去，四海将安穷。秋天万里净，日暮澄江空。清夜何悠悠，扣舷明月中。和光鱼鸟际，澹尔蒹葭丛。无庸客昭世，衰鬓日如蓬。顽疏暗人事，僻陋远天聪。微物纵可采，其谁为至公。余亦从此去，归耕为老农。"（《送綦毋校书弃官还江东》）

早年，孟浩然与綦毋潜同游李十四的庄园，孟浩然作诗曰："闻君息阴地，东郭柳林间。左右瀍涧水，门庭缑氏山。抱琴来取醉，垂钓坐乘闲。归客莫相待，寻源殊未还。"（《题李十四庄，兼赠綦毋校书》）缑氏山位于河南洛阳偃师县。关于此山，有王子乔修道的传说。《列仙传·王子乔》载："王子乔者，周灵王太子晋也。好吹笙，作凤凰鸣。游伊洛之间，道士浮丘公接以上嵩高山。三十余年后，求之于山上，见桓良曰：'告我家，七月七日待我于缑氏山巅。'至时，果乘白鹤驻山头，望之不得到，举手谢时人，数日而去。"

在洛阳期间，孟浩然还专门去看了看前宰相姚崇的故宅，作有诗曰："主人新邸第，相国旧池台。馆是招贤辟，楼因教舞开。轩车人已散，箫管凤初来。今日龙门下，谁知文举才。"（《姚开府山池》）

姚崇的故宅（别业）位于洛阳龙门伊阙之南四十里，即今伊川县（古称伊阙、伊州）彭婆镇许营村北。明万历《直隶汝州全志》载："梁国公姚崇宅，在石家岭村东北摩天岭偏西百步。相传为梁公庄，有遗井，今废。按本传，公寄语帝曰：'臣年二十，居广成泽，以呼鹰逐兽为乐。张憬藏谓臣当位王佐，无自弃，故折节读书，遂待罪将相云云。'考本传，公陕州硖石人，或流寓于此未可知也。"

姚崇曾任武后、睿宗、玄宗三朝宰相兼兵部尚书。开元九年（721）九月姚崇病逝，同朝为相的张说为姚崇撰神道碑。值得一提的是，北宋范仲淹墓与姚崇的墓相距不到二百米。

刘眘虚（约714—约767），字全乙，洪州新吴（今江西奉新县）人。其八岁即能诗文，被拜为童子郎，于二十岁即开元二十二年（734）中进士。《唐才子传》的说法是开元十一年（723）刘眘虚中进士，这显然与其年龄不符。刘眘虚曾任校书郎、洛阳尉、夏县令，后辞官归隐，死后葬在洪州建昌县桃源里（今江西靖安县水口乡桃源村）。刘眘虚孝友恭俭，哲悟过人，同时又生性洒脱超拔，其交游对象也以僧人、道士为主，可见其与孟浩然性情相投。刘眘虚最著名的是下面这首诗（该诗的题目已缺失）："道由白云尽，春与青溪长。时有落花至，远随流水香。闲门向山路，深柳读书堂。幽映每白日，清辉照衣裳。"

于浩渺无际的烟波之上，孟浩然在乘船经过刘眘虚的老家洪州（隋唐时期几度改洪州为豫章郡）时自然格外地想念起这位老友来，于是在舟中口占抒怀：

> 龙沙豫章北，九日挂帆过。
>
> 风俗因时见，湖山发兴多。
>
> 客中谁送酒，棹里自成歌。
>
> 歌竟乘流去，滔滔任夕波。

此诗名为《九日龙沙作，寄刘大昚虚》。古代的优秀诗人大多是旅行家和"地理学家"。孟浩然在诗中交代了龙沙的具体位置，即"豫章北"。

隋唐时期的589年至742年，南昌县改称豫章县，后宝应元年（762）为避唐代宗李豫名讳，又更名为钟陵县。龙沙，位于江西南昌城北，沙白而细，沙丘呈现龙的形状，当地有九月九日来此登高的习俗。《水经注·赣水》载："赣水又北径龙沙西，沙甚洁白，高峻而阤，有龙形。"《太平寰宇记》云："龙沙在豫章城北一带，甚白而高峻，左右居人，时见龙迹。"

孟浩然此时乘船经过的赣石非常难走，《陈书》称："南康赣石旧有二十四滩，滩多巨石，行旅者以为难。"南康曾名南安县，其境内山脉属南岭山系罗霄山脉和大庾岭山脉的支脉。我们来看看孟浩然当时溯江而上经过南康赣石时惊心动魄的情形："赣石三百里，沿洄千嶂间。沸声常活活，洊势亦潺潺。跳沫鱼龙沸，垂藤猿狖攀。榜人苦奔峭，而我忘险艰。放溜情弥惬，登舻目自闲。暝帆何处宿，遥指落星湾。"（《下赣石》）这也印证了《水经注·赣水》的相关描述："豫章水导源东北流，径南野县北。赣川石阻，水急行难，倾波委注，六十余里。又北径赣县东，县即南康郡治，晋太康五年分庐江立。"

刘昚虚在一个肃杀的秋天黄昏羁留于京口（今江苏镇江）。望着纷飞的落叶以及冷寒的扬子江，他想起远在襄阳的孟浩然。

天黑之际，在颠簸的小舟中，刘昚虚趁着月色给老友写信：

木叶纷纷下，东南日烟霜。

林山相晚暮，天海空青苍。

暝色况复久，秋声亦何长。

孤舟兼微月，独夜仍越乡。

寒笛对京口，故人在襄阳。

咏思劳今夕，江汉遥相望。

——刘昚《暮秋扬子江寄孟浩然》

古代朋友之间见面实在是太难了，会面常常是可遇而不可求的。约在开元十八年（730），孟浩然从洛阳往扬州时也经过了扬子江渡口。当他眺望着对岸的京口（镇江）、北固山以及夷山时，是一番怎样的愁苦心情呢？

北固临京口，夷山近海滨。

江风白浪起，愁杀渡头人。

——孟浩然《扬子津望京口》

古人有在秋日通过登高（登临）来望远、怀人和思乡的传统，此次孟浩然在京口也不会错过此等机会。登临之际，胸中丘壑与眼前山川在诗人这里得以对话、融合以及升华。正如欧阳修所言："若其左右山川之胜势，与夫草木云烟之杳霭，出没于空旷有无之间，而可以备诗人之登高，写《离骚》之极目者，宜其览者自得之。"（《岘山亭记》）

京口在唐时属润州，润州当时有两座楼最为著名，一座是芙蓉楼（西北楼），另一座是万岁楼（西南楼）。

《元和郡县图志》卷二十五《江南道·润州》载："晋王恭为刺史，改创西南楼名万岁楼，西北楼名芙蓉楼。"可见，万岁楼和芙蓉楼都为东晋的王恭所建。王恭（？—约398），曾任兖州刺史出镇京口。

孟浩然在万岁楼写下："万岁楼头望故乡，独令乡思更茫茫。天寒雁度堪垂泪，日落猿啼欲断肠。曲引古堤临冻浦，斜分远岸近枯杨。今朝偶见同袍友，却喜家书寄八行。"（《登万岁楼》）孟浩然的好友王昌龄也歌吟过万岁楼，只可惜不是与孟浩然同时登临。王昌龄诗曰："江上巍巍万岁楼，不知经历几千秋。年年喜见山长在，日日悲看水独流。猿狖何曾离暮岭，鸬鹚空自泛寒洲。谁堪登望云烟里，向晚茫茫发旅愁。"（《万岁楼》）

王昌龄在秋雨瑟瑟之际于芙蓉楼写下了千载名篇《芙蓉楼送辛渐·其一》："寒雨连江夜入吴，平明送客楚山孤。洛阳亲友如相问，一片冰心在玉壶。"当时王昌龄送朋友辛渐经润州往洛阳。彼时秋水茫茫而一夜寒雨绵绵，天刚亮朋友就要辞别远行。王昌龄借"一片冰心在玉壶"既为表明自己为官的操守和高洁心性，也是为了回应当时坊间诽谤其"不护细行"的流言。此诗作于天宝元年（742）之后，此时孟浩然已经去世两年多了。此时，王昌龄任江宁县丞，时人称其为"诗家夫子王江宁"。天宝元年时江宁县属丹阳郡，所以在另一首王昌龄送别辛渐的诗中会反复出现"丹阳"一词："丹阳城南秋海阴，丹阳城北楚云深。高楼送客不能醉，寂寂寒江明月心。"（《芙蓉楼送辛渐·其二》）

孟浩然与张子容既为同乡又为世交，孟浩然在乐成与张子容相见而共度除夕之时就非常明确地点明了这一点："畴昔通家好，相知无间然。"（《岁除夜会乐城张少府宅》）

《唐才子传》强调孟浩然与张子容为生死之交。

孟浩然和张子容早年隐居鹿门山，交游、唱和颇为频繁，当时孟浩然二十岁左右。张子容在家中排行第八,因此孟浩然称其张八。

白鹤青岩半,幽人有隐居。

阶庭空水石,林壑罢樵渔。

岁月青松老,风霜苦竹疏。

睹兹怀旧业,回策返吾庐。

——孟浩然《寻白鹤岩张子容隐居》

由此可知,当年张子容的隐居之处在白鹤岩,即襄阳城东南十里的白鹤山,又名白马山。

对于当时的读书人来说,不求功名是不可思议的。

景云二年(711)七八月间,张子容准备赴长安参加科考,此时孟浩然二十三岁。在鹿门山,孟浩然作诗送别张子容:"夕曛山照灭,送客出柴门。惆怅野中别,殷勤岐路言。茂林予偃息,乔木尔飞翻。无使谷风诮,须令友道存。"(《送张子容进士赴举》)此时,各地的读书人都在向长安方向进发,如胡震亨所言:"举场每岁开于二月。每秋七月,士子从府州觅解纷纷,故其时有'槐花黄,举子忙'之谚。"(《唐音癸签》)

张子容此次不负众望,在先天元年(712)初得中进士。孟浩然特写诗恭贺他。其诗云:

岘首风湍急,云帆若鸟飞。

凭轩试一问,张翰欲来归。

——孟浩然《登岘山亭,寄晋陵张少府》

张少府正是张子容。隋代时晋陵县属毗陵郡（今江苏常州），唐初时改毗陵郡为常州，后改常州为晋陵郡，包括晋陵县、武进县、无锡县、义兴县、江阴县。史料记载："晋陵县……本春秋时延陵，汉之毗陵也，后与郡俱改为晋陵。"（《元和郡县图志》）

在唐代，县令称明府，县尉称少府。张子容中进士后任晋陵少府，而此时孟浩然仍在老家游荡。登上岘山的时候，孟浩然愈发感到前途渺茫，只希望身处异地他乡的老友能早日归来一聚。孟浩然此诗中还提到了西晋著名的文学家张翰。张翰（生卒年不详），字季鹰，吴郡吴县（今江苏苏州）人。因其性格豪放不羁，被时人比作"竹林七贤"之一的阮籍（210—263）。在乱世中，张翰以秋风起而思念老家的鲈鱼、莼菜为借口，辞官归隐江湖。《晋书·张翰传》记载了此事，"翰因见秋风起，乃思吴中菰菜、莼羹、鲈鱼脍，曰：'人生贵适志，何能羁宦数千里以要名爵乎？'遂命驾而归"。

开元八年（720）的暮春时节孟浩然卧病在床，满眼春色却有了萧瑟之感，抑郁不得志中不禁想起远方宦游的挚友张子容来，诗曰："南陌春将晚，北窗犹卧病。林园久不游，草木一何盛。狭径花障迷，闲庭竹扫净。翠羽戏兰苕，赪鳞动荷柄。念我平生好，江乡远从政。云山阻梦思，衾枕劳歌咏。歌咏复何为，同心恨别离。世途皆自媚，流俗寡相知。贾谊才空逸，安仁鬓欲丝。遥情每东注，奔晷复西驰。常恐填沟壑，无由振羽仪。穷通若有命，欲向论中推。"（《晚春卧病寄张八》）

由"安仁鬓欲丝"一句，我们可知写作此诗的时候孟浩然已经过了三十岁。以古代"人生七十古来稀"为标准，过了三十岁人生就已经过了一半了，按民间说法就是"黄土已经埋了半截"。

"安仁鬓欲丝"典出西晋潘岳（247—300）。潘岳即潘安，字安仁，被誉为"古代第一美男子"。其长相已经不能用"英俊"这样的词来描述了，只能用"至美"来形容。潘岳年少时出游，每于路上遇到一些女性就会被她们手拉着手围观一番，甚至连老妇人都会向他的车中塞鲜花、水果。可见，潘岳的美已经超越了不同年龄段粉丝的审美代沟，达到了"老少咸宜"的境地。潘岳不仅长相超凡脱俗，文采亦是出类拔萃，可见造物主对他的格外厚爱。即便如此，岁月也是一把"杀猪刀"，谁也躲不过它冷酷的锋芒。在《秋兴赋》的开篇，潘岳即不无忧心地慨叹："晋十有四年，余春秋三十有二，始见二毛。"

"二毛"即黑色和白色掺杂的头发，以此来说明自己不知不觉已年长体衰。

在不断遇挫的遭际中，孟浩然有幸结识了一众忘形之交，比如张九龄、李白、王维、王昌龄、裴朏、卢僎、裴总、郑倩之等。

在这里补充一句，孟浩然与陈子昂、宋之问、卢藏用、司马承祯、王适、毕构、李白、王维、贺知章曾被称为"仙宗十友"。

接下来，我们谈谈王维与孟浩然的交往。

在孟浩然的诸多朋友中王维比较特殊，他与孟浩然的诗风也颇多相近之处，所以后世将他们并称为"王孟"。

孟浩然以五言诗见长且多为应景之作，当然这也可以侧面说明孟浩然不擅长写七言诗。甚至，孟浩然的诗作水准不一，有的只能算是中等之作。孟浩然与王维同为山水田园派诗人的代表，他们的诗风相近，以自然、冲淡、闲逸为主。《二十四诗品》阐释冲淡："素处以默，妙机其微。饮之大和，独鹤与飞。犹之惠风，荏苒在衣。阅音修篁，美曰载归。遇之匪深，即之愈稀。脱有形似，握手已违。"

一些文学史家、选本家以及批评家在强调"王孟"诗风相近的同时不同程度地忽视了二人在个性、价值观以及文本风格上的差异。明代徐献忠对孟浩然诗作的长处以及短处的评价非常准确而客观："襄阳气象清远，心惊孤寂，故其出语洒落，洗脱凡近，读之浑然省净，真彩自复内映。虽藻思不及李翰林，秀调不及王右丞，而闲淡疏豁，翛翛自得之趣，亦有独长。"（《唐音癸签》引语）

孟浩然的诗更多来自与生活环境之间的深入对话，他对事物、细节的观察之细、体悟之深以及诗思之远都印证了这一点，至于小说家所记的孟浩然作诗的趣事我们可以会心一笑而不必较真儿。如《云仙杂记》载："孟浩然一日周旋竹间，喜色可掬。又见网师得鱼，尤甚喜跃。友人问之，答云：'吾适得句，中有鱼竹二物，不知竹有几节，鱼有几鳞，疑致疏谬。今见二物，吾心乃释然矣。'"

孟浩然被认为是苦吟诗人的代表。《云仙杂记》载："孟浩然眉毫尽落；裴祐袖手，衣袖至穿；王维至走入醋瓮：皆苦吟者也。"有唐一代，贾岛（779—843）和张祜（约792—约853）也是苦吟诗人的代表。"祜苦吟，妻孥每唤之皆不应，曰：'吾方口吻生花，岂恤汝辈乎？'"（《唐才子传》）"推敲"的典故即来自贾岛，《唐才子传》载，"后复乘闲策蹇访李馀幽居，得句云：'鸟宿池边树，僧推月下门。'又欲作'僧敲'，炼之未定，吟哦，引手作推敲之势，傍观皆讶。时韩退之尹京兆，车骑方出，不觉冲至第三节，左右拥至马前。岛具实对，未定'推''敲'，神游象外，不知回避。韩驻久之曰：'"敲"字佳。'遂并辔归，共论诗道，结为布衣交，遂授以文法。去浮屠，举进士"。关于苦吟与作诗之难，唐代卢延让的诗句最为贴切："莫话诗中事，诗中难更无。吟安一个字，捻断数茎须。险觅天应闷，狂搜海亦枯。不同文赋易，为著者之乎。"（《苦吟》）

在汉学家宇文所安看来，孟浩然是"地方诗人"的代表，具有内外一致性；而王维的诗有时摆脱不了宫廷诗人的影子，具有否定和矛盾的一面。宇文所安在《盛唐诗》中指出："在否定修饰辞藻的外表之下，王维的风格不由自主地体现出宫廷诗人修养的控制力；这种控制力为孟浩然所缺乏。另一方面，由于厌恶修饰，王维被迫抛弃了具有繁复稠密之美的宫廷描写艺术；而孟浩然从未有这种反感，所以能够进行繁富复杂的描写，以致杜甫及一些后代批评家将他与南朝诗人联系在一起。"

质言之，王维在"纯粹性""一致性"上是要打一些折扣的，而孟浩然在更大程度上体现了自我和诗风之真，也就是所谓的"诗性正义"。正是这种"真诗"以及"自我本心"赢得了李白、杜甫、皮日休、欧阳修、苏轼、柳宗元等人的认可甚至追捧。闻一多曾经比较过王维和孟浩然不同的"观妓"心态，进而分析他们截然不同的人格和诗风。他指出，孟浩然的这类诗是不遮掩、不虚伪的，反倒是呈现了一个人最为真实的情感状态。较之杜甫诗歌的开阔性以及介入时代的综合能力和人格高度，王维的诗更多被指认为缺乏当代性和现实精神，如西川所言："（杜甫）将自己的文字提升到日月精华的程度，同时解除了王维式的语言洁癖，靠近、解除、包容万有。在杜甫面前，王维所代表的前安史之乱的长安诗歌趣味，就作废了。王维经历了安史之乱，但是他已然固定下来的文学趣味和他被迫充任安禄山大燕朝廷伪职的道德麻烦，使之无能处理这一重大而突然，同时又过分真实的历史变局。"（《唐诗的读法》）

孟浩然于长安参加科举期间与王维成为挚友。

关于王维与孟浩然结识的时间历来说法不一。根据一些王维的年表，其于开元九年（721）中进士后任太乐丞，不久就因伶人舞黄狮子事件而被贬为济州司仓参军。开元十四年（726），王维离任济州司仓参军。开元十六年（728），王维隐居淇上。开元十七年（729）冬，孟浩然还襄阳，行前，王维赠诗。也就是说，二人的结识正在此次孟浩然参加科举期间，即开元十六年底至开元十七年冬之间。

王维（701—761），字摩诘，号摩诘居士，河东蒲州（今山西永济）人，祖籍山西祁县。王维早慧，少年成名，"九岁知属辞"。关于王维中状元的时间说法不一，一说是开元九年（721），另一说是开元十九年（731），二者相差了十年时间。结合相关典籍综合考察，王维是在开元九年中的进士——"维开元九年进士擢第"（《旧唐书·文苑传》）。王维曾任太乐丞，继而被贬为济州司仓参军，后任右拾遗、监察御史、河西节度使判官、吏部郎中、给事中等职。安史之乱中，王维为叛军所俘而被迫接受伪职，后唐军收复长安得任太子中允。唐肃宗时任尚书右丞，故世称"王右丞"。

王维在诗歌、书法、音乐和绘画方面的才能极高，所谓"工草隶，娴音律"（《唐才子传》）。有别于杜甫的后世追认，王维在世时就享有非常高的诗名和声誉，"特别是在王维生活的最后十年及其去世后的二十年间，他被认为是'当代最伟大的诗人'的呼声极高"，"到中唐的大作家重新评价盛唐传统时，李白和杜甫被抬高至他们从未有过的杰出地位。王维被排列于李杜之下，虽然他偶尔被批评，他的地位曾被怀疑，他的声誉仍保持了相对稳定，不像其他盛唐诗人的名望那样经历了起伏波动"（宇文所安《王维：简朴的技巧》）。《新唐书·王维传》记，当时有一人拿《按乐图》给王维看，王维端详了一会儿说这是《霓裳羽衣曲》第三叠最初拍。此人不信，于是找来乐人弹奏验证，果如其言。王维的诗、画被认为皆可入妙品上上等。正如后世苏东坡所评价的："味摩诘之诗，

诗中有画；观摩诘之画，画中有诗。"（《书摩诘蓝田烟雨图》）
宋徽宗也对王维的画技予以高度评价："维善画，尤精山水。当时之画家者流，以谓天机所到，而所学者皆不及。后世称重，亦云：'维所画不下吴道玄也。'观其思致高远，初未见于丹青，时时诗篇中已自有画意。由是知维之画出于天性，不必以画拘，盖生而知之者。"（《宣和画谱》）

甚至，王维还开启了中国文人画的传统，正如明代董其昌所云："文人之画，自右丞始。"（《画旨》）王维对自己的绘画才能也颇为自负，自云"宿世谬词客，前身应画师"（《偶然作·其六》）。显然，文人画与禅宗有着极其密切的关联，这涉及一个人的情感体验方式、生命状态、生活态度以及精神修习程度，笔墨精神和云山气韵对应的是"可行、可望、可游、可居"的卧游观念，指向的是"明心见性""内外澄澈""澄怀观道"般的开悟，正如苏轼所说的"静故了群动，空故纳万境"（《送参寥师》）。

王维与孟浩然还有一些共同点，就是他们都曾有着多年的隐居生活，又都在一定程度上给后人留下了隐者和山水诗人的形象。

王维曾先后隐居淇上、嵩山。天宝三载（744），王维"志求寂静"，为了让母亲安心礼佛而开始经营蓝田的辋川别业。史料载："（王维）丧妻不娶，孤居三十年。母亡，表辋川第为寺。终葬其西。"（《唐诗纪事》）对此，《唐才子传》与《唐诗纪事》的描述大体相同，前者载："笃志奉佛，蔬食素衣。丧妻不再娶，孤居三十年。别墅在蓝田县南辋川，亭馆相望。尝自写其景物奇胜，日与文士丘为、裴迪、崔兴宗游览赋诗，琴樽自乐。后表请舍宅以为寺。临终，作书辞亲友，停笔而化。"

王维有重度洁癖，有唐一代几乎没人能达到他的程度。王维独居一室长达三十年，并且屋子不染纤尘，换任何一个人都做不到。"王维居辋川，宅宇既广，山林亦远，而性好温洁，地不容浮尘。日有十数扫饰者，使两童专掌缚帚，而有时不给。"（《云仙杂记》）所以，孟浩然能够与其成为好友，实属不易。

孟浩然在进士考试失败后滞留长安，困顿失意之时，昔日的一些朋友也日渐疏远了他，所以孟浩然只能寻山访友、终日买醉。在即将离开长安、辞别王维之际，孟浩然更是难掩落寞之情。

> 寂寂竟何待，朝朝空自归。
>
> 欲寻芳草去，惜与故人违。
>
> 当路谁相假，知音世所稀。
>
> 只应守寂寞，还掩故园扉。
>
> ——孟浩然《留别王维》

由此诗可见，孟浩然是把王维视为知音的。

"王孟"的深挚之交已经成为后世不断追忆的文坛佳话，比如米芾就说："君不愧顾长康，取媚桓温图九锡。我不愧孟浩然，缓策京山遇摩诘。前此交道久不康，纷纷白头多不卒。呜呼！纷纷白头多不卒。回首此君应辟易。"（《萧闲堂诗》）宋代牟巘（1227—1311）也高度评价"王孟"的关系："穷浩然，老摩诘，平生交情两莫逆。也曾携去宿禁中，堪笑诗人命奇薄。只应寂莫归旧庐，此翁殷勤殊未足。作诗借问襄阳老，诗中犹苦忆孟六。悠悠江汉经几秋，一夕神交如在目。分明写出骑驴图，丰度散朗貌清淑。"（《王维画孟浩然骑驴图》）

但是，关于孟浩然与王维的关系也有质疑之声。甚至有的猜测，王维觉得孟浩然的诗才胜于自己，其所谓的举荐孟浩然并不是出自本心，而是有意拖延。葛立方《韵语阳秋》有此记载，兹录于下：

　　开元天宝之际，孟浩然诗名籍甚，一游长安，王维倾盖延誉，然官卒不显何哉？或谓维见其胜己，不肯荐于天子，故浩然别维诗云："当路谁相假，知音世所希。"史载维私邀浩然于苑，而遇明皇，遂伏于床下。明皇见之，使诵其所为诗，至有"不才明主弃"之句，明皇云："卿不求仕，朕未尝弃卿。"因放还。使维诚有荐贤之心，当于此时力荐其美，以解明皇之愠，乃尔嘿嘿，或者之论，盖有所自也。厥后虽宠凤林之墓，绘孟亭之像，何所补哉？

第八章
如此厚遇：两位张丞相与四任荆州长史

　　张说、韩朝宗、宋鼎和张九龄曾先后任荆州大都督府长史，而张说和张九龄都曾官至宰相。极有意思的是，他们四位竟然都对孟浩然偏爱有加。

　　这究竟是什么原因？或者说孟浩然是凭借什么特殊才能或性格魅力赢得了他们非同一般的敬重？

　　长史为刺史的属官，为一州之副职。唐时荆州大都督府长史为从三品或从四品，治所在江陵（今湖北荆州市）。

江陵北依汉水、南临长江，自古为"七省通衢"的繁华都会，素有"江左大镇，莫过荆扬"之誉。江陵在春秋战国时期为楚国都城，即郢都。从春秋战国到五代，曾有三十四位帝王在此建都，可见其地理位置的重要性。《水经注》载："沔水又东南与阳口合。水上承江陵县赤湖。江陵西北有纪南城，楚文王自丹阳徙此，平王城之。班固言：'楚之郢都也。'城西南有赤坂冈，冈下有渍水，东北流入城，名曰子胥渍，盖吴师入郢所开也，谓之西赤湖。"三国时期的蜀将关羽（约162—220）挨着旧城另筑新城，东晋桓温（312—373）将旧城与新城合并。崇祯十六年（1643）张献忠攻陷江陵而毁城拆墙。

张说（667—730），世居河东，徙家洛阳。张说曾三登左、右丞相，三任中书令。据《开元天宝遗事》所记，张说的母亲梦到一只玉莺从东南方向飞入怀中而有身孕。张说于开元元年（713）任检校中书令，开元九年（721）授兵部尚书、同中书门下平章事，开元十一年（723）四月为中书令，开元十四年（726）为尚书右丞相，开元十七年（729）复为右丞相，迁左丞相。据传曾经有人送给张说一枚"记事珠"，此物颇为神奇，"或有阙忘之事，则以手持弄此珠，便觉心神开悟，事无巨细，焕然明晓，一无所忘"（《开元天宝遗事》）。

张说因与姚元崇（即姚崇，650—721）不和而被罢相，贬出京师，即《新唐书》所载"罢为相州刺史、河北道按察使。坐累徙岳州"一事。张说于开元元年（713）十二月被贬为相州刺史，之后又任岳州刺史。相州，唐时治所在安阳（今河南安阳）。岳州，在唐代之前曾称巴陵郡、巴州、罗州。张说在相州和岳州任职大约有四年的时间。在岳州时，张说"常郁郁不乐"（《明皇杂录》）。

张说作为典型的中原人不太适应江南湿热的气候，也不爱吃鱼虾等水鲜，自作诗云："潦收江未清，火退山更热。重欷视欲醉，懵满气如噎。器留鱼鳖腥，衣点蚊虻血。"（《岳州作》）

张说在岳州时常与诗人、友朋交游、登临、唱和。史料记载："岳阳楼城，西门楼也。下瞰洞庭，景物宽阔。唐开元四年，中书令张说除守此州，每与才士登楼赋诗，自尔名著。"（《岳阳风土记》）范致明的《岳阳风土记》成书于北宋，范致明约在1119年去世。而比其早了一百多年的北宋著名地理学家乐史（930—1007）所撰的《太平寰宇记》（撰写时间为976年至983年间）对张说于岳阳楼聚饮唱和之事早有记载，二者可以相互佐证。乐史记："岳阳楼，唐开元四年，张说自中书令为岳州刺史，常与才士登此楼，有诗百余篇，列于楼壁。"处失意之中的张说在登楼宴饮时往往借酒浇愁，甚至时常喝醉，有诗为证："醉后乐无极，弥胜未醉时。动容皆是舞，出语总成诗。"（《醉中作》）

张说不仅注重节气操守、工作勤勉、政绩突出、才能出众，而且非常重视人才，知人善任，喜奖掖新人、"推藉后进"，一时传为佳话。《新唐书》载："朝廷大述作多出其手，帝好文辞，有所为必使视草。善用人之长，多引天下知名士，以佐佑王化，粉泽章典，成·王法。天子尊尚经术，开馆置学士，修太宗之政，皆说倡之。为文属思精壮，长于碑志，世所不逮。既谪岳州，而诗益凄婉，人谓得江山助云。"《旧唐书》对此亦早有全面评价："前后三秉大政，掌文学之任凡三十年。为文俊丽，用思精密，朝廷大手笔，皆特承中旨撰述，天下词人，咸讽诵之。尤长于碑文、墓志，当代无能及者。喜延纳后进，善用己长，引文儒之士，佐佑王化，当承平岁久，志在粉饰盛时。其封泰山，祠雎上，谒五陵，开集贤，修太宗之政，皆说为倡首。"

正是因为张说注重人才，孟浩然才从襄阳往岳州拜谒。

开元四年（716）的八月（农历），孟浩然从襄阳到了岳阳，此时张说正在岳州任职。

> 八月湖水平，涵虚混太清。
> 气蒸云梦泽，波撼岳阳城。
> 欲济无舟楫，端居耻圣明。
> 坐观垂钓者，徒有羡鱼情。
>
> ——孟浩然《望洞庭湖赠张丞相》

这首诗的题目在不同版本中亦作《临洞庭湖》《岳阳楼》《临洞庭上张丞相》。清代大学士纪晓岚明确指出这首诗是孟浩然从襄阳往岳阳的求荐、干谒之作。唐代众多诗人都有过此举，孟浩然的好友王昌龄也不例外，他曾作文："昌龄岂不解置身青山，俯饮白水，饱于道义，然后谒王公大人以希大遇哉？每思力养不给，则不觉独坐流涕，啜菽负米，惟明公念之。直科不得不谋其始，夫惟明公念之。"（《上李侍郎书》）

孟浩然登上岳阳楼之际正赶上汛期，洞庭湖水上涨看起来好像与两岸齐平，且水汽氤氲、蒸腾缭绕，波涛翻涌之际场面颇为雄阔、壮观。云梦泽又称云梦大泽，春秋时期云梦泽的主体位于今湖北荆州市以东、江汉之间，南部以长江为界。后来，随着泥沙淤塞面积逐渐缩小，大湖也逐渐解体为诸多的小湖泊。

孟浩然对洞庭湖八月江汛场面的生动描写主要是为了反衬自己多年来"书剑两无成"的遭际，他希望有朝一日自己也能出仕而有所作为。

在《望洞庭湖赠张丞相》这首诗其他的版本中，有的诗题下注明了"献张相公"。一些研究者认为孟浩然诗中的这位"张丞相""张相公"指的是张九龄。施蛰存（1905—2003）就认为这首诗是孟浩然写给张九龄的。施蛰存对当时孟浩然赠诗给张九龄希望被推荐而出仕的心理作过如下分析："上半首是写洞庭湖，下半首却是赠张丞相的话。第五句的'济'字是一个关键性的字。济字的本义是渡河越水，引申而有工作或事业成功的用法。孟浩然说'欲济无舟楫'，表面上仍是在说洞庭湖，隐藏的意义却是说：我要获得一官半职，可是没有人帮助我。他希望得到张九龄的荐举、提拔，好比给他一条船，使他能渡过大湖。他看见张九龄提拔过许多人，犹如钓上了许多鱼，他的心情就是羡慕这些鱼的被钓上去。"（《唐诗百话》）这显然与事实不符。

实际上，张九龄（678？—740）与张说渊源极深。

他们都做过宰相且都与孟浩然有交集。从家族来说，张说是张华的第十三代孙，而张九龄为张华的第十五代孙。以此看来，张说比张九龄高两辈，所以张九龄自称为张说的侄孙。这一点通过张九龄为张说撰写的碑文可以得到验证，即"族孙九龄撰"。

张九龄早慧，七岁能属文（即连缀字句撰写文章），十三岁时上书广州刺史王方庆。王方庆看到文章后惊叹不已，连连赞誉其必将前途无量，即"必致远"。

唐代诗人中像张九龄这样的早慧者甚至天才不乏其人，比如李白"五岁诵六甲，十岁观百家"，杜甫"七龄思即壮，开口咏凤凰"。此外，贺知章、王勃、骆宾王、王维、白居易都是少年成名的典范。明代的胡侍（1492—1553）在其《真珠船·幼慧》

中列举了一大批唐代神童的事迹，比如权德舆四岁赋诗、萧颖士四岁属文、令狐楚五岁能辞章、杜甫七岁属辞、张九龄七岁能文、刘晏八岁献《东封书》、王勃九岁作《汉书指瑕》而十三岁作《滕王阁序》、李白十岁观百家、柳公权十二岁工辞赋、元稹十五岁擢明经等。与这些少年成名者相比，也有像陈子昂这样到了十七八岁的时候仍然不读书以及孟郊四十多岁才考中进士的大器晚成者。

张说于长安三年（703）被贬岭南（钦州）时就发现了时年二十几岁的张九龄非同一般的才学，并对其极为赏识。张说对张九龄是有知遇之恩的，张九龄的数次升迁都是因为他的举荐。对此，《新唐书》有言："时张说为宰相，亲重之，与通谱系，常曰'后出词人之冠也'。"又云："始说知集贤院，尝荐九龄可备顾问。说卒，天子思其言，召为秘书少监、集贤院学士，知院事。"张说在开元十八年（730）十二月病逝，张九龄为其撰写墓志（梁升卿书、卫灵鹤刻），可见对张说的敬重。碑文记述了张说的大体经历："守正而见逐者一，遇坎而左迁者二。其余总戎于外，为国作藩，所平除者，唯幽并秉节钺而已。至若三登左右丞相，三作中书令。"（《唐故尚书左丞相燕国公赠太师张公墓志铭并序》）其中张九龄所言的"见逐者一""左迁者二"指张说被贬钦州、相州、岳州以及停职中书令之事。

唐玄宗称赞张九龄为"文场元帅"，对其评价极高，称"张九龄文章，自有唐名公皆弗如也。朕终身师之，不得其一二"（《开元天宝遗事》）。张九龄拜相的时间是在开元二十一年（733）的十二月。如果《望洞庭湖赠张丞相》是孟浩然献给张九龄的诗，那么这首诗的写作时间就在734年之后了。按照张九龄与孟浩然一生的大体行踪，那时他们不可能在洞庭湖附近区域相遇。

在唐代诗人中，写洞庭湖以及岳阳楼最为出色的两首诗除了上面提及的孟浩然的《望洞庭湖赠张丞相》之外，非杜甫的《登岳阳楼》莫属。

唐代宗大历三年（768），杜甫离开夔州沿江由江陵、公安往岳阳。登上岳阳楼的杜甫已经年老体衰，患肺病以及风痹症多年，左臂偏枯不听使唤，右耳也聋了，真的是"百年多病独登台"，加之暮年漂泊异乡，杜甫满眼都是萧瑟之气以及衰败之感。

> 昔闻洞庭水，今上岳阳楼。
>
> 吴楚东南坼，乾坤日夜浮。
>
> 亲朋无一字，老病有孤舟。
>
> 戎马关山北，凭轩涕泗流。
>
> ——杜甫《登岳阳楼记》

开元四年（716），在宰相苏颋向唐玄宗的谏言下，张说由岳州刺史改任荆州大都督府长史。开元五年（717）四月，张说到任。在到任前，即四月一日渡江往荆州的路上，张说想起被贬岳州的三年遭遇，感慨良多，作诗曰："春色沅湘尽，三年客始回。夏云随北帆，同日过江来。水漫荆门出，山平郢路开。比肩羊叔子，千载岂无才。"（《四月一日过江赴荆州》）

此时张说来荆州任职，对于孟浩然而言是一个很好的干谒机会，孟浩然也极其渴望张说向朝廷引荐自己。

> 共理分荆国，招贤愧楚材。

召南风更阐，丞相阁还开。

觐止欣眉睫，沉沦拔草莱。

坐登徐孺榻，频接李膺杯。

始蔚蝉鸣柳，俄看雪间梅。

四时年籥尽，千里客程催。

日下瞻归翼，沙边厌曝鳃。

仁闻宣室召，星象复中台。

——孟浩然《荆门上张丞相》

在张说于荆州任职期间，孟浩然数次拜谒、献诗并与其交游。值得一提的是，张说不仅赏识孟浩然还与其结为好友，他的长子张均也与孟浩然交好。所以在孟浩然于长安偶遇唐玄宗之事的另一个版本中，说的是张说举荐的孟浩然："明皇以张说之荐召浩然，令诵所作。乃诵：'北阙休上书，南山归敝庐。不才明主弃，多病故人疏。白发催年老，青阳逼岁除。永怀愁不寐，松月夜窗虚。'帝曰：'卿不求朕，岂朕弃卿？何不云"气蒸云梦泽，波动岳阳城"？'因是故弃。"（《唐诗纪事》）

这个故事透露出来的信息是，唐玄宗在此前已经读到（知道）了孟浩然写于开元四年（716）的《望洞庭湖上张丞相》一诗，这很有可能来自张说的举荐。所以有研究者认为，孟浩然的《赴京途中遇雪》（ 作《赴命途中遇雪》）一诗就是因为张说（其时已任中书令）的举荐而于进京的途中所作。

关于《赴京途中遇雪》这首诗的写作背景和时间说法不一。有的认为是开元十一年（723）或开元二十一年（733），有的则认为是开元十五年（727）或开元十六年（728）冬末孟浩然进京赶考时所作。

此次孟浩然进京的原因除了可能与张说有关之外，还指向了另外一个人，即韩朝宗。

孟浩然与韩思复、韩朝宗父子皆为至交。

开元十二年（724），韩朝宗的父亲韩思复（652—725）任襄州刺史，卢僎为襄阳令。孟浩然与他们皆为忘形之交。韩思复此次任职时间近一年，于开元十三年去世。因其"治行名天下"，唐玄宗为其墓碑题名"有唐忠孝韩长山之墓"。卢僎和孟浩然为韩思复制碑立于岘山。

韩朝宗（686—750），京兆长安人，世称韩荆州。韩朝宗在任襄州刺史兼山南东道采访使期间还留下了一则与襄阳的昭王井有关的美谈："襄州南楚故城有昭王井，传言汲者死，行人虽渴困，不敢视。朝宗移书谕神，自是饮者亡恙，人更号韩公井。"（《新唐书》）

开元十八年（730）七月，唐玄宗命范安及与韩朝宗疏浚瀍水与洛水。从开元二十一年（733）开始，唐朝在十五个道设置采访处置使一职。韩朝宗于开元二十二年（734）至二十四年（736）之间任荆州大都督府长史兼襄州刺史，领山南东道采访使。正是在此期间，韩朝宗结识了孟浩然。孟浩然诗曰："郡守虚陈榻，林间召楚材。山川祈雨毕，云物喜晴开。抗礼尊缝掖，临流揖渡杯。徒攀朱仲李，谁荐和羹梅。翰墨缘情制，高深以意裁。沧洲趣不远，何必问蓬莱。"（《韩大使东斋会岳上人、诸学士》）

韩朝宗历来重视人才，喜好提携后学，崔宗之、严武、蒋沇等人都是他举荐给朝廷并受到重用的，因而韩朝宗极受时人的敬重。关于韩朝宗，当时在士人圈子中流传这样的说法："生不用封万户侯，但愿一识韩荆州。"

只可惜孟浩然因为贪杯错过了韩朝宗举荐的大好时机。

编定《孟浩然集》三卷本的王士源强调韩朝宗与孟浩然有着非同一般的关系。他指出："山南采访使本郡守昌黎韩朝宗，谓浩然闲深诗律，置诸周行，必咏穆如之颂，因入奏，与偕行，先扬于朝，与期约日引谒。及期，浩然会寮友，文酒讲好甚适。或曰：'子与韩公豫诺而怠之，无乃不可乎！'浩然叱曰：'仆已饮矣，身行乐耳，遑恤其他。'遂毕席不赴。由是间罢。"（《孟浩然集·序》）王士源编定该诗集的时间距离孟浩然去世比较近，所以他的说法有一定的可信度。

对韩朝宗举荐孟浩然，而孟浩然饮酒误事之事，《新唐书》也有类似记载："采访使韩朝宗约浩然偕至京师，欲荐诸朝。会故人至，剧饮欢甚，或曰：'君与韩公有期。'浩然叱曰：'业已饮，遑恤他！'卒不赴。朝宗怒，辞行，浩然不悔也。"明明韩朝宗为了举荐孟浩然已经提前约定了见面的时间、地点，但偏偏孟浩然遇上老朋友而豪饮不止，酒酣耳热、醺醺然间其他的事情都顾不上了。在今天看来，这个故事令人啼笑皆非，但孟浩然的性格却跃然纸上，他嗜酒贪杯的形象也可见一斑。

在韩朝宗任职期间，孟浩然的好友李白也曾专门上书拜谒。甚至，李白把韩朝宗抬高到"周公吐哺，天下归心"般的至高境地，以此希望自己能够得到举荐。李白说道："白闻天下谈士相聚而言曰'生不用封万户侯，但愿一识韩荆州'。何令人之景慕，一至于此耶！岂不以有周公之风，躬吐握之事，使海内豪俊，奔走而归之，一登龙门，则声价十倍。所以龙蟠凤逸之士，皆欲收名定价于君侯。愿君侯不以富贵而骄之、寒贱而忽之，则三千宾中有毛遂，使白得颖脱而出，即其人焉。白，陇西布衣，流落楚、汉。十五好剑术，遍干诸侯；三十成文章，历抵卿相。虽长不满七尺，而心雄万夫。皆王公大人许与气义。此畴曩心迹，安敢不尽于君侯哉！君侯制作侔神明，德行动天地，笔参造化，学究天人。幸愿开张心颜，不以长揖见拒。必若接之以高宴，纵之以清谈，请日试万言，倚马可待。今天下以君侯为文章之司命，人物之权衡，一经品题，便作佳士。而君侯何惜阶前盈尺之地，不使白扬眉吐气，激昂青云耶？"（《与韩荆州书》）

据相关史料记载，李白并没有见到韩朝宗。

可以肯定的是，李白和孟浩然都与韩朝宗发生了交集。李白的《襄阳歌》即作于此时，那时正值他和孟浩然一同游览岘山的黄昏盛景。

落日欲没岘山西，倒著接蓠花下迷。

襄阳小儿齐拍手，拦街争唱《白铜鞮》。

旁人借问笑何事，笑杀山公醉似泥。

鸬鹚杓，鹦鹉杯。

百年三万六千日，一日须倾三百杯。

遥看汉水鸭头绿，恰似葡萄初酦醅。

此江若变作春酒，垒曲便筑糟丘台。

千金骏马换小妾，醉坐雕鞍歌《落梅》。

车旁侧挂一壶酒，凤笙龙管行相催。

咸阳市中叹黄犬，何如月下倾金罍？

君不见晋朝羊公一片石，龟头剥落生莓苔。

泪亦不能为之堕，心亦不能为之哀。

清风朗月不用一钱买，玉山自倒非人推。

舒州杓，力士铛，李白与尔同死生。

襄王云雨今安在？江水东流猿夜声。

在这首诗中，李白几乎句句不离酒。李白在这里提到的襄阳儿童当街争唱的儿歌《白铜鞮》（亦作《白铜蹄》）与梁武帝有关。

初武帝之在雍镇，有童谣云："襄阳白铜蹄，反缚扬州儿。"识者言，白铜蹄谓马也；白，金色也。及义师之兴，实以铁骑，扬州之士，皆面缚，果如谣言。故即位之后，更造新声，帝自为之词三曲，又令沈约为三曲，以被弦管。

——《隋书·卷十三·音乐志上》

李白在此次与孟浩然相聚襄阳之后前往江夏。

"江夏"自隋开皇九年（589）用作县名，隋大业三年（607）置江夏郡，治所在江夏县。唐武德四年（621）废江夏郡，江夏为鄂州治所。江夏在唐太宗以及唐玄宗时期分属江南道和江南西道。

此次离开襄阳，李白是极其苦闷的，因为韩朝宗并未向朝廷引荐自己。在江夏的晚春时节，李白遇到了好友张祖（又作张承祖）。失意之际，李白只能借酒浇愁，然而结果是愁上加愁，见原文："吁咄哉！仆书室坐愁，亦已久矣。每思欲遐登蓬莱，极目四海，手弄白日，顶摩青穹，挥斥幽愤，不可得也。而金骨未变，玉颜已缁，何尝不扪松伤心，抚鹤叹息？误学书剑，薄游人间。紫微九重，碧山万里。有才无命，甘于后时。刘表不用于祢衡，暂来江夏；贺循喜逢于张翰，且乐船中。达人张侯，大雅君子。统泛舟之役，在清川之湄。谈玄赋诗，连兴数月，醉尽花柳，赏穷江山。国祖有程，告以行迈，烟景晚色，惨为愁容。系飞帆于半天，泛渌水于遥海。欲去不忍，更开芳樽。乐虽寰中，趣逸天半。平生酣畅，未若此筵。至于清谈皓歌，雄笔丽藻，笑饮醁酒，醉挥素琴，余实不愧于古人也。扬袂远别，何时归来？想洛阳之秋风，将脍鱼以相待。诗可赠远，无乃阙乎？"（《暮春江夏送张祖监丞之东都序》）

在《暮春江夏送张祖监丞之东都序》一文中，李白非常直接地道出韩朝宗不推荐自己之事，即"刘表不用于祢衡，暂来江夏"。

李白自比东汉末年名士祢衡的才华和遭遇。祢衡（173—198）就是"击鼓骂曹"的主人公。史料记载："融既爱衡才，数称述于曹操。操欲见之，而衡素相轻疾，自称狂病，不肯往，而数有恣言。操怀忿，而以其才名，不欲杀之。闻衡善击鼓，乃召为鼓史，因大会宾客，阅试音节。诸史过者，皆令脱其故衣，更着岑牟、单绞之服。次至衡，衡方为《渔阳》参挝，蹀躞而前，容态有异，声节悲壮，听者莫不慷慨。衡进至操前而止，吏呵之曰：'鼓史何不改装，而轻敢进乎？'衡曰：'诺。'于是先解衵衣，次释余服，裸身而立，徐取岑牟、单绞而着之，毕，复参挝而去，颜色不怍。操笑曰：'本欲辱衡，衡反辱孤。'"（《后汉书》）由此可见祢衡不羁的性格，当然他也因此得罪了曹操，如《后汉书》所言："祢衡竖子，孤杀之犹雀鼠耳。顾此人素有虚名，远近将谓孤不能容之，今送与刘表，视当何如。"祢衡到了刘表那里之后仍然态度轻慢，后被刘表遣送于江夏，为太守黄祖所杀，死时年仅二十五岁。

开元二十四年（736）秋天，韩朝宗因放任下属肆意征税而被贬为洪州刺史。此事见载于史料："邓州南阳县令李泳擅兴赋役，贬为康州都城县尉。泳之为令也，朝宗所荐，乃贬为洪州刺史"（《册府元龟》卷九百二十九）。

韩朝宗临行前，孟浩然为之送行并赠诗以别：

> 述职抚荆衡，分符袭宠荣。
>
> 往来看拥传，前后赖专城。
>
> 勿翦棠犹在，波澄水更清。
>
> 重推江汉理，旋改豫章行。
>
> 召父多遗爱，羊公有令名。
>
> 衣冠列祖道，耆旧拥前旌。
>
> 岘首晨风送，江陵夜火迎。
>
> 无才惭孺子，千里愧同声。
>
> ——孟浩然《送韩使君除洪州都曹》

在韩朝宗被贬职洪州期间，孟浩然仍时时挂念着他，可见二人的交往之深。

在春天与诸友登万山的时候，孟浩然不能忘怀的偏偏是远方的这位老朋友，甚至，孟浩然是把韩朝宗视为知音的。孟浩然诗云："韩公是襄士，日赏城西岑。结构意不浅，岩潭趣转深。皇华一动咏，荆国几谣吟。旧径兰勿剪，新堤柳欲阴。砌傍余怪石，沙上有闲禽。自牧豫章郡，空瞻枫树林。因声寄流水，善听在知音。耆旧眇不接，崔徐无处寻。物情多贵远，贤俊岂无今。迟尔长江暮，澄清一洗心。"（《和张判官登万山亭，因赠洪府都督韩公》，有的版本诗题中的"张判官"为"于判官"）

韩朝宗后来被贬为吴兴别驾，于天宝九载（750）六月二十一日病逝在任所。

隔着一千两百多年的时光，我们可以看看韩朝宗的墓志铭（《大唐吴兴郡别驾前荆州大都督府长史山南东道采访使京兆尹韩公墓志铭》），来全面了解一下他的一生。

呜呼！谓天未丧斯文，宣尼去鲁而无禄；谓天果辅有德，乐毅去燕而不归。夫子处顺而终，穆伯犹毁以请。饰棺置境，返葬于周。公讳朝宗，字某。本出昌黎，今为京兆人也。其先或元衮赤舄，介圭觐王，朱缨绿□，执讯擒敌。周末诸侯，相王始启宜阳；汉初功臣，定封亦荒岱郡。曾祖讳伦，左卫率，赐爵长山县男。祖某，隐居不仕。父讳思复，御史大夫太子宾客，进封长山县伯。世者名高善卷、黔娄，事君者位至倪宽、卜式。公即长山府君之长子也，神言有公侯之徵，儿戏陈俎豆之法，学成孙叔，状类皋繇。年若干，应文以经国举甲科，试右拾遗。天禄校文，献子云之赋；马生骤谏，称公高之官。拜监察御史、兵部员外郎。埋轮宪府，奏记劲大将军；赐笔礼闱，董戎从小司马。转度支郎中，除给事中。度钱谷之盈虚，以均九赋；执制诏之可否，以辨五书。置五令于水源，丰国财于天府。寻知吏部选事。兴废继绝，不遇前人之光；选贤授能，必当庶尹之任。雄平淑慝，御以清通，除许州刺史、荆州大都督府长史、山南采访使，坐南阳令贬洪州都督，迁蒲州刺史。所履之官，政皆尤异，黜陟使奏课第一，征为京兆尹。外家公主，敢纵苍头庐儿；黠吏恶少，自擒赭衣偷长。耻用钩距得情，好以春秋辅义。奏事尽成律令，为吏饰以文儒。上悦其醇，方委以政。顷坐营谷口别业贬高平太守，又坐长安令有罪贬吴兴郡别驾。诸葛田园，未启明主；华阴倾巧，卒败名儒。天宝九载六月二十一日，寝疾薨于官舍，享年六十有五。暨国家推五运之纪，接千岁之统，开释天地，与之更始。宥万方之未昭苏，叙百官之丧职秩。苟有位者，咸得与焉，而公冥然不及见也。虚蒙大赏，重以为哀。夫人河东柳氏，父某，某官。言妃齐侯，实惟宋子，人传夫人之礼，家有大家之书。以开元五年六月五日，先公而卒。至是以天宝十载十月二十四日，合祔陪于蓝田白鹿原长山公先茔，礼也。长子曰某官，居忧而卒。次子某，前殿中侍御史，贬晋陵郡司户。次子某等，倚庐野次，方衔枕由之哀；舆榇归来，尚抱长沙之痛。公子之输力王室，公之纪勋太常，言于国竭情无私，理于家陈信无愧。降年不永，非命而何？志则有由，或题季子之墓；宅不改卜，素有滕公之铭。

韩朝宗于开元二十四年（736）九月被贬离任之后，宋鼎接任山南采访使、荆州长史、襄州刺史。

宋鼎为广平（今河北邯郸）人，曾任广州刺史、潞州长史等职，天宝三载（744）由刑部侍郎迁尚书右丞。

宋鼎对孟浩然的关照比起韩朝宗来有过之而无不及，孟浩然曾短暂做过宋鼎襄府的从事。

夕阳西下之际，宋鼎、孟浩然等人曾一起登高，望远赋诗。孟浩然诗云："返耕意未遂，日夕登城隅。谁道山林近，坐为符竹拘。丽谯非改作，轩槛是新图。远水自嶓冢，长云吞具区。愿随江燕贺，羞逐府僚趋。欲识狂歌者，丘园一竖儒。"孟浩然的这首《和宋大使北楼新亭》（诗题"宋大使"一作"宋太史"）正是作于宋鼎修缮襄阳城小北门（明代称临汉门）城楼而竣工之际。

通过此诗，我们已然可以确认开元二十五年（737）春孟浩然正任宋鼎的幕僚，但此时孟浩然已经有了重返山林过隐居生活之意。襄阳城北楼此后在唐宋两代经过了数次修缮。唐代符载曾于贞元五年（789）作《襄阳北楼记》，开篇有言："天时有晦明，人情有舒惨。或感瘁交构，郁凝不发。非登高远眺望，则无以疏达其气、导冲和之性焉。蔼蔼襄阳，山水之乡。征南兴岘亭之赏，贤王造北楼之胜。缅邈千载，遐襟一致，静操其旨，得不根柢于是乎？"

不幸的是，城北楼最终毁于崇祯十四年（1641）张献忠攻占襄阳的战火之中。

宋鼎在荆州长史、襄州刺史任上的时间很短，也就半年多。宋鼎由荆州改任汉阳（唐时为沔州，今湖北汉阳）刺史，不久又以山南东道采访处置使的身份"巡至荆州"。

宋鼎之后，张九龄接任荆州大都督府长史一职。

宋鼎与张九龄亦为故交。

宋鼎在《赠张丞相》一诗的序文中对他与张九龄的交往以及他们与荆州的关系作了比较详细的介绍："张承相九龄与余有孝廉校理之旧，又代余为荆州。余改汉阳，仍兼按使，巡至荆州，故赠之。"（《唐诗纪事》卷二十二）其《赠张丞相》诗云："汉上登飞幰，荆南历旧居。已尝临砌橘，更睹跃池鱼。盛德继微渺，深衷能卷舒。义申蓬阁际，情切庙堂初。郡挹文章美，人怀燮理余。皇恩傥照亮，岂厌承明庐。"张九龄自然是礼尚往来，又以诗回赠宋鼎："时来不自意，宿昔谬枢衡。翊圣负明主，妨贤愧友生。罢归犹右职，待罪尚南荆。政有留棠旧，风因继组成。高轩问疾苦，烝庶荷仁明。衰废时所薄，只言僚故情。"（《酬宋使君见赠之作》）张九龄另有《酬宋使君见诒》："陕邻初禀训，献策幸逢时。朝列且云忝，君恩复若兹。庭闱际海曲，辂传荷天慈。顾己欢乌鸟，闻君泣素丝。才明应主召，福善岂神欺。但愿白心在，终然涅不淄。"

接下来，我们来谈谈孟浩然与张九龄的交往。

从禽非吾乐，不好云梦田。

岁暮登城望，偏令乡思悬。

公卿有几几，车骑何翩翩。

世禄金张贵，官曹幕府贤。

顺时行杀气，飞刀争割鲜。

十里届宾馆，征声匝妓筵。

高标回落日，平楚散芳烟。

何意狂歌客，从公亦在旃。

——孟浩然《从张丞相游纪南城猎，戏赠裴迪张参军》

孟浩然这首诗中的"张丞相"所指就是张九龄。

荆州城距离纪南城不到十里。孟浩然诗中提到的裴迪不是别人，正是王维一生的知己。王维闲居辋川时经常与裴迪、丘为和崔兴宗一起游历赋诗、弹琴饮茗。裴迪（生卒年不详），曾任蜀州刺史、尚书省郎等职。开元末年，裴迪在张九龄荆州长史幕府做幕僚，此时孟浩然也在张九龄的幕府。

张九龄与孟浩然的关系非同一般，为忘年之交。孟浩然所作《从张丞相游纪南城猎，戏赠裴迪张参军》《陪张丞相登嵩阳楼》《陪张丞相自松滋江东泊渚宫》《和张丞相春朝对雪》《陪张丞相祠紫盖山，途经玉泉寺》《陪张丞相登荆城楼，因寄蓟州张使君及浪泊戍主刘家》《和张丞相春朝对雪》等诗中涉及的"张丞相"都是张九龄。

张九龄是唐代名相，其在开元二十一年（733）十二月任中书侍郎同中书门下平章事，次年五月任中书令，开元二十四年（736）任尚书右丞相。张九龄一生直言敢谏，刚正不阿。这也是孟浩然最为仰慕他的地方，但张九龄也正是因为这样的性格和作风而获罪。

开元二十五年（737）四月十四日（农历），张九龄被贬为荆州大都督府长史，五月八日到任。

值得一提的是，孟浩然与王维为好友，而他们又都与张九龄相熟。张九龄对他们二人有恩，尤其是举荐、提拔过因伶人舞黄狮子而被贬的王维。在张九龄被贬出京任荆州长史之后，王维从长安寄来一首诗以表安慰和思念。

> 所思竟何在，怅望深荆门。
>
> 举世无相识，终身思旧恩。
>
> 方将与农圃，艺植老丘园。
>
> 目尽南飞雁，何由寄一言。
>
> ——王维《寄荆州张丞相》

张九龄很快就以诗回复了王维："荆门怜野雁，湘水断飞鸿。知己如相忆，南湖一片风。"（《复王维》）

张九龄被贬的原因是"举非其人"，即他举荐的监察御史周子谅（？—737）弹劾牛仙客，认为朝廷让牛仙客做宰相是有失体察、用人不当，因此惹得唐玄宗大怒。唐玄宗当庭杖责周子谅。周子谅后于四月死于流放瀼州的途中。张九龄因为此事而受到牵连，被罢相，贬出京师。值得一提的是，张九龄和孟浩然在同一年去世，即开元二十八年（740）。张九龄病逝于该年二月，死后被唐玄宗追封为荆州大都督，谥号"文献"。在安史之乱中，唐玄宗又追封张九龄为司徒。

在任荆州长史期间，张九龄招孟浩然为从事，即幕僚、佐吏。

在此期间，张九龄与孟浩然一同登荆州城楼并分别赋诗。

> 天宇何其旷，江城坐自拘。
> 层楼百余尺，迢递在西隅。
> 暇日时登眺，荒郊临故都。
> 累累见陈迹，寂寂想雄图。
> 古往山川在，今来郡邑殊。
> 北疆虽入郑，东距岂防吴。
> 几代传荆国，当时敌陕郛。
> 上流空有处，中土复何虞。
> 枕席夷三峡，关梁豁五湖。
> 承平无异境，守隘莫论夫。
> 自罢金门籍，来参竹使符。
> 端居向林薮，微尚在桑榆。
> 直似王陵戆，非如宁武愚。
> 今兹对南浦，乘雁与双凫。

——张九龄《登荆州城楼》

134

蓟门天北畔，铜柱日南端。

出守声弥远，投荒法未宽。

侧身聊倚望，携手莫同欢。

白璧无瑕玷，青松有岁寒。

府中丞相阁，江上使君滩。

兴尽回舟去，方知行路难。

——孟浩然《陪张丞相登荆城楼，因寄蓟州张使君及浪泊戍主刘家》

　　孟浩然在幕府任职期间，不仅与张九龄一同出游，而且彼此酬唱极频繁，比如孟浩然作《陪张丞相祠紫盖山，途经玉泉寺》，张九龄则有《祠紫盖山经玉泉山寺》。

　　通过张九龄和孟浩然的诗，我们可以知道他们此行的目的地是位于襄阳的紫盖山，中途经过玉泉寺，可知他们的路线是从荆州出发前往襄阳。

　　紫盖山位于襄阳城西南五里，又名琵琶山，此处有伏羲庙。文献亦云："伏羲葬南郡，在襄阳。"（《帝王世纪》）张九龄和孟浩然途经的这座玉泉寺位于今宜昌市当阳县，为唐时有名的佛教圣地。

　　张九龄和孟浩然这一次的行程主要是走官道（主干道）和驿站，由南往北要经过纪南驿、白碑驿、观风驿、武宁驿、团林驿、荆门关（荆门县）、乐乡关（乐乡县）、古都城、蛮水驿、宜城驿（宜城县）、善谑驿、襄河驿、鹿门山、凤林关、岘山。如果是从荆州直接前往当阳玉泉寺，还可以走官道之外的普通道路，即经过纪南驿、白碑驿直接往麦城方向然后转至当阳县，从麦城向北往四望山、南漳县、汉阴驿、襄阳县行进。

独步人何在，嵩阳有故楼。

岁寒问耆旧，行县拥诸侯。

林莽北弥望，沮漳东会流。

客中遇知己，无复越乡忧。

——孟浩然《陪张丞相登嵩阳楼》

孟浩然在《陪张丞相登嵩阳楼》这首诗中提到了嵩阳和沮漳河。诗题中的"嵩阳"有误，根据诗中的沮漳河可以判断其应为"当阳"。

《左传》载："江、汉、沮、漳，楚之望也。"沮水和漳水均发源于荆山，上游为山区、丘陵，下游为平原，沮水和漳水在当阳两河口（乌扶邑）汇流为沮漳河，继而流入江汉平原。沮漳河是长江中游上段北岸的支流，处鄂南进入鄂西北的过渡地带，跨今襄阳、宜昌、荆州、荆门等地。楚人先祖正发端于荆山和沮漳河，可见其重要性。

当阳楼，也正是东汉末年著名文学家、"建安七子"之一的王粲（177—217）生逢乱世、客寓荆州时作《登楼赋》的所在。赋中云："登兹楼以四望兮，聊暇日以销忧。览斯宇之所处兮，实显敞而寡仇。挟清漳之通浦兮，倚曲沮之长洲。背坟衍之广陆兮，临皋隰之沃流。北弥陶牧，西接昭丘。华实蔽野，黍稷盈畴。虽信美而非吾土兮，曾何足以少留。遭纷浊而迁逝兮，漫逾纪以迄今。情眷眷而怀归兮，孰忧思之可任？凭轩槛以遥望兮，向北风而开襟。平原远而极目兮，蔽荆山之高岑。路逶迤而修迥兮，川既漾而济深。"

王粲在赋中分别提到了沮水和漳水。

孟浩然与张九龄登楼感兴赋诗之际，距离王粲登楼已经过去了五百多年的时间……

卷
五

科举与失意

第九章
"麻衣如雪"：长安的春天有多冷

按《唐六典》，出生为"黄"，四岁为"小"，十六岁为"中"，二十一岁为"丁"，六十为"老"。孔子曰："吾十有五而志于学，三十而立，四十而不惑，五十而知天命，六十而耳顺，七十而从心所欲不逾矩。"（《论语·为政篇》）

那么在四十岁的时候，孟浩然是否达成了"不惑"的人生目标？当时他是什么样的境遇和心情？

孟浩然经过数年的游历更加感觉到功名之路渺茫不可及，诗曰："尝读高士传，最嘉陶征君。日耽田园趣，自谓羲皇人。予复何为者，栖栖徒问津。中年废丘壑，上国旅风尘。忠欲事明主，孝思侍老亲。归来当炎夏，耕稼不及春。扇枕北窗下，采芝南涧滨。因声谢同列，吾慕颍阳真。"（《仲夏归汉南园，寄京邑耆旧》）

此时，父母在堂，而四十岁的孟浩然仍一事无成。

溽热的夏天过后，秋天就紧跟着来了。孟浩然再次离开襄阳前往长安，准备参加来年初的进士考试。

隋炀帝（569—618）废除以门第取士的九品中正制而置进士科，自此影响了中国一千三百余年。科举取士改变了诸多寒士的命运。自隋唐至清末，进士人数十六万两千四百多人，有名可查的文状元六百五十多人。

唐高祖武德五年（622）至唐亡，进士六千六百三十七人，状元约二百七十人。唐代每次参加进士考试者千余人，能最终录取的也就二十人左右，而有唐一代考进士落第人数高达三十三万余人。

在唐代，进士及第者可以免除个人以及全家的徭役，但是中进士的难度确实太大了。尤其是在开元、天宝年间，每次科举一千七八百名考生中能够中进士的也就二十人左右。古人诗曰："水国寒消春日长，燕莺催促花枝忙。风吹金榜落凡世，三十三人名字香。遥望龙墀新得意，九天敕下多狂醉。骅骝一百三十蹄，踏破蓬莱五云地。物经千载出尘埃，从此便为天下瑞。"（周匡物《及第谣》）这位周匡物，在元和十一年（816）中进士。

当时有"三十老明经，五十少进士"的说法，可见唐代考取进士登龙门和蟾宫折桂之难。参加进士科考的举子有的甚至连续考二三十年乃至更长，其中不乏白首穷经者，而最终考中的已经是万幸了。"鬓毛如雪心如死，犹作长安下第人"出自温宪的《题崇庆寺壁》。温宪是晚唐著名诗人、词人温庭筠之子，年近五十才中进士，但不幸的是及第次年就辞世了。而像孟浩然这样的布衣，一旦考中进士，则是个人前途和光耀门庭的天大喜事，即所谓的"一登龙门，则声誉十倍"（李白《与韩荆州书》），"一士登甲科，九族光彩新"（王建《送薛蔓应举》）。

有唐一代，年龄最大的中进士者为晚唐的曹松，其于天复元年（901）中进士，其时已经七十三岁高龄了。与其同榜的王希羽、刘象、柯崇、郑希颜也都年逾花甲，故称"五老榜"。最年长的状元则是唐德宗贞元七年（791）的尹枢，其时也已过了七十岁（约生于开元八年即720年）。

到了北宋时期，每次中榜的进士少则三四百人多则五六百人，其中大家熟悉的苏轼、苏辙兄弟于宋仁宗嘉祐二年（1057）中进士，那一榜的人数是三百八十八人。宋代（包括南宋）中进士人数最多的一次发生在宋徽宗宣和六年（1124），居然高达八百零五人。

关于孟浩然一生入长安的次数，有一次、两次和三次的诸多说法。而其中最重要的一次则是在他四十岁左右进京赶考这次。关于孟浩然入京赶考的时间一直存疑，一般认为是开元十五年（727）或开元十六年（728）的秋冬之际。本书采用开元十六年之说。相关的典籍大体都认定孟浩然是在四十岁的那年到长安参加科考而最终失败。《唐才子传》更是一股脑儿地把孟浩然入京于秘省联句以及与王维偶遇唐玄宗之事都放在了他四十岁这一年。

由襄阳入长安，其实走陆路官道最为便捷，但是路途遥远，这对于行旅之人来说自是辛苦无比。我们可以穿过一千多年的时光，看看当时孟浩然的进京行旅图。

孟浩然在秋天从襄阳县城出发，往北经樊城、邓城县、邓州，从邓州继续往北过官军驿、临湍县、临湍驿、商于驿，再向西经内乡县往富水关、阳城驿、青云驿、武关驿、层峰驿、桃花驿、棣华驿、商洛、洛源驿、四皓驿、上洛县、商州、仙娥驿、安山驿、北川驿、蓝田关、蓝溪驿、蓝桥驿、韩公驿、青坭驿、蓝田县、蓝田驿、灞桥驿，然后才最终抵达长安城。

关于孟浩然《赴京途中遇雪》这首诗的写作背景，前文已经提到过，有的认为是进京赶考时所作。

迢递秦京道，苍茫岁暮天。

穷阴连晦朔，积雪满山川。

落雁迷沙渚，饥乌集野田。

客愁空伫立，不见有人烟。

这场进京途中所遇的大雪不仅使得孟浩然的行程愈加艰难，而且也似乎暗示了此次赴考，前景不容乐观。

唐代科举分为常科和制科，制科就是由皇帝临时下诏举行的开科取士。

常科分为秀才、明经、进士、明法、明书、明算六科。其生源主要来自学馆的"生徒"以及各州县的"乡贡"。《新唐书·选举志》载："每岁仲冬，州、县、馆、监举其成者送之尚书省；而举选不繇馆、学者，谓之乡贡，皆怀牒自列于州、县。试已，长吏以乡饮酒礼，会属僚，设宾主，陈俎豆，备管弦，牲用少牢，歌《鹿鸣》之诗，因与耆艾叙长少焉。既至省，皆疏名列到，结款通保及所居，始由户部集阅，而关于考功员外郎试之。"张岱在《夜航船》中也提到："唐制取士之科，多因隋旧。其大略有二：由学校曰生徒，由州县曰乡贡，皆升于有司而进退之。其科目，有秀才，有明经，有进士。"

"生徒"来自中央举办的国子学、太学、四门学、律学、书学、算学以及各州县的官办学校。唐高祖于武德元年（618）就规定："上郡学置生六十员，中郡五十员，下郡四十员。上县学并四十员，中县三十员，下县二十员。"（《旧唐书》）到了唐玄宗的开元时期，官办学校已经扩大至乡，唐玄宗下诏："宜令天下州县，每一乡之内，别各置学，仍择师资，令其教授。"（《唐大诏令集》）

乡贡亦是每年一次，由各州所辖范围的大小和人口数量的多少决定所贡举子的人数。开元十三年（725）的时候全国有 7 861 236 户，45 431 265 人（数据引自《元和郡县图志》）。开元二十五年

（737）时规定乡贡上州三人、中州二人、下州一人，而京兆府乡贡的权力是最大的。孟浩然所在的荆州地区虽被誉为"衣冠薮泽"，但在开元、天宝时期能够通过进士考试且进入官场的人却寥寥无几。史料载："唐荆州衣冠薮泽，每岁解送举人，多不成名，号曰'天荒解'。刘蜕舍人以荆解及第，号为'破天荒'。"（《北梦琐言》）这位"破天荒"的荆南考生刘蜕是在唐宣宗大中四年（850）中的进士，距离孟浩然在世时已经过去了一百多年。当时镇守荆南的魏国公崔弦还赠送他七十万钱以表祝贺，但刘蜕拒收。刘蜕曾任中书舍人、右拾遗、华阴令。光绪十六年（1890）五月十七日（公历7月3日），一代史学家和国学大师陈寅恪出生于长沙泰安里周达武私宅，据传这里就是当年刘蜕的故宅。

每年农历十月，取得文解（由所在州府统一签发的介绍信）、家状（参加进士考试时所需携带的个人信息文书）以及结保文书的各地考生（举子）汇聚京城，完成相关的报到手续和资格审查，然后备战来年正月与二月之间举行的进士考试。正所谓："孟冬之月，集于京师，麻衣如雪，纷然满于九衢。"（牛希济《荐士论》）

在此期间，考生除了备考和交游之外，往往要完成另外一类极其重要的"功课"，即公荐、行卷、觅举、温卷。"行卷"美其名曰"求知己"，而"唐之举人，先籍当世显人，以姓名达之主司，然后以所业投献，逾数日又投，谓之温卷"（赵彦卫《云麓漫钞》）。

从天宝年间开始，举子还要向礼部交纳自己的作品，即所谓"纳卷"。在来京城备考之前，诸举子在各自所在的州府也要行干谒、求荐之事，富有声望的外放京官更是被当地的文士和举子格外倚重。到了京城之后，举子们带着书信（自荐书）、"名帖"（又称"名刺"，相当于今天的名片）以及"厚纸谨字"的诗文卷轴（代表作）

往显赫而富于文名的名公巨卿的府第登门拜谒、投刺、献书，以求得到吹捧、剪拂、推介、襄助和提携，即所谓的"衣袖文章，谒人求知"（李商隐《上崔华州书》）。

当年白居易行卷时提供了自己的诗一百首、文二十篇，其求谒之信——《与陈给事书》已成为范本，兹录部分于此：

"正月日，乡贡进士白居易谨遣家僮奉书献于给事阁下：伏以给事门屏间请谒者如林，献书者如云，多则多矣，然听其辞，一辞也；观其意，一意也。何者？率不过有望于吹嘘剪拂耳。居易则不然，今所以不请谒而奉书者，但欲贡所诚、质所疑而已，非如众士有求于吹嘘剪拂也，给事不独为之少留意乎？大凡自号为进士者，无贤不肖皆欲求一第、成一名，非居易之独慕耳。既慕之，所以窃不自察，尝勤苦学文，迨今十年，始获一贡。每见进士之中，有一举而中第者，则欲勉狂简而进焉；又见有十举而不第者，则欲引驽钝而退焉。进退之宜，固昭昭矣。而遇者自惑于趣舍，何哉？夫蕴奇挺之才，亦不自保其必胜，而一上得第者，非他也，是主司之明也；抱琐细之才，亦不自知其妄动，而十上下第者，亦非他也，是主司之明也。"

这种行卷和朋游风气从开元、天宝年间开始颇盛，甚至形成了"棚头"以及以营利为目的的组织——"进士团"。"玄宗时，士子殷盛，每岁进士至省者，常不减千余人。在馆诸生更相造诣，互结朋党，以相渔夺，号之为'棚'。推声望者为棚头。权门贵戚，无不走谒，以此荧惑主司视听。"（《封氏闻见记·贡举》）所谓"进士团"，即"长安游手之民，自相鸠集，目之为'进士团'。初则至寡，洎大中、咸通已来，人数颇众。其有何士参者为之酋帅，尤善主张筵席。凡今年才过关宴，士参已备来年游宴之费"（《唐摭言》）。这种风气甚至延续到了宋代，陆游即有诗云："门外久无温卷客，架中宁有热官书。"（《秋雨书感》）

在唐代，举荐人才比较具有代表性的有张说、张九龄、韩愈、柳宗元、梁肃等，相传王维更是直接得到岐王和公主的赏识和举荐而得到状元之位。

岐王李范（原名李隆范，李隆基登基后为避讳而改名）非常喜欢诗词和乐舞，所以他的府上时时聚集了各色诗人、伶人、乐师，其中顶级乐师李龟年就是常客。岐王对他们也极其厚待，像李龟年这种等级的乐师无论是在经济还是在社会地位上都非常人可比。唐人郑处诲称："唐开元中，乐工李龟年、彭年、鹤年兄弟三人，皆有才学盛名。彭年善舞，鹤年、龟年能歌，尤妙制《渭川》，特承顾遇。于东都大起第宅，僭侈之制，逾于公侯。宅在东都通远里，中堂制度甲于都下。"（《明皇杂录》）

当时，王维与岐王交往颇深，也深得岐王的赏识。甚至王维得见唐玄宗的同母妹妹九公主（即玉真公主，690？—762，法号无上真，赐号持盈法师，尊号上清玄都大洞三景法师）都是岐王亲自策划和安排的。诸多史料以及笔记小说都记载王维最终以状元入仕和玉真公主以及岐王有直接关系。如《唐才子传》所载，"维将应举，岐王谓曰：'子诗清越者，可录数篇，琵琶新声，能度一曲，同诣九公主第。'维如其言。是日，诸伶拥维独奏，主问何名，曰：'《郁轮袍》。'因出诗卷。主曰：'皆我习讽，谓是古作，乃子之佳制乎？'延于上座，曰：'京兆得此生为解头，荣哉！'力荐之。开元十九年状元及第，擢右拾遗，迁给事中"。《唐才子传》中关于王维进士及第的时间记载有误，并非开元十九年（731）而是开元九年（721）。

在其他材料中还有人指出，王维引起玉真公主注意的不只是他在诗歌和音乐方面的才华，主要还是因为王维肤白貌美、长相出众、风度过人，在人堆中王维就显得有些卓然鹤立。如《集异记》载："维妙年洁白，风姿都美，立于前行。公主顾之，谓岐王曰：'斯何人哉？'答曰：'知音者也。'即令独奏新曲，声调哀切，满座动容。公主自询曰：'此曲何名？'维起曰：'号《郁轮袍》。'公主大奇之。"按笔记小说家言，王维得中进士第一名是玉真公主替换了另一位首选张九皋的结果。张九皋（690—755）乃张九龄之弟，于唐中宗景龙三年（709）明经及第。王维求庇于岐王以及以"倡优"般的姿态亲近公主的行为，在后世看来也成了他人生的"污点"之一。

富有戏剧性的是，李白也曾经人引荐结识了玉真公主。其时王屋山仙人台下有其灵都观，李白诗云："玉真之仙人，时往太华峰。清晨鸣天鼓，飙欻腾双龙。弄电不辍手，行云本无踪。几时入少室，王母应相逢。"（《玉真仙人词》）此外，李白还有《玉真公主别馆苦雨赠卫尉张卿（二首）》。比较巧合的是，李白和玉真公主都在762年辞世。不可思议的是，李白与王维生卒年极其相近且都与玉真公主有交往，但是二人之间却无任何交往的迹象，连他们流传下来的诗歌中也没有任何蛛丝马迹。这甚至成了唐代诗人交往史留给后世的千古谜团。甚至，后人还演绎出王维与玉真公主的"情事"以及王维和李白因此"争风吃醋"而互不理睬的噱头来。

唐朝最有名的女道士（女冠）当然是鱼玄机（约844—868），后被京兆尹温璋以打死婢女罪而处死。值得注意的是，唐代的公主入道的不在少数，在两百多位公主中有近二十人做过女道士，比如玉真公主、金仙公主、太平公主、华阳公主、文安公主、永安公主、安康公主、楚国公主等。甚至有皇家为其修筑华丽道观的极奢之事，有的公主在做女道士期间行为也不检点，如《新唐书》载："安康公主，为道士。乾符四年，以主在外颇扰人，诏与永兴、天长、宁国、兴唐四主还南内。"

唐代行卷之风盛行，其时不乏精心谋划和导演的情景。

韩愈和皇甫湜为举荐和宣扬牛僧孺就曾编导过一出好戏，见《唐摭言》所载："奇章公始举进士，致琴书于灞浐间，先以所业谒韩文公、皇甫员外。时首造退之，退之他适，第留卷而已。无何，退之访湜，遇奇章亦及门。二贤见刺，欣然同契，延接询及所止。对曰：'某方以薄技卜妍丑于崇匠，进退惟命。一囊犹置于国门之外。'二公披卷，卷首有《说乐》一章，未阅其词，遽曰：'斯高文，且以拍板为什么？'对曰：'谓之乐句。'二公相顾大喜曰：'斯高文必矣！'公因谋所居。二公沉默良久，曰：'可于客户坊税一庙院。'公如所教，造门致谢。二公复诲之曰：'某日可游青龙寺，薄暮而归。'二公其日联镳至彼，因大署其门曰：'韩愈、皇甫湜同谒几官先辈不遇。'翌日，辇毂名士咸往观焉。奇章之名由是赫然矣。"

唐代进士考试的竞争极其激烈，每届只有二十人左右上榜，而落榜者甚众。正所谓："龙门跳过者，鱼化为龙；跳不过者，暴腮点额。"（《夜航船》引《三秦记》）

"点额"就是跳不过龙门者在额头处留下的黑疤。考生万一能够有机会被"有识之士"举荐，命运就会截然不同，连李白这样直呼"仰天大笑出门去，我辈岂是蓬蒿人"的狂傲、清流之士也自言"遍干诸侯"。宋人王谠记："李白开元中谒宰相，封一板。上题曰：'海上钓鳌客李白。'宰相问曰：'先生临沧海，钓巨鳌，以何物为钩线？'白曰：'风波逸其情，乾坤纵其志，以虹霓为线，明月为钩。'又曰：'何物为饵？'白曰：'以天下无义气丈夫为饵。'"（《唐语林》

卷五）李白在荆州时就写有拜谒韩朝宗的《与韩荆州书》，其中有言："一登龙门，则声价十倍。所以龙蟠凤逸之士，皆欲收名定价于君侯。"但是，寒士能够被举荐而名闻天下又是何等艰难。初唐的陈子昂"胡琴一掷动京师"就是典型的例证。唐人李亢记："陈子昂，蜀射洪人。十年居京师，不为人知。时东市有卖胡琴者，其价百万，日有豪贵传视，无辨者。子昂突出于众，谓左右：'可辇千缗市之。'众咸惊，问曰：'何用之？'答曰：'余善此乐。'或有好事者曰：'可得一闻乎？'答曰：'余居宣阳里。'指其第处：'并具有酒，明日专候。不唯众君子荣顾，且各宜邀召闻名者齐赴，乃幸遇也。'来晨，集者凡百余人，皆当时重誉之士。子昂大张宴席，具珍羞。食毕，起捧胡琴，当前语曰：'蜀人陈子昂有文百轴，驰走京毂，碌碌尘土，不为人所知。此乐，贱工之役，岂愚留心哉！'遂举而弃之。异文轴两案，遍赠会者。会既散，一日之内，声华溢都。"（《独异志》）

唐代科举的卷子是不糊考生名字的，主考官和阅卷人的权力就可想而知了。北宋科举开始执行卷子糊名制和誊抄制。相传有一年，欧阳修（1007—1072）阅卷的时候还发生了一件极其怪异的事。

话说欧阳修主持贡举，阅卷的时候他总觉得有一个身穿朱衣的人在座。只要那个人一点头，所阅的考卷文章就会入格。此事见录于《夜航船·会试》："始疑传吏，及回视，一无所见，因语同列而三叹。常有句云：'文章自古无凭据，惟愿朱衣暗点头。'"

唐代的进士考试分三场，分别是杂文（指有韵之文，即诗、赋）、帖经和策问（策论、策文、答策、时务策）。《唐音癸签》载："唐试士重诗赋者，以策论惟剿旧文，帖经只抄义条，不若诗赋可以尽才。"

白居易在唐德宗贞元十六年（800）中庚辰科进士第四名，当时一共录取十七人。这一届的状元、榜眼和探花分别是陈权、吴丹、郑俞，参加这一届进士考试的白居易、杜元颖、陈昌言、王鉴等人都留下了应试诗。那年第一场杂文（诗赋）的考试题目是"性习相近远"（赋）和"玉水记方流"（诗）。

我们先看看当时白居易所作的这首应试诗：

> 良璞含章久，寒泉彻底幽。
>
> 矩浮光灩灩，方折浪悠悠。
>
> 凌乱波纹异，萦回水性柔。
>
> 似风摇浅濑，疑月落清流。
>
> 潜颖应傍达，藏真岂上浮。
>
> 玉人如不见，沦弃即千秋。

再来比较一下第三名郑俞所作的同题诗：

> 积水萦文动，因知玉产幽。
>
> 如天涵素色，侔地引方流。
>
> 潜润滋云起，荧华射浪浮。
>
> 鱼龙泉不夜，草木岸无秋。
>
> 璧沼宁堪比，瑶池讵可俦。
>
> 若非悬坐测，谁复寄冥搜。

我们再来看看开元七年（719）王维参加京兆府省试时所作的试律诗《赋得清如玉壶冰》：

玉壶何用好，偏许素冰居。

未共销丹日，还同照绮疏。

抱明中不隐，含净外疑虚。

气似庭霜积，光言砌月余。

晚凌飞鹊镜，宵映聚萤书。

若向夫君比，清心尚不如。

试律诗又名省试诗、省题诗、州府试诗，唐代一般为五言六韵。

就进士科考而言，每一场考试举子们都要在早上五点左右出门备考。白居易诗云："夙驾送举人，东方犹未明。自谓出太早，已有车马行。骑火高低影，街鼓参差声。可怜早朝者，相看意气生。"（《早送举人入试》）每一场考试都会淘汰诸多的应试者。由于每场考试的时间很长，甚至有时从早上开始一直考到晚上。如《古今诗话》有言，"举人试，日既暮，许烧烛三条"，所以考生还要自带干粮以及其他必备用品。到了宋代，甚至有条件优越的考生带着木炭、蜡烛（脂烛）、餐具、菜肉、泡饭、点心、茶酒。

科考如此艰难，而开元十七年（729）春天，孟浩然的前途还未可知。

关戍惟东井，城池起北辰。

咸歌太平日，共乐建寅春。

雪尽青山树，冰开黑水滨。

草迎金埒马，花伴玉楼人。

鸿渐看无数，莺歌听欲频。

何当桂枝擢，归及柳条新。

这首诗名为《长安早春》。

起句"关戍惟东井"有的版本作"开国惟东井"。关于这首诗，其作者是谁有争议。有的认为是孟浩然，有的则认为是孟浩然的同乡好友张子容（这首诗被认为是他在科举考试时所作的试律诗）。结合孟浩然一生的诗歌创作，这首诗确实与他一贯的诗歌格调差异很大。孟浩然的诗被认为是"文采丰茸，经纬绵密，半遵雅调，全削凡近"（殷璠《河岳英灵集》）。如果这首诗确系孟浩然所作，那么该诗就很有可能是孟浩然参加考试时所作。为了考上进士，孟浩然也不得不采取了"主流"甚至"媚俗"的说话方式。

那时的放榜时间大体在农历二月，所以称春榜。一般选在五更（又称五鼓、五夜，即凌晨三点到五点）放榜。

福建莆田人黄滔（840—911）记述了乾宁二年（895）农历二月一早放榜的非同寻常的时刻："帝尧城里日衔杯，每倚嵇康到玉颓。桂苑五更听榜后，蓬山二月看花开。垂名入甲成龙去，列姓如丁作鹤来。同戴大恩何处报，永言交道契陈雷。"（《二月二日宴中贻同年封先辈渭》）

放榜地点在唐代的不同时期有变化。《唐摭言》载："进士旧例于都省考试，南院放榜。张榜墙乃南院东墙也。别筑起一堵，高丈余，外有墙垣，未辨色，即自北院将榜就南院张挂之。"唐代进士榜"必以夜书，书必以淡墨。或曰名第者阴注阳受，以淡墨书，若鬼神之迹也。"（《夜航船》）。

新及第的进士由礼部移交吏部，之后要经过吏部的考试（关试）才能具备入仕做官的资格。关试之后称为前进士。《唐摭言》载："吏部员外，其日于南省试判两节。诸生谢恩。其日称'门生'，谓之'一日门生'。自此方属吏部矣。"录取通知书名曰"金花帖子"（榜帖），"唐制，进士登第者，主文以黄花笺，长五寸许，阔半之。书其姓名，花押其下，护以大帖，又书姓名于帖面"（《云麓漫钞》）。"金花帖子"也称为"喜信"，"新进士每及第，以泥金书帖子，附于家书中，至乡曲姻戚，例以声乐相庆"（《开元天宝遗事》）。

放榜之后至关试之前，有闻喜宴，"唐时礼部放榜之后，醵饮于曲江，号曰'闻喜宴'"（南宋李焘《续资治通鉴长编》）。闻喜宴上，有皇帝御赐进士红绫饼餤（即饼餤以红绫裹之）的习俗，如有文献载："唐御膳以红绫饼餤为重。昭宗光化中，放进士榜，得裴格等二十八人，以为得人。会燕曲江，乃令太官特作二十八饼餤赐之。卢延让在其间。后入蜀为学士。既老，颇为蜀人所易。延让诗素平易近俳，乃作诗云：'莫欺零落残牙齿，曾吃红绫饼餤来。'"（叶梦得《避暑录话》）通过关试后则有关宴，又称离会，如文献载："大燕于曲江亭子，谓之'曲江会'。曲江大会在关试后，亦谓之'关宴'。"（《唐摭言》）

在唐代，闻喜宴和关宴这两个意义非凡的宴会都在曲江之滨举行。大中八年（854），高龄考生刘沧终于登进士第，诗云："及第新春选胜游，杏园初宴曲江头。紫毫粉壁题仙籍，柳色箫声拂御楼。雾景露光明远岸，晚空山翠坠芳洲。归时不省花间醉，绮陌香车似水流。"（《及第后宴曲江》）此外，曲江流饮、杏园关宴、雁塔题名、乐游登高都在曲江进行。

举行关宴之时盛况空前，四海之内水陆之珍毕备，如《唐摭言》卷三所载："曲江之宴，行市罗列，长安几于半空。"又云"曲江亭子，安、史未乱前，诸司皆列于岸浒；幸蜀之后，皆烬于兵火矣，所存者唯尚书省亭子而已。进士关宴，常寄其间。既彻馔，则移乐泛舟，率为常例。宴前数日，行市骈阗于江头"。此际正值春暖花开、春光烂漫的大好时节，正与人生中高光时刻（考中进士）的快意心境相契合。此时也是王公贵族择婿的最佳时段，择婿车络绎不绝，如《唐摭言》卷三所载："其日，公卿家倾城纵观于此，有若中东床之选者，十八九钿车珠鞍，栉比而至。"又云："公卿家率以其日拣选东床，车马阗塞，莫可殚述。"

凡事都有例外，正所谓"福兮祸所依"。

开元五年（717），新科进士计三十人，但他们在曲江乘船宴游时发生了重大事故。

三十名进士全部葬身曲江。

据传在事故发生前，已经有异象发生，如文献载，"开元五年春，司天奏：'玄象有眚见，其灾甚重。'玄宗震惊，问曰：'何祥？'对曰：'当有名士三十人同日冤死，今新及第进士正应其数。'其年及第李蒙者，贵主家婿，上不言其事，密戒主曰：'每有大游宴，汝爱婿可闭留其家。'主居昭国里，时大合乐，音曲远畅，曲江涨水，联舟数艘，进士毕集。蒙闻，乃逾垣奔走，群众悁望。才登舟，移就水中，画舸平沉，声伎、篙工不知纪极，三十进士无一生者"（张鷟《朝野佥载》）。

除了宴饮，新科进士还有其他重要的活动要参加，比如看佛牙（即往慈恩寺、庄严寺、崇圣寺、保寿寺、定水寺、兴福寺、荐福寺等处参拜佛牙舍利）和雁塔题名。《唐摭言》卷二称："进士题名，自神龙之后，过关宴后，率皆期集于慈恩塔下题名。"

有的新科进士甚至还会光顾平康坊，狎妓冶游、眠花宿柳，如文献载："长安有平康坊，妓女所居之地。京都侠少萃集于此，兼每年新进士以红笺名纸，游谒其中。时人谓：'此坊为风流薮泽。'"（《开元天宝遗事》）平康坊位于今西安城南和平门外至建西街、建东街以及东濠村与标新街之间，该区域南北长五百米，东西宽一千多米。平康坊中的南曲（前曲）、中曲、北曲为妓女聚居之所。

开元十七年（729）科考的主试官是严挺之。此时，孟浩然曾经干谒并有深交的张说被任命为尚书右丞相、集贤院学士，不久接替源乾曜任尚书左丞相。

严挺之（673—742），华州华阴（今陕西华阴县）人，进士出身，曾任义兴尉、右拾遗、给事中、濮州刺史、汴州刺史、尚书左丞。严挺之的儿子严武（726—765）是杜甫自乾元二年（759）辞官后从秦陇流落蜀地期间的最重要的朋友。杜甫曾入严武幕府任检校工部员外郎。严武性格暴躁，史料载："武，字季鹰。幼豪爽。母裴不为挺之所容，独厚其妾英。武始八岁，怪问其母，母语之故。武奋然以铁锤就英寝，碎其首。左右惊白挺之曰：'郎戏杀英。'武辞曰：'安有大臣厚妾而薄妻者，儿故杀之，非戏也。'父奇之，曰：'真严挺之子！'"（《新唐书》）

不幸的是，开元十七年（729）这次科考孟浩然落榜了。此时，长安的春天对于孟浩然来说过于寒冷了。

这一年的状元是王正卿。唐代我们所熟知的诗人和书法家里中过状元的有贺知章（695）、张九龄（702）、王维（721）、柳公权（808）。唐代状元中最喜欢喝茶且对茶文化（茶道）的研究和推广有重大贡献的是张又新，他撰有《煎茶水记》（成书于825年左右）。继中解元、会元之后，张又新于唐宪宗元和九年（814）又中状元，属于非常罕见的"连中三元"。据考，中国科举史上只有不到二十人是连中解元、会元和状元的。

此次科举失败，对于一贯洒脱、放旷的孟浩然来说确实是天大的打击。以至于他在此后总会想起这一不幸的时刻，如某次诗云："犹怜不才子，白首未登科。"（《陪卢明府泛舟回作》）

名落孙山、入仕无望，对于已经四十岁的"高龄考生"且"壮志逐年衰"的孟浩然而言确实难以接受。此时的孟浩然郁闷无比，情绪极其低落。

在此，我们可以比照一下在四十多岁时两次落榜而一夜起坐九次长吁短叹的孟郊（751—814），如其诗云："晓月难为光，愁人难为肠。谁言春物荣，独见叶上霜。雕鹗失势病，鹪鹩假翼翔。弃置复弃置，情如刀剑伤。"（《落第》）又云："一夕九起嗟，梦短不到家。两度长安陌，空将泪见花。"（《再下第》）

孟郊比孟浩然幸运！在两次落第之后，贞元十二年（796）孟郊第三次参加科举。四十五岁的他终于登第，算是"笑到了最后"。对放榜之日狂喜不已的心情以及往日艰难的境遇，孟郊诗中有淋漓尽致的描摹："昔日龌龊不足夸，今朝放荡思无涯。春风得意马蹄疾，一日看尽长安花。"（《登科后》）

至于孟浩然此次落榜的原因，当然与竞争的激烈程度直接关联，同时也与孟浩然的直率、不羁、随意、散漫、任性的性格不无关系。此外，交际应酬能力、朋友圈的层次以及对应制诗、干谒诗文的熟练运用能力也至关重要。

另外，通过笔记小说以及相关记载得知，孟浩然有一个比较严重的缺陷，就是临场发挥不好，甚至总在重大节点上错过绝好的时机。这显然与一个人的性格有关。

本质上，孟浩然是一个"地方诗人"。他并不擅长应制诗和干谒诗等正规、方正、典雅、功利、机巧、浮夸、逢迎而缺乏创造风格和个人精神品质的模式化写作。

省题诗，为唐宋时期进士应省试按尚书省所出题目而作的诗，即"考官以古人诗句命题，尾字属平，全押在第二韵上，不拆破者，并用全句对全句"（宋代俞成《萤雪丛说》）。孟浩然诗才一流，但不擅于应试作诗却是他一大缺陷。《韵语阳秋》指出："省题诗自成一家，非他诗比也。首韵拘于见题，则易于牵合，中联缚于法律，则易于骈对，非若游戏于烟云月露之形，可以纵横在我者也。王昌龄、钱起、孟浩然、李商隐辈皆有诗名，至于作省题诗，则疏矣。王昌龄《四时调玉烛诗》云：'祥光长赫矣，佳号得温其。'钱起《巨鱼纵大壑诗》云：'方快吞舟意，尤殊在藻嬉。'孟浩然《骐骥长鸣诗》云：'逐逐怀良驭，萧萧顾乐鸣。'李商隐《桃李无言诗》云：'夭桃花正发，秾李蕊方繁。'此等句与儿童无异，以此知省题诗自成一家也。"

《韵语阳秋》为南宋时期的葛立方（？—1164）所撰，其中所用的很多材料都不太准确。他所谈到的孟浩然所作省题诗《骐骥长鸣诗》以及"逐逐怀良驭，萧萧顾乐鸣"一句显然是张冠李戴。

该诗的作者是唐代的另一位诗人章孝标。

有马骨堪惊，无人眼暂明。

力穷吴坂峻，嘶苦朔风生。

逐逐怀良御，萧萧顾乐鸣。

瑶池期弄影，天路拟飞声。

皎月谁知种，浮云莫问程。

盐车今愿脱，千里为君行。

——章孝标《省试骐骥长鸣》

章孝标（791—873），字道正，睦州桐庐人，元和十四年（819）中进士，曾任山南道从事、大理寺评事、秘书省正字。中进士后，他感觉自己已经今非昔比了，所以不免有炫耀的轻浮之举。他当时写给朋友李绅的诗就是一个有力的证据，其诗云："及第全胜十政官，金鞍镀了出长安。马头渐入扬州郭，为报时人洗眼看。"（《及第后寄李绅》）李绅（772—846），进士及第，曾任国子助教，江州、滁州、寿州、汴州等州刺史，宣武军节度使，宋亳汴颖观察使，中书侍郎，同平章事，尚书右仆射，门下侍郎，淮南节度使等职。李绅看不惯章孝标此等轻浮之举，于是作诗回复，毫不留情地批评了章孝标："假金只用真金镀，若是真金不镀金。十载长安得一第，何须空腹用高心。"（《答章孝标》）

纵观孟浩然的一生，他从未主动去迎合世俗和改变自己的诗风，而是一味钟情于五言诗的创作。《唐音癸签》载："孟襄阳才不足半摩诘，特善用短耳。其景色恒傅情而发，故小胜也；其气先志而索，故大不胜也。然偏师而出者，犹轻当于众志而脍炙艺林。"所以即便是写干谒诗，他在洞庭湖写给宰相张说的诗也是独树一帜，尽领风骚而力压同代的其他大诗人。显然，这也是孟浩然独立写作不为当时主流宫廷诗人和京城文人圈子所真正接受的原因所在，尽管孟浩然的诗歌才能之高也曾震动了京城。宇文所安指出："（孟浩然）在这种正规风格方面的修养极差，而他在讲十考试和寻求援引方面的失败，说明了在个人诗歌才能和对于纯熟技巧的功利赏识之间，有着很大的差异。"（《盛唐诗》）但也正是因为独立、自主和自由的写作，孟浩然超越了同时代的很多诗人而成为唐诗的重要高峰之一。

也许，孟浩然在长安时期最重要的收获就是结识了一些新朋友，约见了一些老友，包括我们熟知的王维、王昌龄、贺知章、张说、袁仁敬、綦毋潜、远上人等。

孟浩然毕竟是社会大熔炉中的一分子，对于落第，他久久不能释怀。

随着天气渐渐转凉，悲秋之意和失落之感与日俱增，不觉流露在他的诗中："久废南山田，叨陪东阁贤。欲随平子去，犹未献甘泉。枕籍琴书满，褰帷远岫连。我来如昨日，庭树忽鸣蝉。促织惊寒女，秋风感长年。授衣当九月，无褐竟谁怜。"（《题长安主人壁》）

值得注意的，是孟浩然这首诗中提到的"东阁"。

"东阁招贤"出自公孙弘之事，见《汉书》所载："弘自见为举首，起徒步，数年至宰相封侯，于是起客馆，开东阁以延贤人，与参谋政。"可见，"东阁"往往代指宰相招致、款待宾客的地方。这样看来，孟浩然所说的这位"长安主人"就非同一般了。如果说此人是张说也大体可信。张说乃开元时期的名相，分别于景云二年（711）、开元十三年（725）和开元十七年（729）三次拜相，而他与孟浩然的交情又很深。

在绵绵无尽的秋雨中，久滞秦地的孟浩然已经彻底心灰意冷，苦苦读书习诗几十年竟然一事无成，离开伤心之地已是必然的选择了。如其诗云："为学三十载，闭门江汉阴。明扬逢圣代，羁旅属秋霖。岂直昏垫苦，亦为权势沈。二毛催白发，百镒罄黄金。泪忆岘山堕，愁怀湘水深。谢公积愤懑，庄舄空谣吟。跃马非吾事，狎鸥真我心。寄言当路者，去矣北山岑。"（《秦中苦雨思归，赠袁左丞、贺侍郎》）

关于孟浩然此次何时离京回襄阳，一般的说法是开元十七年冬，也有认为是次年，即开元十八年冬离开的。

《秦中苦雨思归，赠袁左丞、贺侍郎》中的"袁左丞"和"贺侍郎"分别指袁仁敬和贺知章。他们都是孟浩然的好友。

贺知章在开元十三年（725）四月由太常少卿升任礼部侍郎、集贤院学士。开元十四年四五月间，贺知章又由礼部侍郎改任工部侍郎。由此可见，孟浩然羁留关中是在725年四月之后。据《旧唐书·本纪》所载，开元十四年秋"十五州言旱及霜，五十州言水，河南、河北尤甚，苏、同、常、福四州漂坏庐舍，遣御史中丞宇文融检覆赈给之"；开元十五年秋，"鄜州洛水泛涨，坏人庐舍。辛卯，又坏同州冯翊县廨宇，及溺死者甚众"，"是秋，六十三州水"。

关于贺知章与孟浩然的交好程度，我们可以看看唐代另一位诗人张祜的说法："一闻周召佐明时，西望都门强策羸。天子好文才自薄，诸侯力荐命犹奇。贺知章口徒劳说，孟浩然身更不疑。唯是胜游行未遍，欲离京国尚迟迟。"（《寓怀寄苏州刘郎中》）

关于孟浩然在长安的困顿经历，我们可以看看《旧唐书·文苑传》的记载："年四十，来游京师，应进士，不第，还襄阳。"此次科举失败也更坚定了孟浩然的归隐之意，尽管此时仍心有不甘。在长安时，孟浩然时时前往山中寻友问道，其归隐之意日甚一日，作有诗云："一丘常欲卧，三径苦无资。北土非吾愿，东林怀我师。黄金燃桂尽，壮志逐年衰。日夕凉风至，闻蝉但益悲。"（《秦中感秋寄远上人》）

在长安期间，孟浩然拜访过不少的僧道和隐士，比如到终南山翠微寺拜访空上人并留宿寺中。

翠微终南里，雨后宜返照。

闭关久沉冥，杖策一登眺。

遂造幽人室，始知静者妙。

儒道虽异门，云林颇同调。

两心相喜得，毕景共谈笑。

暝还高窗眠，时见远山烧。

缅怀赤城标，更忆临海峤。

风泉有清音，何必苏门啸。

——孟浩然《宿终南翠微寺》

　　孟浩然此次显然在到长安之前就已经到过了吴越和浙东，时间即在开元十六年（728）秋之前。其中的"赤城标"和"临海峤"都与浙江有关。

　　"赤城标"所指是土石的颜色赤红而状如城堞的山，在今浙江省天台县北，为天台山南门。孙绰《游天台山赋》云"赤城霞举而建标"。支遁《天台山铭序》载："往天台，当由赤城山为道径。"孔灵符《会稽记》载："赤城，山名。色皆赤，状似云霞。"李白《梦游天姥吟留别》曰："天姥连天向天横，势拔五岳掩赤城。""临海峤"与临海（今为浙江省台州市代管县级市临海市）有关。《太康地记》载："以地临海峤为名。"《赤城县志》称："取郡东北临海山而名。"

　　临海位于浙江沿海中部，东临东海、西接仙居、南连黄岩、北靠天台。临海晋代属临海郡，隋代属处州、永嘉郡，唐代称海州、台州、临海郡等。唐开元二十一年（733）时属江南东道。

　　翠微寺在贞观时期名为翠微宫，位于现在西安长安区沣峪滦镇南浅山上的黄峪寺村，当年唐太宗曾到此避暑。孟浩然的好友李白也曾登临翠微寺，作有诗云："初登翠微岭，复憩金沙泉，践苔朝霜滑，弄波夕月圆，饮彼石下流，结萝宿溪烟，鼎湖梦渌水，龙驾

空茫然。"(《答长安崔少府叔封游终南翠微寺太宗皇帝金沙泉见寄》)

729 年的岁末，于一年中最为萧瑟、苦寒的时节，孟浩然回到了故园南山。

我们来感受一下当时孟浩然满怀的难以排遣的萧瑟之感。

> 北阙休上书，南山归敝庐。
>
> 不才明主弃，多病故人疏。
>
> 白发催年老，青阳逼岁除。
>
> 永怀愁不寐，松月夜窗虚。
>
> ——孟浩然《岁暮归南山》

此诗题，有的版本作《岁暮归终南山》或《归终南山》。如果是"终南山"的话，诗题与正文的语境不符。尽管此时已经快到除夕佳节了，但年已四十岁而功名无望的孟浩然内心充满了怨怼。

第十章

"终于布衣"与"赋诗忤上"

唐代殷璠在《河岳英灵集》中对孟浩然的诗才评价甚高，对其布衣一生的坎坷遭遇更是抱不平："余尝谓祢衡不遇，赵壹无禄，其过在人也。及观襄阳孟浩然，磬折谦退，才名日高，天下籍甚。竟沦落明代，终于布衣，悲夫！浩然诗，文彩丰茸，经纬绵密，半遵雅调，全削凡体。至如'众山遥对酒，孤屿共题诗'，无论兴象，兼复故实。又'气蒸云梦泽，波撼岳阳城'，亦为高唱。"

唐代官员分九品，每品又分正、次两个级别。官员的制服为圆领袍衫，按品级有严格的颜色区别：三品以上紫色，四品深绯，五品浅绯，六品深绿，七品浅绿，八品深青，九品浅青。对此，《唐会要·舆服》记载，"贞观四年八月十四日诏曰：冠冕制度，以备令文，寻常服饰，未为差等。于是三品已上服紫，四品、五品已上服绯，六品、七品以绿，八品、九品以青。妇人从夫之色，仍服通黄。至五年八月十一日敕，七品以上服龟甲双巨十花绫，其色绿；九品以上服丝布及杂小绫，其色青。至龙朔二年九月二十三日。孙茂道奏称：'准旧令六品、七品着绿，八品、九品着青，深青乱紫，非卑品所服。望请改。八品、九品着碧"。

官服的材质也比较多样，有绢、绫、锦、罗、纱、绮、绸等。三品以上官员佩金鱼袋、金鱼符，五品以上佩银鱼袋、银鱼符，六品以下无鱼袋、鱼符。武则天改鱼袋、鱼符之名为龟袋、龟符。《朝野金载》载："汉发兵用铜虎符。及唐初，为银兔符……至伪周，武姓也，玄武，龟也，又以铜为龟符。"由此，我们就想到了贺知章以金龟换酒赏识李白的故事。对此，李白回忆道："太子宾客贺公，于长安紫极宫一见余，呼余为'谪仙人'，因解金龟换酒为乐。殁后对酒，怅然有怀，而作是诗。"（《对酒忆贺监·序》）

白衣、麻衣以及布衣所指代的都是庶民百姓以及没有功名的读书人。

普通人所着衣服基本为麻葛布缝制而成，为白色或黄色，即"庶人服黄"。读书人一旦考中进士则从此不再穿麻衣，身份和社会地位也自是有了霄壤之别。

我们先来看看孟浩然的简历。

孟浩然（689—740），名浩，字浩然，襄州襄阳（今湖北襄阳）人，世称"孟襄阳"。因为孟浩然一生没有功名，未曾入仕（只短暂做过宋鼎和张九龄幕府的僚属），又隐居鹿门山，因而又被称为"孟山人"。

襄阳自古山川殊胜，人杰地灵，孟浩然才华出众又赶上了开元盛世，所以晚唐的皮日休在乱世中不无羡慕地称道："开元文物盛，孟子生荆岫。"

孟浩然出生于襄阳薄有恒产的书香之家，除了出生年份为689年，具体的出生月份我们已经无从查考了。孟浩然出生的这一年处于唐睿宗永昌元年（689年正月至十一月）以及武则天载初元年（689年十一月至690年八月）。

古代的很多名人出生时都有所谓的异兆，有的可能属实，有的就是时人以及后人的道听途说和穿凿附会了。据传，武则天出生时雌野鸡鸣叫不已，虞允文出生之时户外有异光，滕元发的母亲梦到老虎在月中行走，王承肇的母亲则梦到周公山神牵着五色神兽。

除此之外，《新唐书》载："白之生，母梦长庚星，因以命之。"而"妙笔生花"这一成语也来自李白，即李白在少年时的一个夜里梦见自己笔头生花，"后天才赡逸，名闻天下"（见《云仙杂记》《开元天宝遗事》《唐才子传》）。张九龄出生前，他母亲梦见九只鹤从天而降翩翩起舞于庭前，因为鹤寓意长寿，于是给其起名九龄，字子寿。而三次出任宰相的张说，其母曾梦到一只玉莺自东南方飞来而投入怀中，因而有孕。至于孟浩然的母亲是不是像李白和张九龄的母亲那样，在孩子出生前后做了非同一般的梦，我们就无从知晓了。

孟浩然的父亲我们大体可以称之为有一定产业的乡绅，同时也是一个读书人。父亲给他起名"浩然"就体现了儒家传统思想，也是孟浩然所说的"家世重儒风"的反映。"浩然"一词出自《孟子·公孙丑上》："我知言，我善养吾浩然之气。"从这一名字可知孟浩然被家族赋予了很高的期望：不求有志用世、大富大贵，只求一身正气、刚直不阿。而观其一生，孟浩然着实践行了"浩然"这一高洁的品行，真正是名如其人、诗如其人。孟浩然从小就好节义，喜振人于患难，这正是家教、家风使然。根据同乡王士源的记述，孟浩然"骨貌淑清，风神散朗。救患释纷，以立义表；灌蔬艺竹，以全高尚。交游之中，通脱倾盖，机警无匿"。大体而言，孟浩然长相清爽脱俗、举止洒脱，为人好义、直率、真挚、通脱、放情。此外，孟浩然还精通于种菜、养竹。

孟浩然在写于三十岁之际的一首诗中描述过自己的家世（孔孟之后）、家教（家风）以及年迈的父母：

维先自邹鲁，家世重儒风。

诗礼袭遗训，趋庭沾末躬。

昼夜常自强，词翰颇亦工。

三十既成立，嗟吁命不通。

慈亲向羸老，喜惧在深衷。

甘脆朝不足，箪瓢夕屡空。

执鞭慕夫子，捧檄怀毛公。

感激遂弹冠，安能守固穷。

当途诉知己，投刺匪求蒙。

秦楚邈离异，翻飞何日同。

——孟浩然《书怀贻京邑同好》

有论者认为孟浩然写这首诗的时候是三十七岁，那么他的父母至少也五十岁了。此时的孟浩然仍在寻求进用的种种途径。诗中提到的"投刺"，即投递名帖，相当于投递自荐书。关于被"投刺"之人的态度，北魏杨衒之《洛阳伽蓝记·景宁寺》称："或有人慕其高义，投刺在门，元慎称疾高卧。"

值得注意的是，孟浩然在《书怀贻京邑同好》一诗中一直强调的是母亲，因为"箪瓢夕屡空"和"捧檄怀毛公"所用的典故都出自东汉时期毛义为母求仕的故事。毛义幼年丧父，与母亲相依为命，极其孝顺，割股疗疾的故事就来自于他。朝廷被其孝行感动而封其为安阳县令。其母死后，毛义即辞去了官职归隐山野。由此，可见孟浩然的矛盾心情——一直在出世和入世、儒家和道家之间纠结。实际上，孟浩然早有隐居之意，但为了报答父母又不能不读书、投刺、求仕。

孟浩然写《夕次蔡阳馆》时已近五十岁，诗云："日暮马行疾，城荒人住稀。听歌知近楚，投馆忽如归。鲁堰田畴广，章陵气色微。明朝拜嘉庆，须著老莱衣。"通过诗句"明朝拜嘉庆，须著老莱衣"，可知此时其父母健在（一说孟浩然的父亲去世稍早一些），已是长寿之人了。拜嘉庆，又称拜家庆、家庆，即久别归家省亲。宋代葛立方《韵语阳秋》卷十云："唐人与亲别而复归，谓之'拜家庆'。"老莱子是春秋时期著名的隐士，也是道家代表人物。尽管他的生卒年存疑（约前599—约前499），但是他是非常高寿的，至少活到了八十岁。在他七十多岁的时候，父母都还在世，为了逗二老开心，老莱子穿上五彩衣并做婴儿的各种动作，详见文献所载："老莱子孝养二亲，行年七十，婴儿自娱，著五色彩衣。尝取浆上堂，跌仆，因卧地为小儿啼，或弄乌鸟于亲侧。"（《艺文类聚》）这也就是后世所知的"二十四孝"中"老莱子戏彩娱亲"的故事。

目前所知的孟浩然之从弟（堂弟）有孟邕、孟谔（一作孟愕）。孟浩然在家族中排行第六，所以称孟六，而以往诗歌版本中存在将其误为孟大或孟八的情况。

在此，提一下孟浩然的胞弟孟洗然。

> 吾与二三子，平生结交深。
>
> 俱怀鸿鹄志，昔有鹡鸰心。
>
> 逸气假毫翰，清风在竹林。
>
> 达是酒中趣，琴上偶然音。
>
> ——孟浩然《洗然弟竹亭》

孟浩然与弟弟孟洗然一起闭门读书，时常习剑。孟浩然诗云："少小学书剑，秦吴多岁年。"（《伤岘山云表观主》）这不由让我们想到同时代的李白，他自称"十五好剑术，遍干诸侯"（《与韩荆州书》）。读书、习剑是很多盛唐诗人的基本功课。青年时期，孟浩然在诗歌、辞赋创作上颇下了一些功夫，甚至到了不分昼夜的地步。

对于孟浩然而言，随着岁月无情地流逝，其蹉跎之感日甚一日，在他看来自己已经到了"书剑两无成"的尴尬境地。

孟浩然谈论弟弟的诗不多，在其弟参加进士考试的时候孟浩然写有送别诗：

> 献策金门去，承欢彩服违。

以吾一日长，念尔聚星稀。

昏定须温席，寒多未缀衣。

桂枝如已擢，早逐雁南飞。

——孟浩然《送洗然弟进士举》

　　孟浩然在《洗然弟竹亭》以及《送莫甥兼诸昆弟从韩司马入西军》两诗中都提到了鹡鸰。

　　鹡鸰俗称张飞鸟，在古代，它往往用来代指兄弟间手足情深和"昆季相乐"（长为昆，幼为季）。

　　董其昌的临本《鹡鸰颂》现藏于台北故宫博物院。唐玄宗借庭前数千只鹡鸰表达了兄弟五人的手足之情。其在《鹡鸰颂》中如此写道："朕之兄弟，唯有五人，比为方伯，岁一朝见。虽载崇藩屏，而有睽谈笑，是以辍牧人而各守京职。每听政之后，延入宫掖，申友于之志，咏《棠棣》之诗，邕邕如，怡怡如，展天伦之爱也。秋九月辛酉，有鹡鸰千数，栖集于麟德殿之庭树，竟旬焉。飞鸣行摇，得在原之趣。昆季相乐，纵目而观者久之，逼之不惧，翔集自若。"

　　唐玄宗在兄弟六人中排行老三（称三郎），其中老六李隆悌（692—702）只活了十岁，所以在典籍中我们看到的常常是"五王"相聚、骑游和饮酒的场面。李隆基登基后也不忘兄弟之情，甚至于殿中置一特大帐篷以便五兄弟同寝，号称"五王帐"（《明皇杂录》）。

　　元代画家任仁发（1254—1327）创作的《五王醉归图》对"五王"的手足之情有直观而生动的展现。《五王醉归图》刻画的是李隆基（685—762）以及宋王李宪（679—742）、申王李捴（李㧑，683—724）、岐王李范（686—726）、薛王李业（？—735）兄弟五人分别乘名马照夜白、乌骓马、玉花骢、黄骢骠、九花虬出游而醉归的场面。画面中除了五兄弟外，余下四人为随从仆役。2020 年 10 月 8 日，在香港苏富比古代书画拍卖中，《五王醉归图》以 3.065 亿元港币（折合约 2.7 亿元人民币）成交。

孟浩然还有一个妹妹，嫁给莫氏，但莫氏去世得很早。其外甥曾参军赴边地。

> 念尔习诗礼，未曾违户庭。
>
> 平生早偏露，万里更飘零。
>
> 坐弃三牲养，行观八阵形。
>
> 饰装辞故里，谋策赴边庭。
>
> 壮志吞鸿鹄，遥心伴鹡鸰。
>
> 所从文且武，不战自应宁。
>
> ——孟浩然《送莫甥兼诸昆弟从韩司马入西军》

在唐代，男子结婚的年龄除了极特殊情况外基本不会晚于二十岁。唐景龙二年（708）孟浩然二十岁。差不多在此前，孟浩然已结婚。贞观元年（627）规定是男二十、女十五以上可婚配，而开元二十二年（734）时，男十五、女十三以上就可以婚娶。

孟浩然的墓碑早已不知所终，所以关于他妻子的情况，我们一无所知。至于后人穿凿附会的孟浩然与歌妓韩襄客的爱情故事，确属无稽之谈。

按照《孟氏族谱》，孟浩然为孟子的第三十三代孙。

孟浩然有二子，即孟云卿和孟庭玢（其子为孟郊）。孟云卿有两子，长子曰简，次子曰华，二子都没有后代，所以把孟庭玢的孙子——孟郊之子孟常谦作为孟轲的第三十六代孙。孟常谦有二子，长子曰遵庆，次子曰元阳。遵庆有一子，曰孟琯，琯有二子，长子曰方立，次子曰方迁，他们是孟轲的第三十九代孙。至于说孟庭玢（曾任昆山县尉，妻子裴氏）为孟浩然的次子，此说有争议。如果此说成立的话，那么中唐时期的大诗人孟郊（751—814）就是孟浩然的孙子。

孟浩然一生布衣，没有功名。在唐代科举取士的背景下，如果一个读书人不能中举进仕几乎是难以容身于社会的，更会遭遇世俗的白眼和冷遇。

除了依托正史（官史）和一些笔记杂谈，就唐代诗人来说，我们往往还要借助其诗作来考证他的大致生平，也就是人们常说的"以诗为证"。

关于孟浩然一生未能入仕的原因，我们可以先看看《新唐书》的记载："孟浩然，字浩然，襄州襄阳人。少好节义，喜振人患难，隐鹿门山。年四十，乃游京师。尝于太学赋诗，一座嗟伏，无敢抗。张九龄、王维雅称道之。维私邀入内署，俄而玄宗至，浩然匿床下，维以实对，帝喜曰：'朕闻其人而未见也，何惧而匿？'诏浩然出。帝问其诗，浩然再拜，自诵所为，至'不才明主弃'之句，帝曰：'卿不求仕，而朕未尝弃卿，奈何诬我？'因放还。"

这就是在后世流传甚广的孟浩然"赋诗忤上"和"因诗获罪"的故事。这一故事显然很大程度带有虚构和杜撰的成分，"这段轶事几乎可以确定是伪造的，但它仍然成为孟浩然传奇的一部分"（宇文所安《盛唐诗》）。明代胡震亨早就指出："孟襄阳伴直，从床底出见明皇，有诸乎？果尔，不逮坦率宋五远矣。令人主一见，意顿尽，何待诵诗始决也。"（《唐音癸签》）

这个浑身散溢着超凡才华的诗人却不为朝廷录取和重用，也正开解了千百年来怀才不遇的文士和诗人的愤懑心理。最起码面对孟浩然怀才不遇的遭遇，他们也得到了不同程度的宽慰、疏解以及精神疗愈，因为自认为能够超越孟浩然人格和诗品的后世诗人必定不多见。

比《新唐书》成书更早的唐末五代王定保（870—940）所撰的《唐摭言》对孟浩然"无官受黜"故事的记述大体与前者相仿："襄阳诗人孟浩然，开元中颇为王右丞所知。句有'微云淡河汉，疏雨滴梧桐'者，右丞吟咏之，常击节不已。维待诏金銮殿，一旦，召之商较风雅，忽遇上幸维所，浩然错愕伏床下，维不敢隐，因之奏闻。上欣然曰：'朕素闻其人。'因得诏见。上曰：'卿将得诗来耶？'浩然奏曰：'臣偶不赍所业。'上即命吟。浩然奉诏，拜舞念诗曰：'北阙休上书，南山归敝庐。不才明主弃，多病故人疏。'上闻之怃然，曰：'朕未曾弃人，自是卿不求进，奈何反有此作？'因命放归南山。终身不仕。"

《唐摭言》和《新唐书》关于孟浩然的这两段文字都着重谈到了孟浩然和王维的交往以及孟浩然不能进仕的原因，即"诗句忤旨"（何文焕《历代诗话索考》）。

大体就是说，有一天王维私自邀请孟浩然来"内署"（翰林院），没承想唐玄宗突然进来，情急之下孟浩然藏到床下。王维也是推荐孟浩然心切，于是说出了实情。唐玄宗为了考察孟浩然的才华，自然是要求其当场赋诗（念诗）一首。偏偏孟浩然选诗不当，尤其是他所吟的那句"不才明主弃"一下子就惹怒了唐玄宗。

孟浩然遇唐玄宗的这个故事至少有四个版本，不同之处就是把王维的角色分别置换成了同时代的李白、张说以及李丞相。

孙光宪（901—968）的《北梦琐言》卷七记有孟浩然与李白交

往以及孟浩然因诗失意之事："唐襄阳孟浩然，与李太白交游。玄宗征李入翰林，孟以故人之分，有弹冠之望。久无消息，乃入京谒之。一日，玄宗召李入对，因从容说及孟浩然。李奏曰：'臣故人也，见在臣私第。'上急令召赐对，俾口进佳句。孟浩然诵诗曰：'北阙休上书，南山归敝庐。不才明主弃，多病故人疏。'上意不悦，乃曰：'未曾见浩然进书、朝廷退黜。何不云"气蒸云梦泽，波动岳阳城"？'缘是不降恩泽，终于布衣而已。"

显然，与李白有关的这个版本是杜撰的，因为李白入翰林院是在天宝二年（743）左右，而孟浩然在740年就已去世了。

李元纮（？—733），滑州白马（今河南滑县）人，曾任泾州司兵参军、雍州司户参军、好畤县令、润州司马、万年县令、京兆尹、户部侍郎等职。开元十四年（726）拜中书侍郎、同平章事。其拜相的时间大约三年，即开元十四年至开元十七年，与孟浩然入京考试时间大体相近。宋代阮阅编撰的《诗话总龟》卷三十一载，"孟浩然曾谒华山李相不遇，因留一绝而去曰：'老夫三日门前立，朱箔银屏昼不开。诗卷却抛书袋内，譬如闲看华山来。'一日，明皇召李对，说及浩然事，对曰：'见在臣私第。'急召，俾口进佳句，孟诵：'北阙休上书，南山归旧庐。不才明主弃，多病故人疏。'明皇不悦曰：'未尝见浩然进书朝廷退黜，何不云"气蒸云梦泽，波动岳阳城"？'由此不遇"。

这则故事所引的诗句"老夫三日门前立，朱箔银屏昼不开。诗卷却抛书袋内，譬如闲看华山来"并非出自孟浩然，而是出自唐代另一位诗人平曾（唐穆宗时人，生卒年不详），即他的《谒李相不遇》。

孟浩然遇玄宗之事，更多乃小说家之言，不可信，当作茶余饭后的谈资消遣解闷即可。但孟浩然的诗才之高曾名震京师应该是事实，如史料记载："闲游秘省，秋月新霁，诸英联诗，次当浩然，句曰：'微云淡河汉，疏雨滴梧桐。'举座嗟其清绝，咸以之搁笔，不复为缀。"（《唐诗纪事》）

　　关于此故事发生的地点一般认为是在秘省，即秘书省，如王士源《孟浩然集·序》所载："闲游秘省，秋月新霁，诸英华赋诗作会。浩然句曰：'微云淡河汉，疏雨滴梧桐。'举座嗟其清绝，咸搁笔不复为继。"另一种说法认为孟浩然不是在秘书省赋诗联句，而是在太学，如《新唐书》所载："年四十，乃游京师。尝于太学赋诗，一座嗟伏，无敢抗。"查看《全唐诗》，第一百零六卷中录有《新唐书》的这一断语。

卷
六

隐者肖像
与瘦削白衣人

第十一章
隐士文化："欲渡无舟楫"与"隐居不可见"

孟浩然与李白、杜甫、王昌龄、刘希夷、张若虚、常建、祖咏等属于唐代诗人中怀才不遇的代表，如《明皇杂录》所言："虽有文名，俱流落不偶，恃才浮诞而然也。"

说到"孟山人""孟处士"，我们就得提提孟浩然的隐居生活（"栖逸"）以及中国古代的隐士（征士）文化。

《新唐书·隐逸传》将隐士分为三类："上焉者，身藏而德不晦，故自放草野，而名往从之，虽万乘之贵，犹寻轨而委聘也；其次，挈治世具弗得伸，或持峭行不可屈于俗，虽有所应，其于爵禄也，泛然受，悠然辞，使人君常有所慕企，怳然如不足，其可贵也；末焉者，资槁薄，乐山林，内审其才，终不可当世取舍，故逃丘园而不返，使人常高其风而不敢加訾焉。且世未尝无隐，有之未尝不旌贲而先焉者，以孔子所谓'举逸民，天下之人归焉'。"

隐士文化是中国传统文化独特而又重要的一部分，正如闻一多所评价的："隐居本是那时代普遍的倾向，但在旁人仅仅是一个期望，至多也只是点暂时的调剂，或过期的赔偿，在孟浩然却是一个完完整整的事实。在构成这事实的复杂因素中，家乡的历史地理背景，我想，是很重要的一点。"（《唐诗杂论·孟浩然》）施蛰存则认为唐代的隐士文化与宋代以及后世有着明显的区别，其言："唐代所谓隐士，仅仅意味着此人没有功名，不像宋以后的隐士，根本不参加考试，不求功名，甚至韬光养晦，甘心使自己默默无闻，老死无人知道。"（《唐诗百话》）

但是有意思的是，自古以来的隐士文化一直是由"真隐"与"假隐"（"朝隐"）构成的，也就是说有些人所谓的隐居只是一种特殊的沽名钓誉的手段而已。

司马承祯与卢藏用都被列入"仙宗十友"，其他八位是陈子昂、李白、孟浩然、王维、贺知章、宋之问、王适、毕构。卢藏用（约664—约713），进士出身，曾任左拾遗、礼部侍郎、昭文馆学士，因依附太平公主而被流放岭南。司马承祯与这位"随驾隐士"卢藏用有过关于真隐与假隐的辩论，如文献载："卢藏用始隐于终南山中，中宗朝累居要职。有道士司马承祯者，睿宗遣至京。将还，藏用指终南山谓之曰：'此中大有佳处，何必在远！'承祯徐答曰：'以仆所观，乃仕宦捷径耳。'藏用有惭色。"（《大唐新语》）这也正是"终南捷径""南山捷径"之典的由来。

"买山隐"是"假隐"最具代表性的例子。

《世说新语·排调》载："支道林因人就深公买印山。深公答曰：'未闻巢、由买山而隐。'"此典又见《大正新修大藏经》卷五十："支遁遣使求买仰山之侧沃洲小岭，欲为幽栖之处。潜答云：'欲来辄给，岂闻巢、由买山而隐遁。'"为此，支道林羞惭不已——"遁得深公之言，惭恶而已"（《高逸沙门传》）。对此，李白有诗："巢父将许由，未闻买山隐。道存迹自高，何惮去人近。"（《北山独酌寄韦六》）

孟浩然对假隐文化深为不屑，而观其一生一直处于出仕和隐居的挣扎之中。

支遁初求道，深公笑买山。

何如石岩趣，自入户庭间。

苔涧春泉满，萝轩夜月闲。

能令许玄度，吟卧不知还。

——孟浩然《宿立公房》

　　孟浩然借用"支遁买山隐"的典故，道出了真隐的内涵。这位"深公"指的是东晋的高僧竺法深（286—374），又称竺道潜，"至年二十四，讲法华、大品，既蕴深解，复能善说，故观风味道者，常数盈五百"（《高僧传》）。孟浩然《宿立公房》一诗中还提到了东晋时期清谈家的领袖、一代文宗以及隐士许玄度（许询）。《世说新语》载："许玄度隐在永兴南幽穴中，每致四方诸侯之遗。或谓许曰：'尝闻箕山人似不尔耳！'许曰：'筐筐苞苴，故当轻于天下之宝耳！'"

　　说到文人与隐士文化的关系，我们自然会想到陶渊明，而其也正是孟浩然所仰慕的高标。孟浩然诗云："尝读高士传，最嘉陶徵君。日耽田园趣，自谓羲皇人。余复何为者，栖栖徒问津。中年废丘壑，上国旅风尘。忠欲事明主，孝思侍老亲。归来当炎夏，耕稼不及春。扇枕北窗下，采芝南涧滨。因声谢同列，吾慕颍阳真。"（《仲夏归汉南园寄京邑旧游》，诗题一作《仲夏归汉南园寄京邑耆旧》）诗中提到的"高士传"一说为皇甫谧所撰《高士传》，另一说为习凿齿所撰《逸人高士传》。

　　皇甫谧（215—282），安定郡朝那县（一说为今甘肃省灵台县）人，后徙居新安（今河南省新安县）。其为三国、西晋时期的著名文学家、医学家，被誉为"针灸鼻祖"，撰有《针灸甲乙经》《历代帝王世纪》《高士传》《逸士传》《列女传》。

习凿齿（317？—384？），襄阳人，撰有《汉晋春秋》《襄阳耆旧记》《逸人高士传》。其中《逸人高士传》有八卷，极其可惜的是早已散佚。

在唐代，很多山林中的寺庙、道观成为苦寒读书人绝佳的读书场所，此地环境清幽且不用为食宿发愁。早年的李绅就曾常年寄居在寺庙，但其生活遭遇并不好，这也为他发迹后严苛对待僧人之举埋下了伏笔。

唐末范摅所撰笔记体小说《云溪友议·江都事》对此事有详尽记载："初贫，游无锡惠山寺，累以佛经为文稿，致主藏僧殴打，终身所憾焉。后之剡川天宫精舍，凭笈而昼寝。有老僧斋罢，见一大蛇上刹前李树，食其子焉。恐其遗毒而人误食之，徐徐驱下。蛇乃望东序而去，遂入李秀才怀中，倏而不见矣。公乃惊觉。老僧曰：'秀才睡中有所睹否？'李公曰：'梦中上李树食李，甚美。似有一僧相逼。及寤，乃见上人。'老僧知此客非常，延归本院。经数年而辞赴举，将行，赠以衣钵之资，因喻之曰：'郎君身必贵矣。然勿以僧之尤过，贻于祸难。'及领会稽，僧有犯者，事无巨细，皆至极刑。唯忆无锡之时也，遂更剡川为龙宫寺额。嗟老僧之已逝，为其营塔立碑，平生之修建，只于龙宫一寺矣。"

孟浩然早年与好友张子容隐居鹿门山，流传颇广的《春晓》（诗题亦作《春晚》《春晚绝句》）就作于他二十多岁的时候。

"夜来风雨声，花落知多少"一下子就冲淡了"春眠不觉晓，处处闻啼鸟"的舒适、闲懒和惬意，而扩散出绵绵不已的惆怅、伤感以及清冷之意。《春晓》这首伫兴之作看起来明晓、易懂，其最明显的特点就是孟浩然并没有直接写景但是又处处见景。流沙河曾点评道："全是说的诗不容易写好。像孟浩然的《春晓》这首全是说的而又说得那样好的五言绝句实在很少。"（《流沙河诗话》）孟浩然这首看起来指向性很明确的诗却在后世引发了诸多不同的解读，比如明代人就近乎开玩笑地认为这是一首"盲子诗"，即瞎子写的诗。值得注意的是，到了宋代及明代，《春晓》这首诗的解读越来越多地渗入了禅宗文化，如《圆觉经》所言："居一切时不起妄念，于诸妄心亦不息灭，住妄想境不加了知，于无了知不辨真实。"又如觉浪道盛禅师（1592—1659）反用孟浩然的《春晓》云："昨宵偶得一境，见观音大士，相接甚欢，吟《自庆生》诗曰：'春眠不觉晓，处处闻啼鸟。夜来清梦中，花发知所少。'"（《天界觉浪盛禅师全录》卷七）

《春晓》在海外流传甚广，我们可以看汉学家唐安石（约翰·特纳，John Turner，1909—1971）的译本：

Dawn in Spring

How suddenly the morning comes in spring!
On every side you can hear the sweet birds sing.
Last night amidst the storm—Ah, who can tell,
With wind and rain, how many blossoms fell?

"隐居不可见"出自孟浩然的《梅道士水亭》：

> 傲吏非凡吏，名流即道流。
>
> 隐居不可见，高论莫能酬。

178

水接仙源近，山藏鬼谷幽。

再来迷处所，花下问渔舟。

　　孟浩然于开元二十五年（737）曾被张九龄召为幕府，但一年多之后便辞去。孟浩然辞去幕府的原因，大概包括养病、个人的性格以及迫切的思乡之情等。其中最重要的还是不能适应官场的劳累、烦琐以及蝇营狗苟，如其诗云："太虚生月晕，舟子知天风。挂席候明发，渺漫平湖中。中流见匡阜，势压九江雄。黯黮凝黛色，峥嵘当曙空。香炉初上日，瀑水喷成虹。久欲追尚子，况兹怀远公。我来限于役，未暇息微躯。淮海途将半，星霜岁欲穷。寄言岩栖者，毕趣当来同。"（《彭蠡湖中望庐山》）这首诗作于开元二十五年冬天，时孟浩然在张九龄幕府任上因公务从襄阳往扬州而途经彭蠡湖（鄱阳湖的古称，又称彭蠡泽、彭泽、彭湖、扬澜、宫亭湖）。其中可见孟浩然由泗入淮时行旅劳累的情形。

　　尽管孟浩然写下了大量的山水田园诗，也给后世留下了风流蕴藉、洒脱豪放的隐士形象，但其一生实则处于纠结之中，淡泊归隐和博功名出仕一直不可分解地扭结在他心底。著名诗人、学者闻一多就注意到了孟浩然的矛盾性格，他指出："诗是唐人排解感情纠葛的特效剂，说不定他们正因有诗作保障，才敢于放心大胆地制造矛盾，因而那时代的矛盾人格才特别多。自然，反过来说，矛盾愈深愈多，诗的产量也愈大了。孟浩然一生没有功名，除在张九龄的荆州幕中当过一度清客外，也没有半个官职，自然不会发生第一项矛盾问题。但这似乎就是他的一贯性的最高限度。因为虽然身在江湖，他的心并没有完全忘记魏阙。"（《唐诗杂论·孟浩然》）

　　李泽厚认为孟浩然有着《世说新语》里文人式的人格。在孟浩然的诗歌中确实能够看到《世说新语》中的山简、陶渊明、王羲之、王子猷、阮籍、张翰等诸多人物及其典故的影子，以及《任诞》《简傲》《雅量》《豪爽》《栖逸》所体现的魏晋风度和任诞之风。

就孟浩然而言，寻佛问道、寄情山水和归隐田园一直贯穿着他的一生。与此同时，我们又会看到另一个孟浩然。他"平生重交结"，与各级官僚频繁地交游和唱和，也时有干谒之举，"交游之中，通脱倾盖，机警无匿"（王士源《孟浩然集·序》）。与孟浩然交游的官僚阶层涉及丞相、中丞、侍郎、御史、都督、长史、刺史、侍御、司马、拾遗、明府、少府、主簿、判官、别驾、太祝、录事、校书、参军、记室、包户、起居、司士、司户等。孟浩然存世诗中交游、赠答、宴饮、唱和之作就有一百多首，而他流传下来的全部诗作才两百六十多首。由此可见，孟浩然并不是陶渊明那样的纯然隐士，他的性格中掺杂了儒家与道家、入仕和出世、鸿鹄志与归隐心、功利和超然、世情与自我等诸多难以消解的矛盾因子。

关于孟浩然的归隐，我们先来看看他的一首诗——《夜归鹿门歌》：

> 山寺钟鸣昼已昏，渔梁渡头争渡喧。
> 人随沙岸向江村，余亦乘舟归鹿门。
> 鹿门月照开烟树，忽到庞公栖隐处。
> 岩扉松径长寂寥，惟有幽人自来去。

在孟浩然这首关于隐居的诗中，鹿门山、鱼梁洲和庞德公在月夜与孟浩然发生了精神意义上的对话。更确切地说，这是隐者精神的再现和深度对话的结果。尤其是庞德公，他是孟浩然最为尊崇的隐者名士，这从孟浩然的诗中可见一斑，如"昔闻庞德公，采药遂不返"（《登鹿门山怀古》），"闻就庞公隐，移居近洞湖"（《寻张五回夜园作》），"何必先贤传，惟称庞德公"（《题张野人园庐》）。

鹿门山紧邻汉江，与岘山隔江相望。

鹿门山又称苏岭山，因寺而得名。文献载："鹿门山，旧名苏岭山。建武中，襄阳侯习郁立神祠于山，刻二石鹿，夹神道口。俗因谓之'鹿门庙'，遂以庙名山也。习郁为侍中时，从光武幸黎丘，与光武同梦见苏岭山神。光武嘉之，拜大鸿胪，录其前后功，封襄阳侯，使立苏岭之祠。"（《襄阳耆旧记》）

鹿门庙，即今天所说的鹿门寺。

鹿门山系大洪山余脉，最高海拔三百七十多米，位于襄阳城东南约三十里（今襄阳市襄州区城东南的东津镇境内）、宜城县东北约六十里处，附近还有霸王山、香炉山、狮子山和李家大山。鹿门山又称"圣山""诗山""隐山""佛山"，庞德公、孟浩然以及皮日休曾于此隐修。明代景泰年间（1450—1457），在此修建纪念庞德公、孟浩然、皮日休的"三高祠"。

说到鹿门山，还得说下鱼梁洲。

《水经注·沔水》载："沔水中有鱼梁洲，庞德公所居。"可见，鹿门山和鱼梁洲都与庞德公有关。查看《三国演义》第三十五回"玄德南漳逢隐沧 单福新野遇英主"，我们可以看看以下几个人物的关系。

该回写道，刘备乘的卢马跨过了数丈宽的檀溪（水通湘江，其波甚紧）之后，望南漳策马而行。在时近黄昏时，刘备遇到了骑牛吹笛的司马徽的童子，从其口中得知司马徽（字德操，颖川人，号水镜先生）与襄阳庞德公、庞统为友。庞德公和庞统是叔侄关系。

庞德公字山民，比司马徽年长十岁；庞统字士元，比司马徽小五岁。

庞德公是东汉末年名士、隐士。《三国演义》中称诸葛亮为"卧龙"，称庞统为"凤雏"，称司马徽为"水镜"。古隆中距离襄阳城仅十几公里，所以诸葛亮和庞德公能频繁往来，如文献载："诸葛孔明每至公家，独拜公于床下，公殊不令止。"（《襄阳耆旧记》）古隆中正是诸葛亮于十七岁至二十七岁隐居且躬耕、刘备三顾茅庐引出"定三分隆中决策"之地。书中对古隆中的景致有一番描绘："遂上马，行数里，勒马回观隆中景物，果然山不高而秀雅，水不深而澄清，地不广而平坦，林不大而茂盛，猿鹤相亲，松篁交翠，观之不已。"（《三国演义》第三十七回"司马徽再荐名士　刘玄德三顾草庐"）

南朝盛弘之《荆州记》对诸葛亮当年的草庐有比较详细的记载："有井深五丈，广五尺，曰葛井。堂前有三间屋地，基址极高，云是避水台。宅西有山临水，孔明常登之，鼓瑟而为《梁甫吟》，因名此山为乐山。"东晋升平五年（361），著名史学家、文学家习凿齿到访隆中，凭吊诸葛亮故宅并作《诸葛武侯宅铭》："达人有作，振此颓风。雕薄蔚采，鸥阑惟丰。义范苍生，道格时雍。自昔爱止，于焉龙盘。躬耕西亩，永啸东峦。迹逸中林，神凝岩端。罔窥其奥，谁测斯欢。堂堂伟匠，婉翮阳朝。倾岩搜宝，高罗九霄。庆云集矣，鸾驾亦招。"唐宣宗大中十年（856），时任襄州刺史、山南东道节度使的李景让（约789　约800）派人维修隆中祠，并立"蜀丞相武乡忠武侯诸葛公碑"。

庞德公拒绝荆州刺史刘表（142—208）的数次邀请，与妻子二人隐居于鹿门山，相敬如宾、琴书自娱，终老鱼梁洲。此后，孟浩然、张子容和皮日休等人都隐居于此，鹿门山遂成为"隐士之山"，有"鹿门高士傲帝王"之说。

在孟浩然心中，庞德公是高不可及的，因此鹿门山是隐居者的圣地，如其诗云："清晓因兴来，乘流越江岘。沙禽近方识，浦树遥莫辨。渐至鹿门山，山明翠微浅。岩潭多屈曲，舟楫屡回转。昔闻庞德公，采药遂不返。金涧饵芝术，石床卧苔藓。纷吾感耆旧，结揽事攀践。隐迹今尚存，高风邈已远。白云何时去，丹桂空偃蹇。探讨意未穷，回艇夕阳晚。"（《登鹿门山怀古》）

实际上，在科举失败滞留于长安时孟浩然就与一些僧侣、道士和隐士有着深入的交往，可见其归隐只是早晚的事情。

> 一丘常欲卧，三径苦无资。
>
> 北土非吾愿，东林怀我师。
>
> 黄金燃桂尽，壮志逐年衰。
>
> 日夕凉风至，闻蝉但益悲。
>
> ——孟浩然《秦中感秋寄远上人》

孟浩然诗中提到的"一丘"和"三径"都代指隐居之所。

《汉书·叙传上》载："渔钓于一壑，则万物不奸其志；栖迟于一丘，则天下不易其乐。"又见南朝刘义庆《世说新语·品藻》："端委庙堂，使百僚准则，臣不如亮。一丘一壑，自谓过之。"

关于三径，汉代赵岐《三辅决录·逃名》载："蒋诩归乡里，荆棘塞门，舍中有三径，不出，唯求仲、羊仲从之游。"史料载陶渊明之事："以亲老家贫，起为州祭酒，不堪吏职，少日自解归。州召主簿，不就，躬耕自资，遂抱羸疾。复为镇军、建威参军，谓亲朋曰：'聊欲弦歌，以为三径之资可乎？'执事者闻之，以为彭

泽令。"（《晋书·陶潜传》）

位于襄阳城南的岘山石室为赤松子的洞府、道场。

赤松子又名赤诵子，学五千文，是传说中的上古仙人，为神农时的雨师，如文献记载："赤松子者，神农时雨师也。服水玉以教神农，能入火自烧。往往至昆仑山上，常止西王母石室中，随风雨上下。炎帝少女追之，亦得仙俱去。至高辛时复为雨师，今之雨师本是焉。"（《列仙传》）

因为赤松子的道场在襄阳，所以归隐的孟浩然会在诗中提到他：

> 林卧愁春尽，搴帷览物华。
>
> 忽逢青鸟使，邀入赤松家。
>
> 丹灶初开火，仙桃正发花。
>
> 童颜若可驻，何惜醉流霞。
>
> ——孟浩然《宴梅道士山房》

此诗作于清明之际。孟浩然对山林修道的向往之情跃然纸上，向往而不可得则加深了其难以排遣的愁苦、落寞。

第十二章
瘦削的白衣人与踏雪寻梅驴子背

千百年来，诗人们留下的形象各异。

超凡脱俗、放任不羁、洒脱高古的"诗仙"李白留给后世的总是一袭白衣飘飘的形象，当然与之相伴的还有一身的孤傲和酒气。唐代著名画家韩干（约706—783）比李白小约五岁，曾绘有一幅《李白封官图》，可惜该画早已不知所终。我们现在看到的李白画像都是明清两代的，比如明代杜堇的《古贤诗意图》、尤求的《饮中八仙图》、李士达的《饮中八仙图》、张翀的《太白醉酒图》、文征明的《李白诗意图》、张宏的《补蜀道难图》、姚允在的《春夜宴桃李园图》、魏居敬的《夜宴桃李园图》、文伯仁的《李白诗意图》等。

孟浩然未曾入仕，一生为白衣隐者。

唐代普通百姓衣服的材质、形制和颜色都有诸多限制，基本只能穿开衩到腰际的齐膝短衫，多为本色或白色的麻布衣，即"庶人以白"（《新唐书》）。所以读书人在没有取得功名之前多称为"白衣"或"布衣"。

李白和孟浩然的交往颇深，这段成为千古美谈的友谊恰恰是一个"白衣人"遇到了另一个"白衣人"。

孟浩然给后世留下的是一副瘦削、淡然的隐士形象。在唐代，隐士、野老的衣着基本为斜领、宽缘、大袖的素布衫袍，即直裰（家居常服），沿袭了儒者宽袍大袖的传统。

与此同时，我们又该去除后世读者以及研究者对李白和孟浩然的刻板印象。

孟浩然在不同时期的诗歌接受史中的形象是有变化的，比如在民国时期的唐诗研究中，孟浩然较之杜甫、李白、白居易是被边缘化的，且其形象更多被定性为"平民诗人"。

除了官方修史（包括地方志书），中国历来"传记学"的传统并不深厚。也就是说一个诗人的"传记"资料往往少得可怜，所以试图给一个古代诗人编修年谱是不太现实的，当然杜甫除外。

李白和孟浩然在《旧唐书》《新唐书》以及《唐才子传》《唐诗纪事》中只是被极为简略地提及，且叙述之间有诸多穿凿附会之处。至于后来的笔记小说对他们的描述就更不足为信了。更多的时候，是诗歌承担了记忆和记录历史的功能，也就是我们所熟知的"有诗为证"。然而就唐诗而言，在其近三百年的历史中所形成的诗歌传统、诗人形象以及抒写方式恰恰普遍呈现出"传"和"本事"的整体缺失状况，更为普遍的情况则是所涉及的诸多诗人的生平、情感、遭际以及流徙等等多为碎片化的，其间有很多的空白和盲点。甚至具体到一首诗的创作时间和作者归属都存在着很大的争议，比较极端的情况也有，如龚自珍（1792—1841）认为现存的李白一千多首诗歌中只有一百二十多首是"真品"。

就李白而言，我们对他的身世以及几次重要的游历有着大体的空间线索，但是在每一个时间点和具体的日常场景甚至755年安史之乱爆发这样的大事件之下，关于李白的活动轨迹和情感态度，我们的了解仍是不确切的。再具体到李白的诗作系年以及出身、出蜀、壮游、交游、三入长安、避乱、入狱、流放、赦还以及死亡等具体的行动踪迹就更存在诸多龃龉之处。比如李白进入长安的次数就经历了"一次说""二次说"（20世纪70年代提出）和"三次说"（20世纪80年代提出）的变化。即使是作为重大文化事件的李白之死也存在诸多争议：在死亡时间上，存在代宗宝应元年（762）或代宗广德元年（763）的分歧；在死因上，则有病死（李阳冰《草堂集序》、范传正《唐左拾遗翰林学士李公新墓碑并序》，郭沫若认为病因是"慢性脓胸穿孔"）、醉死（《旧唐书·李白传》）以及酒后捉月而失足溺亡之说（《唐才子传》卷二《李白》说是"度牛渚矶，乘酒捉月，沉水中"）。

采石矶又名牛渚矶，为长江三大矶之一，系南京上游的咽喉之处，为牛渚山北部突出于长江中的部分。《舆地志》载："牛渚山，昔有人潜行，云此处通洞庭，旁达无底。见有金牛，状异，乃惊怪而出。牛渚山北谓之采石。按，今对采石渡口，上有谢将军祠。"李白曾于牛渚矶夜宿怀古，诗云："牛渚西江夜，青天无片云。登舟望秋月，空忆谢将军。余亦能高咏，斯人不可闻。明朝挂帆席，枫叶落纷纷。"（《夜泊牛渚怀古》）孟浩然也曾于牛渚矶夜宿，并有诗云："星罗牛渚夕，风退鹢舟迟。浦溆尝同宿，烟波忽间之。榜歌空里失，船火望中疑。明发泛潮海，茫茫何处期。"（《夜泊牛渚，趁薛八船不及》）

为孟浩然、王维或李白、杜甫这样的诗人立传，"诗"和"人"是不可二分的。质言之，除了要对传主诗歌创作的特质、风格有着极其深入全面的了解之外，还要对其生卒年、家世、品性、癖好、交游以及政治经历、人生轨迹等进行谱系学和年表意义上的搜集、考证、勘查和寻踪，甚至要进行如考古发掘一般的工作。

对于孟浩然，我的出发点是立足于"诗""人"与"时代"之关系的本相，立足于与孟浩然有关的人、事、诗、史来进行必要的佐证，在大场域和微观视野的结合中还原出一个尽可能丰富、真实的孟浩然形象。由此，孟浩然就不再单单是一个山水田园诗人和一个失意的白衣隐者。我们自然会想到当年林语堂笔下的苏东坡。苏东坡的形象更为复杂多变，要对其予以深度还原绝非易事。林语堂指出："社会，文化，学问，读历史的教训，外在的本分责任，只能隐藏人的本来面目。若把一个人由时间和传统所赋予他的那些虚饰剥除净尽，此人的本相便呈现于你之前了。苏东坡若回到民众之间，那他就犹如在水中的海豹。在陆地上拖着鳍和尾巴走的海豹，只能算是半个海豹。"（《苏东坡传》）

让我们再次回到孟浩然和李白的形象。

孟浩然与李白有诸多契合之处。他们对佛禅尤其是道教都偏爱有加，所以二人能够成为忘年交。

李白流传下来的一千多首诗歌塑造了他率真、狂放、怪诞、豪侠、放任不羁的性格，也由此把他塑造成了集游侠、求仙问道者、狂饮者、求仙者、狎妓者、笑傲权贵者、"诗仙"、"谪仙人"于一身的天才诗人形象。然而，诗中的"李白"是修辞化的以及想象性的，与现实生活中的李白显然是具有差异的。有学者指出："包括杜甫在内的其他唐代诗人，没有人像李白这样竭尽全力地描绘和突出自己的个性，向读者展示自己在作为诗人和作为个体两方面的独一无二。"（宇文所安《诗的引诱》）

也就是说，我们看到的李白与孟浩然的形象是通过"诗歌"中的人物、意象、场景、情绪以及背景空间等塑造而成的，更为关键的是，这些诗歌的时间、地点、人物、事件以及历史背景往往缺乏必要的具体的交代，即往往是虚化的、模糊的、不连贯的。甚至，诗歌语言的特殊性又增加了产生歧义和误解的可能性。李白的诗歌从题材来看相当广泛、多样，比如寻仙问道、山川风物、诗酒狎妓、离愁别绪、边塞远征、民间疾苦、怀古幽思……显然，这根本就不是一个"浪漫主义诗人"或"道教诗人"或"隐逸诗人"的简单化标签所能涵括得了的。

对于孟浩然，我们看到的更多是他的山水田园诗，看到的是他隐居之地的山川风物，看到的是他游山玩水、与好友把酒临风，看到的是他的洒脱、淡然、放任。

那么，这些就构成了真实和全面的孟浩然形象了吗？

显然不是。

正如画家蒋兆和在1959年直接把自己的头像套在杜甫身上一样，对于一个人的形象往往后世附会和想象的成分更多。有意思的是，在2021年4月，成都杜甫草堂博物馆与艺术家合作，利用AI技术重新整合了蒋兆和的杜甫画像、北京故宫南薰殿《唐名臣像册》中的杜甫像以及吴为山所作的杜甫雕塑。《中国青年报》报道："本次修复尝试了一个新的制作流程，运用AI风格迁移技术，让杜甫的相貌变得有血有肉，动了起来，仿佛杜甫穿越时空来到了现代了。甚至，AI人工智能还原之后的杜甫雕塑，还能吟诵自己的诗作《春夜喜雨》，令人十分惊喜。"

正如千百年来人们对李白和杜甫形象的不断猜想和描绘一样，有一点是不能回避的，这就是我们也都非常好奇孟浩然长什么样。

大体言之，幽人、隐士以及落魄的诗人在人们的心目当中肯定不是油头粉面、肥头大耳、膀大腰圆的，而应该是瘦削的、憔悴的、多愁善感和病歪歪的。

明代陆深在《玉堂漫笔》中记述了张说、张九龄、孟浩然、李白、王维、郑虔以及李华在风雪中出蓝田关穿越松林游龙门寺的《七子度关图》（又名《七贤出关图》）。其云："世传《七贤出关图》，或以为即竹林七贤尔。屡有人持其画来求题跋，漫无所据。观其画衣冠骑从，当是魏晋间人物，意态若将避地者。或谓即《论语》作者七人像而为画尔。姜南（宾）举人云：'是开元间冬雪后，张说、张九龄、李白、李华、王维、郑虔、孟浩然出蓝田关，游龙门寺，郑虔图之。'虞伯生有《题孟浩然像》诗：'风雪空堂破帽温，七

人图里　人存。'又有槎溪张辂诗：'二李轻狂狎二张，吟鞭遥指孟襄阳。郑虔笔底春风满，摩诘图中诗兴长。'是必有所传云。"

　　郑虔（691—759）擅长书法、绘画和作诗，因此被唐玄宗称为"郑虔三绝"，即文献所记："工于草隶，善于丹青，明于阴阳，邃于算术，百家诸子，如指掌焉。家国以为一宝，朝野谓之三绝。"〔《大唐故著作郎贬台州司户荥阳郑府君并夫人琅琊王氏墓志铭（并序）》〕郑虔曾任左监门录事参军、协律郎、广文博士、著作郎。安史之乱平定后，郑虔与王维一同被囚禁于宣阳里，后郑虔被贬为台州司户参军。郑虔被贬后，其莫逆之交杜甫曾写道："郑公樗散鬓成丝，酒后常称老画师。万里伤心严谴日，百年垂死中兴时。苍惶已就长途往，邂逅无端出钱迟。便与先生应永诀，九重泉路尽交期。"（《送郑十八虔贬台州司户伤其临老陷贼之故阙为面别情见于诗》）乾元二年（759）九月二十日，郑虔卒于台州官舍。

　　郑虔《七子度关图》，今存为明代的摹本，绢本设色，纵22.8厘米、横164厘米，藏于北京故宫博物院。另外，美国弗利尔美术馆藏有传为宋人李唐（1066—1150）所画的《七子度关图》。画中七人或骑马或骑驴或骑牛，其间穿插了执缰绳或挑担的八个脚夫。骑行者七人中有六人"重戴""皂纱遮面"，这是唐代士人非常流行的出行配置。

　　裹发的幞头巾子一般用黑色纱罗制成。在隋唐、五代以及宋代的不同时期，幞头（折上巾）的样式和系法（裹法）就有不少，比如软脚幞头、硬脚幞头、长脚罗幞头，又如平头幞头、圆头幞头、前踣式幞头、翘脚幞头（朝天脚幞头）、直脚幞头（平脚幞头、展脚幞头）、交脚幞头、曲脚幞头、高脚幞头、宫花幞头、牛耳幞头、玉梅雪柳闹鹅幞头、银叶弓脚幞头、曲脚向后指天幞头等等。沈括

《梦溪笔谈》载："幞头，一谓之'四脚'，乃四带也。二带系脑后垂之；二带反系头上，令曲折附顶，故亦谓之'折上巾'。"

"重戴"就是在幞头上加一顶帽子。帽子一般为紫色衬里，帽檐上悬垂方形的黑色罗帛，帽下有紫色丝编的系绦（缨带）用于打结固定帽子。《宋史·舆服志》载："重戴，唐士人多尚之，盖古大裁帽之遗制，本野夫岩叟之服。以皂罗为之，方而垂檐，紫里，两紫丝组为缨，垂而结之额下。所谓重戴者，盖折上巾又加以帽焉。"唐代薛调《无双传》亦提到："午后有一人重戴，领妇人四五辈，欲出此门。街中人皆识，云是租庸使刘尚书。"

到了宋代，御史台仍沿袭了唐代的重戴，其他官员则可戴可不戴。关于郑虔画中"七子"具体所指为谁，说法不一。有的认为是"建安七子"（孔融、陈琳、王粲、徐干、阮瑀、应玚、刘桢），有的认为是"竹林七贤"（嵇康、阮籍、山涛、向秀、刘伶、王戎、阮咸），有的则"以其衣冠有类于唐而有乘驴者则以为李、杜、元、岑之流，而引少陵诗所谓旅食京华与太白过华阴事"（明代金问《七子度关图·题跋》），还有的则认为"此七人者乃宋之问、李白、王维、高适、岑参、崔日用、史白"（清代朗廷极《七子度关图·题跋》）。

马和驴的身价自是不同，二者也成为不同社会阶层的对应标识物，正所谓"衣服车马，易贵从贱，去马而驴，去驴而徙"（《太平广记》）。

唐人张鷟（660—740）有一次就做了一个极其怪异的梦，详见《朝野佥载》所言："初为岐王属，夜梦着绯乘驴。睡中自怪：我绿衣当乘马，何为衣绯却乘驴？其年应举及第，授鸿胪丞。未经考而授五品，此其应也。"

在古代尤其是唐宋时期，因为战争的需要，马的价格要远远高于牛、驴、骡子等其他牲畜。驴子尤其是瘸腿驴（蹇驴）成为落魄文人、寒酸学士以及穷途末路之时艰难苦恨的行吟诗人的"标配"，一生布衣、不合时宜的孟浩然自然就与驴子扯上了关系。

落寞困顿的诗人于风雪中骑驴也成了千百年来诗人的典型形象。

孟浩然留给后世的正是于风雪中骑驴出行的形象，比如陆游眼中的孟浩然就是如此，如其诗云："我似骑驴孟浩然，帽边随意领山川。忽闻风雨掠窗外，便觉江湖在眼前。路过邮亭知几处，身如估客不论年。未妨剩拥寒衾卧，赢取孤吟入断编。"（《夜闻雨声》）又云："此头那可著貂蝉，瘦似骑驴孟浩然。一事比渠差省力，闭门无句与人传。"（《览镜》）

与孟浩然一样，杜甫也留下了潦倒、憔悴、多病、苦恨而多舛的"骑驴诗人"形象，如其诗云："骑驴十三载，旅食京华春。朝扣富儿门，暮随肥马尘。残杯与冷炙，到处潜悲辛。"（杜甫《奉赠韦左丞丈二十二韵》）

孟浩然在开元二十八年即 740 年去世。王维在该年升任殿中侍御史，于冬寒之际往岭南任知南选途中经过襄阳、郢州、夏口。王维得知孟浩然已经离世后，在郢州刺史亭为其画踏雪寻梅的高士像以表纪念。王维还作诗追念老友："故人不可见，汉水日东流。借问襄阳老，江山空蔡洲。"（《哭孟浩然》）

刺史亭因王维所绘的孟浩然画像而更名为"浩然亭"。到了咸通年间（860—874），刺史郑諴认为"浩然亭"的叫法是对贤者的不尊重，于是改名为"孟亭"。清代康熙年间《钟祥县志》将"孟亭梅雪"列为"郢中十六景"之一。

皮日休（约 838—约 883）为复州竟陵（今湖北天门）人，曾隐居鹿门山数年，号鹿门子。作为晚唐杰出的诗人，皮日休对孟浩然极其尊崇，称赞其为"文章大匠"。皮日休在咸通四年（863）四月三日撰有《郢州孟亭记》。该文非常详细地记述了孟浩然画像以及当时孟亭的情况："明皇世，章句之风大得建安体，论者推李翰林、杜工部为尤。介其间能不愧者，惟吾乡之孟先生也。先生之作，遇景入咏，不拘奇抉异，令龌龊束人口者，涵涵然有干霄之兴，若公输氏当巧而不巧者也。北齐美萧悫有'芙蓉露下落，杨柳月中疏'，先生则有'微云淡河汉，疏雨滴梧桐'；乐府美王融'日霁沙屿明，风动甘泉浊'，先生则有'气蒸云梦泽，波撼岳阳城'；谢朓之诗句精者有'露湿寒塘草，月映清淮流'，先生则有'荷风送香气，竹露滴清响'。此与古人争胜于厘毫间也。他称是者众，不可悉数。呜乎！先生之道，复何言耶！谓乎贫，则天爵于身；谓乎死，则不朽于文。为士之道，亦已至矣。先生襄阳人也，日休襄阳人也，既慕其名，亦睹其貌。盖仲尼思文王则嗜昌歜，七十子思仲尼则师有若。吾于先生见之矣。说者曰：'王右丞笔先生貌于郢之亭，每有观型之志。'四年，荥阳郑公诚刺是州，余将抵江南，舣舟而诣之，果以文见贵，则先生之貌纵视矣。先是，亭之名取先生之讳。公曰：'焉有贤者之名为趋厮走养朝夕言于刺史前耶？'命易之以先生姓。日休时在宴，因曰：'《春秋》书纪季公子友、仲孙湫字者，贵之也。故书名曰贬，书字曰贵。况以贤者名署于亭乎？君子是以知公乐善之深也。百祀之弊一朝而去，则民之弊也去之可知矣。见善不书，非圣人之志。'宴豆既彻，立而为文。"

北宋崇宁五年（1106）至六年，郢州孟亭重修。李复在次年作《书郢州孟亭壁》："孟亭，昔浩然亭也。世传唐开元间，襄阳孟浩然有能诗声，雪途策蹇，与王摩诘相遇于宜春之南。摩诘戏写其寒峭苦吟之状于兹亭，亭由是得名。而后人响榻摹传摩诘所写，迄今不绝。"明人孙文龙亦有关于孟亭及浩然像的诗句：
"千载风流未可追，新亭重貌旧丰仪。长松飒飒凉飙至，疑是骑
驴冒雪时。一片秋云江上来，吟高白雪满平台。小窗今夜看明月，
几度思君卧碧苔。摩诘丹青今复光，人人争睹孟襄阳。只今山鸟
鸣亭畔，尽是先生白雪章。"（《题孟襄阳小像》三首）

令人痛心疾首的是，孟亭于二十世纪四十年代日本侵华期间毁
于战火。当年孟亭所在的位置，如今我们只能通过地方志来探究
一二了，如民国《钟祥县志》载："孟亭在郡署东，即司马旧署也。"

据传在长安时，王维就曾为孟浩然画过像，如文献载，"维常
见孟公吟曰：'日暮马行疾，城荒人住稀。'又吟云：'挂席数千里，
名山都未逢。泊舟浔阳郭，始见香炉峰。'余因美其风调，至所
舍图于素轴"（《韵语秋阳》）。后来，"茶圣"陆羽（约733—
约804）在王维所画孟浩然像上题写："余有王右丞画《襄阳孟公
马上吟诗图》并其记，此亦谓之一绝。"在唐以来的历代画论中，
涉及的王维所画之孟浩然像主要有《写孟浩然真》《孟浩然马上
吟诗图》（又名《襄阳孟公马上吟诗图》）以及《孟浩然骑驴图》。

北宋《宣和画谱》（成书于1120年）收录魏晋至北宋的画家
二百三十余人，作品近六千四百件。御府藏王维画作一百二十余件，
其中就有《写孟浩然真》。《宣和画谱》对王维的绘画水平评价极高：
"至其卜筑辋川，亦在图画中，是其胸次所存，无适而不潇洒，移
志之于画，过人宜矣。重可惜者，兵火之余，数百年间而流落无几，
后来得其仿佛者，犹可以绝俗也。"

在《宣和画谱》成书之前，黄庭坚（1045—1105）已经看到了
王维所作的孟浩然的画像，并于感喟之际作诗：

先生少也隐鹿门，爽气洗尽尘埃昏。

赋诗真可凌鲍谢，短褐岂愧公卿尊。

故人私邀伴禁直，诵诗不顾龙鳞逆。

风云感会虽有时，顾此定知毋枉尺。

襄江渺渺泛清流，梅残腊月年年愁。

先生一往今几秋，后来谁复钓槎头。

——黄庭坚《题孟浩然画像》

　　唐代朱景玄（生卒年不详，吴郡人）于元和初年中进士，曾任翰林学士、太子谕德。其在《唐朝名画录》中把王维列为"妙品上"。其云："王维字摩诘，官至尚书右丞，家于蓝田辋川，兄弟并以科名文学冠绝当时，故时称'朝廷左相笔，天下右丞诗'也。其画山水、松石，踪似吴生，而风致标格特出。今京都千福寺西塔院有掩障一合，画青枫树一图。又尝写诗人襄阳孟浩然马上吟诗图，见传于世。复画《辋川图》，山谷郁郁盘盘，云水飞动，意出尘外，怪生笔端。尝自题诗云'当世谬词客，前身应画师'，其自负也如此。慈恩寺东院与毕庶子、郑广文各画一小壁，时号三绝。故庾右丞宅有壁画山水兼题记，亦当时之妙。故山水、松石，并居妙上品。"在此，朱景玄提到了王维所画的《孟浩然马上吟诗图》。

　　唐代张彦远（815—907），蒲州人，曾任左仆射补阙、祠部员外郎、舒州刺史、大理寺卿。他在《历代名画记》卷十中也有关于王维的记述："王维，字摩诘，太原人。年十九，进士擢第，与弟缙并以词学知名。官至尚书右丞，有高致，信佛理。蓝田南置别业，以水木琴书自娱。工画山水，体涉今古。人家所蓄，多是右丞指挥工人布色原野，簇成远树，过于朴拙，复务细巧，翻更失真。清源寺壁上画辋川，笔力雄壮，常自制诗曰：'当世谬词客，前身应画师。不能舍余习，偶被时人知。'诚哉是言也。余曾见破墨山水，笔迹劲爽。"

关于王维为孟浩然画像一事，就二人非同一般的关系以及相关文献来看，此事为真。在遗留的一些线索中，据传北宋时期的张泊曾亲眼见到王维所作的孟浩然像——《襄阳孟公马上吟诗图》。这也很可能是后世的摹本。其上有王维、陆羽及张泊三人的题识。

对于这一摹本以及王维所画孟浩然像，南宋葛立方（？—1164，丹阳人，进士及第，曾任校书郎、考功员外郎、吏部侍郎）在《韵语阳秋》这部诗话的卷十四中有详细的记述："余在毗陵，见孙润夫家有王维画孟浩然像，绢素败烂，丹青已渝。维题其上云：'维尝见孟公吟曰："日暮马行疾，城荒人住稀。"又吟云："挂席数千里，名山都未逢。泊舟浔阳郭，始见香炉峰。"余因美其风调，至所舍图于素轴。'又有太子文学陆羽鸿渐序云：'昔周王得骏马，山谷之人献神马八匹；叶公好假龙，庭下见真龙一头；颜太师好异典，郭山人阆赠金匮文；李洪曹好古篆，莫居士训玉箸字。此四者，得非气合不召而至焉。中园生旧任杞王府户曹，任广州司马。金陵崔中字子向，家有古今图画一百余轴，其石上蕃僧、岩中二隐、西方无量寿佛，天下第一。余有王右丞画《襄阳孟公马上吟诗图》并其记，此亦谓之一绝。故赠焉，以裨中园生画府之阙。唐贞元年正月十有一日志之。'后有本朝张泊题识云：'癸未岁，余为尚书郎，在京师，客有好事者，浚仪桥逆旅，见王右丞《襄阳图》，寻访之，已为人取去。它日，有吴僧楚南挈图而至。问其所来，即浚仪桥之本也。虽缣轴尘古，尚可窥览。观右丞笔迹，穷极神妙。襄阳之状，顾而长，峭而瘦，衣白袍，靴帽重戴，乘款段马，一童捻角，提书笈负琴而从，风仪落落，凛然如生。复观陆文学题记，词翰奇绝。金匮文，前史遗事。中园生，彼何人斯？近孟君当开元天宝之际，诗名籍甚，一游长安，右丞倾盖延誉。或云，右丞见其胜己，不能荐于天子，因坎坷而终。故襄阳别右丞诗云："当路谁相假，知音世所希。"乃其事也。余顷在金城，亦曾见一图，盖传写之本。所题诗后有"水落鱼梁浅，天寒梦泽深"之句，今真本即无，故事存焉，以遗来者。孟冬十有一日南谯张洎题。'润夫谓此画是维亲笔无疑，余谓曰：'此俗工榻本也。'张洎谓襄阳之状顾而长，峭而瘦，今所绘乃一矮肥俗子尔。徐观其题识三篇，字皆一体，鲁鱼之误尤多，信非维笔。润夫然之，因以题识书于此。"

张洎（934—997，字师黯，一字偕仁）所生活的年代距孟浩然去世（740）已经过去了两百多年的时间。张洎，滁州全椒（今安徽全椒草庵沿河村）人，举进士，曾任上元尉、礼部员外郎、中书舍人、清辉殿学士、给事中、参知政事。

张洎在孟浩然画像上的题识内容颇值得玩味。

> 虽缣轴尘古，尚可窥览。观右丞笔迹，穷极神妙。襄阳之状，顾而长，峭而瘦，衣白袍，靴帽重戴，乘款段马，一童捻角，提书笈负琴而从，风仪落落，凛然如生。

其中提到了唐人衣着服饰中典型的"重戴"。当然，这段话的真伪存在争议，但是在张洎的描述中，孟浩然的形象倒是非常符合后世对他的认知，比如顾长、峭瘦，一身白衣，洒脱大方。正如闻一多所言："这在今天，差不多不用证明，就可以相信是逼真的孟浩然。并不是说我们知道浩然多病，就可以断定他当瘦。实在经验告诉我们，什九人是当如其诗的。你在孟浩然诗中所意识到的诗人那身影，能不是'颀而长，峭而瘦'的吗？连那件白袍，恐怕都是天造地设，丝毫不可移动的成分。白袍靴帽固然是'布衣'孟浩然分内的装束，尤其是诗人孟浩然必然的扮相。"（《唐诗杂论·孟浩然》）

有一点是肯定的，王维所画孟浩然像从唐代开始就有了不同的摹本，宋人和明人提及王维所画孟浩然骑驴图的非常多。以往所谈论的《孟浩然马上吟诗图》，其所骑之马甚至已经被换成了驴。由此可见，王维所画孟浩然踏雪寻梅图成为重要底本，后世不同的摹本或托名伪造之作时有出现。

唐代李贺、贾岛、卢延让、齐己、李洞等都有关于风雪骑驴的诗作，如贾岛《寄令狐绹相公》云："驴骏胜羸马，东川路匪赊。一缄论贾谊，三蜀寄严家。澄彻霜江水，分明露石沙。话言声及政，栈阁谷离斜。自著衣偏暖，谁忧雪六花。裹裳留阔襆，防患与通茶。"

从唐代开始，孟浩然于风雪中骑驴吟诗的形象就被建构起来。如晚唐人诗云："郊外凌兢西复东，雪晴驴背兴无穷。句搜明月梨花内，趣入春风柳絮中。"（《忆孟浩然》）该诗的作者是晚唐的唐彦谦。唐彦谦（？—893），字茂业，曾任节度副使、晋州刺史、绛州刺史、阆州刺史、壁州刺史。其于晚年隐居鹿门山，号鹿门先生。

此后，孟浩然"灞桥风雪驴子背"这一形象被不断强化，比如宋代秦观即有诗云："驴背吟诗清到骨，人间别是闲勋业。云台烟阁久销沉，千载人图灞桥雪。"（《忆秦娥·灞桥雪》）

灞桥为唐代长安城向外的交通要冲，如程大昌《雍录》云："此地最为长安冲要，凡自西东两方而入出崤、潼两关者，路必由之。"灞桥也成为著名的迎送之处。

1994 年，灞桥遗址因当地人挖沙而重见天日。

《全唐诗》中涉及灞桥、灞水、灞陵的诗篇就多达一百多首。王昌龄的《灞桥赋》云："惟于灞，惟灞于源，当秦地之冲口，束东衢之走辕，拖偃蹇以横曳，若长虹之未翻。"金代李纯甫有诗《灞陵风雪》："蹇驴驮著尽诗仙，短策长鞭似有缘。政在灞陵风雪里，管是襄阳孟浩然。官家放归殊不恶，蹇驴大胜扬州鹤。"

元末明初的梁寅（1303—1389）在一幅孟浩然画像的摹本上题诗："孟君故人好事者，摩诘当年号潇洒。荐之明主既不能，彩笔徒夸善描写。浐川风急天正寒，灞桥云黄雪初下。蹇驴行行欲何之，妙句直欲追大雅。饭颗山头杜少陵，溧阳水滨孟东野。饥寒一身人共叹，声名千载天所假。南山故庐拂袖归，五侯七贵俱土苴。龙钟如此君莫嘲，平生贵在知我寡。"（《题王维所画孟浩然像》）

自此，"灞桥风雪驴子背"就成为古代诗人尤其是孟浩然留给后世的一个典型形象。

张岱在《夜航船·天文部》中设有"踏雪寻梅"条目，其中有言，"孟浩然情怀旷达，常冒雪骑驴寻梅，曰'吾诗思在灞桥风雪中驴背上'"。明代于谦在一份摹本上留诗："满头风雪路欹斜，杖屦行寻卖酒家。万里溪山同一色，不知何处是梅花。"（《题孟浩然踏雪寻梅》）明代诗人高启亦在孟浩然骑驴吟雪图上题诗："西风驴背倚吟魂，只到庞公旧隐村。何事能诗杜陵老，也频骑叩富儿门。"（《题孟浩然骑驴吟雪图》）

宋元两代是孟浩然骑驴吟诗形象形成的重要时期，元代甚至还出现了关于孟浩然踏雪寻梅的杂剧。

宋代徐涛画有孟浩然踏雪图并且影响很大。王庭圭（1079—1171）对其评价甚高："徐生画人不画鬼，点目加毛必佳士。迩来下笔更逼真，勿论山僧及童子。会貌诗人孟浩然，便觉灞桥风雪起。如今倪欲画卢溪，一庵宜著深岩里。"（《赠写真徐涛》）北宋著名画家、书画鉴赏家、收藏家董逌在《广川画跋》中对《孟浩然骑驴图》的阐发非常具有代表性，他说："诗人每病畸穷不偶，盖诗非极于清苦险绝，则怨思不深，文辞不怨思抑扬，则流荡无味，不能警发人意。要辞句清苦，搜冥贯幽，非深得江山秀气，诣绝人境，又得风劲霜寒，以助其穷怨哀思，披剔奥突，则心中落落奇处，岂易出也。"

牟巘（1227—1311），字献甫，一字献之，井研人，徙居湖州。牟巘曾任浙东提刑、大理少卿。德祐二年（1276），元兵破城攻陷临安之后他杜门不出，隐居四十年。牟巘撰有《王维画孟浩然骑驴图》一诗："穷浩然，老摩诘，平生交情两莫逆。也曾携去宿禁中，堪笑诗人命奇薄。只应寂莫归旧庐，此翁殷勤殊未足。作诗借问襄阳老，诗中犹苦忆孟六。悠悠江汉经几秋，一夕神交如在目。分明写出骑驴图，丰度散朗貌清淑。更有个偶一片心，不是相知那得貌。行行复行向何许，酸风吹驴耳卓朔。向来十上困旅尘，驴饥拒地愁向洛。不如乘舆且田园，万山亭前大堤曲。鳊鱼正肥甘蔗美，鸡黍可具杨梅熟。一樽相与寿先生，醉归勿遣驴失脚。"南宋宰相杜范（1182—1245）有《跋王维画孟浩然骑驴图》："唐王维画《孟浩然骑驴图》。孟浩然以诗称于时，亦以诗见弃于其主。然策蹇东归，风袂飘举，使人想慨嘉叹，一时之弃，适以重十古之称也。明皇虽善扬相，如忠佞之言，而积忤生憎也。萌于此，此力争之，张九龄所以得罪，媚柔之林甫所以见用，而卒以危社极也欤。"宋代董逌在《广川画跋》卷二中描述和辨析了王维所画《孟浩然骑驴图》："孟夫子一世畸人，其不合于时宜也。当其拥褴襦，负苓箸，陟袖跨驴，冒风雪，陟山孤行襄阳道上时，其得句自宜挟冰霜霰雪，使人吟诵之，犹齿颊生寒，此非特奥室白雪有味而可讽也。然诗人每病畸穷不偶，盖诗非极于清苦险绝，则怨思不深，文辞不怨思抑扬，则流荡无味，不能警发人意。要辞句清苦，搜冥贯幽，非深得江山秀气，诣绝人境，又得风劲霜寒，以助其穷怨哀思，披剔奥窔，则心中落落奇处，岂易出也。郑綮谓：'诗思在灞桥风雪中驴子上，此处何以得之？'綮殆见孟夫子图，而强为此哉？不然，綮何以得知此？"

以苏轼、黄庭坚为代表的宋代诗人不断加深着孟浩然风雪骑驴的形象，如苏轼诗云："君不见潞州别驾眼如电，左手挂弓横捻箭。又不见雪中骑驴孟浩然，皱眉吟诗肩耸山。饥寒富贵两安在，空有遗像留人间。"（《赠写真何充秀才》）

非常有意思的是，苏轼在诗中提到的正在游猎的潞州别驾不是别人，正是时任临淄王的李隆基，其于景龙二年（708）四月的时候兼任潞州别驾。在很多版本中，孟浩然是因赋诗忤唐玄宗而遭弃用，由此，二人在诗中同时出现就非常富有戏剧化效果了。

苏轼在《大雪青州道上有怀东武园亭寄交孔周翰》中亦提及孟浩然风雪骑驴的形象："君不见淮西李侍中，夜入蔡州缚取吴元济。又不见襄阳孟浩然，长安道上骑驴吟雪诗。何当闭门饮美酒，无人毁誉河东守。"

苏轼之所以不断写到孟浩然，是因为他视孟浩然为知音，如其诗云："老手王摩诘，穷交孟浩然。论诗曾伴直，话旧已忘年。"（《至真州再和二首·其一》）

渐渐地，"伯乐马，浩然驴"（《声律启蒙》）已成为文坛典故。

踏雪寻梅已成为中国绘画中的重要题材，从唐宋至明清以至近代，这一题材画作蔚为壮观，如韩滉《踏雪寻梅图》、戴进《踏雪寻梅图》、吴伟《踏雪寻梅图》、朱端《寻梅图》、王谔《踏雪寻梅》、陆治《雪后访梅图》、黄慎《踏雪寻梅图》、王翚《寻梅图》、萧晨《踏雪寻梅图》、戴瑛《踏雪寻梅图》、汪圻《踏雪寻梅图》、沈燧《孟山人踏雪寻梅图》、虚谷《踏雪寻梅图》、张风《踏雪寻梅图》、任伯年《踏雪寻梅图》、何翀《踏雪寻梅图》。清代著名画家、"扬州八怪"之一的黄慎（1687—1772）甚至画有一系列的踏雪寻梅图。

时代在变，始终不变的是踏雪寻梅高士图中一名文士骑在瘦弱的驴背上，正蹒跚着缓缓经过落满大雪的石桥……

饮食与农事

第十三章
老饕之好：五色瓜、槎头鳊与鱼脍飞雪

孟浩然隐居之时，其饮酒、种菜、灌园、艺竹的场景着实令人羡慕。

《诗经》云"七月食瓜，八月断壶"。在所种的瓜果菜蔬中，孟浩然最为喜爱的是"五色瓜"。

> 樵牧南山近，林间北郭赊。
>
> 先人留素业，老圃作邻家。
>
> 不种千株橘，惟资五色瓜。
>
> 邵平能就我，开径剪蓬麻。
>
> ——孟浩然《南山下与老圃期种瓜》

那么，这种"五色瓜"到底是什么瓜？

其实，这种瓜大有来头。五色瓜又称邵平瓜、邵侯瓜、故侯瓜、子母瓜、东陵瓜、青门瓜、东门瓜。《夜航船》载："邵平者，故秦东陵侯。秦破，为布衣，种瓜长安城东，瓜常五色，味甚甘美，世号'东陵瓜'。"

显然，这个瓜涉及一个典故，主人公是邵平。

《史记·萧相国世家》载："召（邵）平者，故秦东陵侯。秦破，为布衣，贫，种瓜于长安城东，瓜美，故世俗谓之'东陵瓜'，从邵平以为名也。"《水经注》也记载了邵平种瓜之事：汉长安城有十二城门，第三门为霸城门，因门为青色，故俗称青门。昔广陵人邵平，为秦东陵侯，秦破，种瓜此门。《三辅黄图·都城十二门》称："长安城东出南头第一门霸城门，民见门色青，名曰青城门，或曰青门。门外旧出佳瓜。广陵人邵平……种瓜青门外，瓜美，故时人谓之'东陵瓜'。"

在一些古代笔记小说和地方志的记载中，吴中和会稽等地亦产五色瓜，如《述异记》所载："吴桓王时，会稽生五色瓜。吴中有五色瓜，岁时充贡献。"

除了孟浩然之外，唐代诗人王维、杜甫以及骆宾王、白居易、李商隐都曾写过此瓜。到了宋代，苏轼和黄庭坚也写有相关的诗。

帝城风日好，况复建平家。

玉枕双文簟，金盘五色瓜。

山中无鲁酒，松下饭胡麻。

莫厌田家苦，归期远复赊。

——王维《送孙秀才》

庾信罗含俱有宅，春来秋去作谁家。

短墙若在从残草，乔木如存可假花。

卜筑应同蒋诩径，为园须似邵平瓜。

比年病酒开涓滴，弟劝兄酬何怨嗟。

——杜甫《舍弟观赴蓝田取妻子到江陵，喜寄三首·其三》

清代文学巨匠曹雪芹还专门画过此瓜，且在画作上配诗一首借此喻世，诗云："冷雨寒烟卧碧尘，秋田蔓底摘来新。披图空羡东门味，渴死许多烦热人。"

据传，这种"五色瓜"味道极美。为此，晋代陆机专作《瓜赋》：

> 夫其种族类数，则有括蒌、定桃、黄觚、白搏、金文、蜜筩、小青、大班、玄骭、素椀、狸首、虎蹯。东陵出于秦谷，桂髓起于巫山。五色比象，殊形异端。或济貌以表内，或惠心而丑颜，或摅文而抱绿，或被素而怀丹。气洪细而俱芬，体修短而必圆。芳郁烈其充堂，味穷理而不□。德弘济于饥渴，道殷流乎贵贱。若夫濯以寒冰，淬以夏凌。越气外敛，温液密凝。体犹握虚，离若剖冰。

三国时期的阮籍（210—263）在他著名的《咏怀八十二首·其六》中也提到此瓜："昔闻东陵瓜，近在青门外。连畛距阡陌，子母相钩带。五色曜朝日，嘉宾四面会。膏火自煎熬，多财为患害。布衣可终身，宠禄岂足赖。"田园诗的鼻祖、东晋大诗人陶渊明也熟知此瓜，其诗中云："衰荣无定在，彼此更共之。邵生瓜田中，宁似东陵时。"（《饮酒·其一》）孟浩然的好友李白在他的《古风·其九》中也提及："青门种瓜人，旧日东陵侯。富贵故如此，营营何所求。"

如果从秦代邵平种五色瓜开始算起，其种植历史可谓相当久远。到了清代的时候，大才子纪晓岚（1724—1805）还提到此瓜："种出东陵子母瓜，伊州佳种莫相夸。凉争冰雪甜争蜜，消得温暾顾渚茶。"

但纪晓岚这首诗的题目是《咏西瓜》。

那么，五色瓜、东陵瓜是不是西瓜呢？

有一些研究者认为五色瓜是一个含混的提法，并不确指哪一种瓜。有学者则考证认为东陵瓜不是西瓜而是厚皮甜瓜。有的学者甚至认为五色瓜这一品种早已经断种。

西瓜，普遍认为产自非洲，四千多年前的古埃及已经种植西瓜，此后传入欧洲、中东等地。西瓜被认为是经由古代丝绸之路传入中国的，如文献载："西瓜，种出西域，故之名。"（徐光启《农政全书》）至于中国最初种植西瓜的时间一直是不确定的，比如《新五代史》中提及是胡峤从契丹逃出来的途中第一次见到西瓜。据说契丹破回纥的时候得到了西瓜种子，当时是栽种在大棚里，棚子用牛粪覆盖以保暖。如果按此说法，西瓜是于五代十国时期才传入中国的。还有一种说法认为西瓜是南宋时期才传入的，即爱国重臣洪皓（1088—1155）出使金国被扣押十五年，回国时带回西瓜种子。宋金时期出现了关于西瓜的诗，比如文天祥的《西瓜吟》和范成大的《西瓜园》，而此前"西瓜"一词几乎不见于诗文。南宋画家钱选（1239—1301）开创了画西瓜的先河，其画作《秋瓜图》还配诗一首："金流石烁汗如雨，削入冰盘气似秋。写向小窗醒醉目，东陵闲说故秦侯。"此诗再一次提到了种东陵瓜的邵平。

那么，能就此断定西瓜是自五代或宋初引入种植的吗？

研究历史要依托的，一则是文献典籍资料，二则是更为重要的物质文化以及考古发现。唐代墓葬中已经出土了唐三彩的西瓜，也就是说西瓜在唐代已出现。

1959 年，杭州拱墅区半山镇水田畈发掘出了距今四千多年前的新石器遗址，专家们在陶罐中发现了一些植物种子，令人极其意外的是其中居然有西瓜籽。1959年2月24日的《光明日报》专门对此进行了报道。由此，中国的西瓜种植史被改写了。也就是说，中国与古埃及几乎是同时开始种植西瓜的。那么，说秦代的邵平所种的五色瓜就是西瓜，也就不足为奇了。之所以一些研究者认为五色瓜不可能是西瓜，其所持的理由就是认定西瓜是在五代或宋初才出现的，所以秦汉时期的邵平或唐代的孟浩然都不可能种出西瓜来。此外，专家们还有一个理由，就是在相关典籍中"西瓜"一词出现得比较晚，但他们却忽略了古代"西瓜"实际上还被叫作"稀瓜""寒瓜""水瓜"。

恨无纤手削驼峰，醉嚼寒瓜一百筒。

缕缕花衫粘唾碧，痕痕丹血揩肤红。

——方夔《食西瓜》

传说中神农氏（炎帝）尝百草，此外他也尝过"稀瓜"。李时珍在《本草纲目》中明确指出寒瓜就是西瓜。南朝时期的陶弘景（456—536）已经提到了个头长得非常大的"寒瓜"。李时珍认为浙东在五代时期之前已种植寒瓜，只是名字不叫西瓜，也没有在中国普遍种植而已。

无论如何争论，如果认定西瓜的种植历史已经超过了四千年，那么孟浩然以及更早的邵平、陶渊明所种的五色瓜是西瓜的可能性就大大提升了。想想当年孟浩然经过挥汗如雨的田间劳作，在西瓜成熟之际能大口捧食西瓜也是非常令人开怀的事情了。

孟浩然一生嗜酒纵饮，极其钟爱美食，尤其偏爱故乡的美味——槎头鳊，这也正是孟浩然对王昌龄所夸耀的"乡味有槎头"。但槎头鳊也是使得孟浩然旧病复发的一个重要诱因，即"食鲜疾动"。

孟浩然可以算是有唐一代与杜甫齐名的老饕。

话说一年的冬至刚过，孟浩然专门拜访两位好友在檀溪的别业。

卜筑因自然，檀溪不更穿。

园庐二友接，水竹数家连。

直取南山对，非关选地偏。

卜邻依孟母，共井让王宣。

曾是歌三乐，仍闻咏五篇。

草堂时偃曝，兰枻日周旋。

外事情都远，中流性所便。

闲垂太公钓，兴发子猷船。

余亦幽栖者，经过窃慕焉。

梅花残腊月，柳色半春天。

乌泊随阳雁，鱼藏缩项鳊。

停杯问山简，何似习池边。

——孟浩然《冬至后过吴、张二子檀溪别业》

通过孟浩然这首诗的交代，我们可以清晰地看到吴、张二人所居的檀溪别业环境非常清幽。此地有山水之乐，也是闲谈聚饮的理想处所。孟浩然在此特意提到他的至爱槎头鳊，即"鱼藏缩项鳊"。

关于此种汉水美味，习凿齿在《襄阳耆旧记》里早有记载："岘山下汉水中，出鳊鱼，肥美。尝禁人采捕，以槎头断水，谓之'槎头鳊'。宋张敬儿为刺史，齐高帝求此鱼，敬儿作陆舻船置鱼而献曰：'奉槎头缩项鳊鱼一千六百头。'"

习凿齿提到，南朝宋末齐初张敬儿（？—483）在任雍州刺史（封襄阳县侯，食邑二千户）期间所疯狂捕捞的一千六百只鳊鱼都是为了敬献给齐高帝萧道成（427—482）。因此，张敬儿被民间称为"槎头刺史"。

作为超级食客和资深老饕的杜甫是深知孟浩然对槎头鳊的喜爱的，对孟浩然故乡所产的这种肥美之物杜老也是羡慕得很，作有诗云："复忆襄阳孟浩然，清诗句句尽堪传。即今耆旧无新语，漫钓槎头缩颈鳊。"（《解闷十二首·其六》）

孟浩然的"乡味有槎头"与杜老的"漫钓槎头缩颈鳊"都说明襄阳的槎头鳊一定是味道令人惊艳的那种美食。

槎头鳊，又称缩颈鳊、缩项鳊，俗称鳊鱼、长春鳊、草鳊、油鳊，是一种味道鲜美的江鱼。汉水在流经襄阳段时水中产这种特殊的鳊鱼，其头项短粗，色青，背弓，体扁，腹大，鳞细而银白。因为当地渔人经常用槎来拦截，故称槎头鳊。《湖北通志》载："鳊，即鲂，各处通产。以武昌樊口、襄阳鹿门所出为最。"

槎头鳊也为孟浩然的死埋下了伏笔。

在唐代盛行宴饮的大背景下，我们再来看看孟浩然与王昌龄在740年的这次最后的聚会。

哈金在《通天之路：李白传》中对此进行了发挥和演绎："深秋时节，李白到了安陆以南约二百五十公里的襄阳。李白想去看望一下老友孟浩然，但到了鹿门山朋友的农庄时，他惊诧地得知孟浩然刚去世。原来孟浩然背部痈疽许久，原已好转，大夫让他别吃鱼虾等发物。结果孟的好友、诗人王昌龄（？—约756年）来访，孟浩然好酒好菜招待，席上端来了一盘红烧汉江槎头鳊，肥美诱人，孟浩然忍不住下了几筷子。接着背上脓疮就大面积爆发，两天后就死了。李白听了这个故事悲痛不已——他还专为孟浩然带来一坛美酒，现在却无人对饮。他只能独自对着酒坛，哀叹生命的无常。参加完孟浩然的葬礼，两天后，李白拭去眼泪，在沉痛中继续上路。他去南方的洞庭湖。"

在哈金的描述中，李白在鹿门山还参加了孟浩然的葬礼，这显然是典型的小说家言，没有任何史实依据。

有唐一代最流行的吃鱼法并不是今天流行的清蒸、红烧或糖醋，而是鱼脍，即生鱼片。唐代鱼脍还被日本遣唐使传到了日本和韩国发扬光大，也就是今天大家熟知的"鱼生""刺身"。

孟浩然和王昌龄最爱吃的恰恰正是鱼脍。在此，有孟浩然的诗为证：

> 石潭傍隈隩，沙岸晓夤缘。
>
> 试垂竹竿钓，果得槎头鳊。
>
> 美人骋金错，纤手脍红鲜。
>
> 因谢陆内史，莼羹何足传。
>
> ——孟浩然《岘潭作》

在这首关于槎头鳊鱼脍的诗中，孟浩然描绘了佳人以纤白细手持金错刀切雪白鱼脍这一真切而又令人浮想联翩的场景。是的，如此美妙而令人垂涎。甚至在孟浩然看来，故乡的槎头鳊鱼脍已经让当年陆机（实为张翰）的"莼羹之思"相形见绌了。

脍和炙是古代最为常用的两种做菜方法。

孔子曰"食不厌精，脍不厌细"，《诗经》中则有"饮御诸友，炰鳖脍鲤"。"脍""炙"合用最早出自《孟子》："曾皙嗜羊枣，而曾子不忍食羊枣。公孙丑问曰：'脍炙与羊枣孰美？'孟子曰：
'脍炙哉！'公孙丑曰：'然则曾子何为食脍炙而不食羊枣？'曰：
'脍炙所同也，羊枣所独也。讳名不讳姓，姓所同也，名所独也。'"
成语"脍炙人口"出现于五代时期王定保所撰的《唐摭言》："李
涛，长沙人也，篇咏甚著，如'水声常在耳，山色不离门'，又'扫
地树留影，拂床琴有声'，又'落日长安道，秋槐满地花'，皆脍
炙人口。"

唐代极其有名的一道菜名为"升平炙"，居然是用三百多条鹿
舌和羊舌做成的，着实令人咂舌。

脍文化最早可以追溯到周宣王时期（前827—前782），这在
出土的青铜器铭文上有相关的记载。刘熙《释名·释饮食》载："脍，
会也。细切肉令散，分其赤白异切之，已乃会合和之也。"《说文
解字》称："脍，细切肉也。"《礼记·内则》有言"肉腥，细者
为脍"。曹植在《名都篇》中提及"脍鲤臇胎鰕，寒鳖炙熊蹯"。

唐代的饮食文化已经非常发达，三餐制开始逐渐普及。五代时
期一位比丘尼梵正甚至仿照王维的《辋川图》开发出了极其精美的
看菜，名为"辋川图小样"，即用鲊（腌制的鱼）、臛（肉羹）、
脍（鱼或肉生切成细丝、薄片）、脯（肉干、果脯）、醢（鱼或肉
制成的酱）、酱、瓜、蔬等制作成各种颜色的景物。

鱼脍是唐代最为流行的吃鱼法，即把生鱼切成薄片，为了去腥
增鲜可以蘸一些酱料来吃。这些酱料视季节而定。北魏贾思勰在《齐
民要术》中专门谈到了鱼脍蘸料"八和齑"的做法，即用蒜、姜、橘、
白梅、熟栗黄、粳米饭、盐、酢等八种料制成。

唐代关于鱼脍的记述资料更是随处可见。

《酉阳杂俎》载，南孝廉善斫鲙（古同"脍"）丝，缕轻可飞。

《云仙杂记》卷十引《南部烟花记》云："吴郡献松江鲈鱼。炀帝曰：'所谓金齑玉脍，东南佳味也。'""金齑玉脍"指的就是鲈鱼脍。唐代诗人刘长卿也提到了鲈鱼脍："槐暗公庭趋小吏，荷香陂水脍鲈鱼。"（《颍川留别司仓李万》）

由于唐代人过于好吃生鱼脍，也就衍生出了诸多离奇古怪之事。

《酉阳杂俎·诺皋记》中就有一位和州（今安徽和县）的刘姓官员（录事参军），极其爱吃鱼脍，甚至食量大得惊人。我们来看一下原文："尤能食鲙，尝言鲙味未尝果腹。邑客乃网鱼百余斤，会于野亭，观其下箸。初食鲙数叠，忽似哽，咯出一骨珠子，大如黑豆，乃置于茶瓯中，以叠覆之。食未半，怪覆瓯倾侧，刘举视之，向者骨珠已长数寸，如人状。坐客竞观之，随视而长。顷刻长及人，遂捽刘，因相殴流血。良久，各散走，一循厅之西，一转厅之左，俱乃后门，相触，翕成一人，乃刘也，神已痴矣。半日方能言，访其所以，皆不省。自是恶鲙。"后来，《太平广记》又抄录了这桩唐人食脍的异事。

类似的此等鱼脍饕餮食客，唐代张𬸐所撰笔记小说集《朝野金载》亦有记载："永徽中，有崔爽者。每食生鱼，三斗乃足。于后饥，作鲙未成，爽忍饥不禁，遂吐一物，状如虾蟆。自此之后，不复能食鲙矣。"又《太平御览》载："周子有女，啖脍不知足，家为之贫。至长桥南，见罟者挫鱼作鲊，以钱一千，求一饱食，五斛便大吐，有蟾蜍从吐中出，婢以鱼置口中，即成水。女遂不复啖脍。"

对于孟浩然和杜甫这等超级食客来说，根本就等不及把活鱼运到厨房，而是直接在船上或岸边就开始把刚刚捕捞上来的鱼切片、蘸酱而大快朵颐。连唐代的诗僧寒山和尚（寒山子，生卒年不详）都有诗云："蒸豚揾蒜酱，炙鸭点椒盐。去骨鲜鱼脍，兼皮熟肉脸。"

制作鱼脍，对于切割位置以及所用的刀法都有讲究。

> 鲙法：鲤一尺，鲫八寸，去排泥之羽。鲫员天肉腮后髻前，用腹腴拭刀，亦用鱼脑，皆能令鲙缕不着刀。

以上这段文字出自段成式的《酉阳杂俎》。

甚至，段成式还记述了一位高手不可思议的切脍场景，其切脍技艺之高超令人难以置信。

> 进士段硕，常识南孝廉者，善斫鲙。縠薄丝缕，轻可吹起，操刀响捷，若合节奏。因会客炫技，先起鱼架之，忽暴风雨，雷震一声，鲙悉化为蝴蝶飞去。南惊惧，遂折刀，誓不复作。

古代知名美男子、西晋著名文学家潘岳（247—300）亦描述过厨师高超的鲂鱼脍刀法："华鲂跃鳞，素鱮扬髻。饔人缕切，鸾刀若飞。应刃落俎，霍霍霏霏。红鲜纷其初载，宾旅竦而迟御。"（《西征赋》）

在盛唐诗人中，嗜爱鱼脍能够与孟浩然比肩的非杜甫和李白莫属。

在《阌乡姜七少府设脍，戏赠长歌》这首诗中，杜甫对隆冬季节鱼脍制作的描写极尽铺张夸饰之能事，我们甚至已经看到杜老垂涎不已的样子。

> 姜侯设脍当严冬，昨日今日皆天风。
> 河冻未渔不易得，凿冰恐侵河伯宫。

饔人受鱼鲛人手，洗鱼磨刀鱼眼红。

无声细下飞碎雪，有骨已剁觜春葱。

偏劝腹腴愧年少，软炊香饭缘老翁。

落砧何曾白纸湿，放箸未觉金盘空。

新欢便饱姜侯德，清觞异味情屡极。

东归贪路自觉难，欲别上马身无力。

可怜为人好心事，于我见子真颜色。

不恨我衰子贵时，怅望且为今相忆。

"有骨已剁觜春葱"印证了《礼记》中"脍，春用葱，秋用芥"的说法。

非常有意思的是，只要写到鱼脍，杜甫就会对捕鱼、切鱼的场面予以层层渲染和反复描述，可见其对鱼脍钟爱到了何种程度。

《观打鱼歌》一诗就是最有力的证据。

绵州江水之东津，鲂鱼鱍鱍色胜银。

渔人漾舟沉大网，截江一拥数百鳞。

众鱼常才尽却弃，赤鲤腾出如有神。

潜龙无声老蛟怒，回风飒飒吹沙尘。

饔子左右挥双刀，脍飞金盘白雪高。

徐州秃尾不足忆，汉阴槎头远遁逃。

鲂鱼肥美知第一，既饱欢娱亦萧瑟。

君不见朝来割素鬐，尺尺波涛永相失。

《诗经》云："岂其食鱼，必河之鲂。"

在古时尤其是唐代，用鲂鱼和鲈鱼来做鱼脍口味更鲜美，而鲤鱼和鲫鱼就有点相形见绌了。因为避讳，唐玄宗甚至曾下诏"禁断天下采捕鲤鱼"。鲈鱼脍在典籍和诗文中出现得最频繁，比如："吴中以鲈鱼做脍，菰菜为羹，鱼白如玉，菜黄若金，称为金羹玉脍，一时珍食。"（《太平御览》）

至于鲈鱼脍的做法，请看《太平广记》所载："吴郡献松江鲈鱼干鲙六瓶，瓶容一斗。作鲙法，一同鲵鱼。然作鲈鱼鲙，须八九月霜下之时。收鲈鱼三尺以下者作干鲙，浸渍讫，布裹沥水令尽，散置盘内。取香柔花叶，相间细切，和鲙拨令调匀。霜后鲈鱼，肉白如雪，不腥。所谓'金齑玉鲙'，东南之佳味也。"

杜甫诗中除了令人垂涎的鲂鱼所制的雪白鱼脍之外，还提到了孟浩然老家襄阳的特产美味槎头鳊。实际上，鲂鱼正是鳊鱼的古称。

再看看另一位超级食客李白作于天宝五载（746）的《酬中都小吏携斗酒双鱼于逆旅见赠》：

鲁酒若琥珀，汶鱼紫锦鳞。

山东豪吏有俊气，手携此物赠远人。

意气相倾两相顾，斗酒双鱼表情素。

双鳃呀呷鳍鬣张，拨剌银盘欲飞去。

呼儿拂几霜刃挥，红肌花落白雪霏。

为君下箸一餐饱，醉著金鞍上马归。

除了杜甫和李白，孟浩然的好友王维和王昌龄也都对鱼脍非常偏爱。

请看王维诗作：

洛阳女儿对门居，才可颜容十五余。

良人玉勒乘骢马，侍女金盘鲙鲤鱼。

——王维《洛阳女儿行》

再看王昌龄诗作：

冬夜伤离在五溪，青鱼雪落鲙橙齑。

武冈前路看斜月，片片舟中云向西。

——王昌龄《送程六》

这也是为什么740年孟浩然在与王昌龄相遇时大吃特吃鱼鲜的原因。

《太平广记》还记有一则由鱼脍预见"不详之事"的异事："唐咸亨四年，洛州司户唐望之，冬选科五品，进止未出。闻有一僧来觅，初不相识，延之共坐。少顷云：'贫道出家人，得饮食亦少。以公名人，故暗相托，能设一顿鲙否？'司户欣然，即处置买鱼。此僧云：'看有蒜否？'司户家人云：'蒜尽。'此僧云：'既蒜尽，去也。'即起。司户留之，云：'蒜尽，遣买即得。'僧云：'蒜尽，不可更住者，留不得。'司户无疾，至夜暴亡。蒜者算也，年尽，所以异僧告之。"

到了宋代，因为饮食文化的进一步发展尤其是热菜做法的多样化，鱼脍不像在唐代时那样流行了，但是仍有苏轼（1037—1101）这样的超级美食家对其偏爱有加。

余杭自是山水窟，仄闻吴兴更清绝。

湖中橘林新著霜，溪上苕花正浮雪。

顾渚茶芽白于齿，梅溪木瓜红胜颊。

吴儿鲙缕薄欲飞，未去先说馋涎垂。

亦知谢公到郡久，应怪杜牧寻春迟。

罭丝只好封禅榻，湖亭不用张水嬉。

——苏轼《将之湖州戏赠莘老》

在宋代，嗜食鱼脍能够与苏东坡相媲美的非梅尧臣（1002—1060）莫属。

天池鲫鱼长一尺，鳞光鬣动杨枝碟。

西城隐吏江东客，昼日驰来夺炎赫。

冷气射屋汗收额，便教斫脍倾大白。

我所共乐仲与伯，羡君赴约笑哑哑。

持扇已见飞鸢翩，欲往从之云雾隔。

——梅尧臣《戏酬高员外鲫鱼》

孟浩然去世后，历代的诗人都将槎头鳊与孟浩然直接联系起来。

苏东坡对孟浩然的评价显然是从宋代的文学标准出发的，即《后山诗话》所言："子瞻谓孟浩然之诗，韵高而才短，如造内法酒手，而无材料尔。""造内法酒"即是造宫廷御酒。法酒，即古代宫廷举行大礼时的酒宴，如文献载："全礼毕，复置法酒。诸侍坐殿上皆伏抑首，以尊卑次起上寿。"（《史记·刘敬叔孙通列传》）法酒多用来指按官府法定规格酿造的酒，古有文献称："法酒，用器烧酒之精液取之，名曰哈剌基。酒极醲烈，其清如水，盖酒露也。"（叶子奇《草木子》）刘禹锡有诗云："法酒调神气，清琴入性灵。"

（《昼居池上亭独吟》）

明代李东阳曾借"内法酒"谈到做酒和作文"脱俗"的道理："京师人造酒，类用灰，触鼻蜇舌，千方一味，南人嗤之。张汝弼谓之'燕京琥珀'。惟内法酒脱去此味，风致自别，人得其方者，亦不能似也。予尝譬今之为诗者，一等俗句俗字，类有'燕京琥珀'之味，而不能自脱，安得盛唐内法手为之点化哉？"（《麓堂诗话》）

苏东坡强调了孟浩然作诗手段的高妙，而"才短""无材料"也指出了孟诗的一些缺陷。但是，苏东坡是非常崇拜孟浩然的。严羽在《沧浪诗话·诗辨》中强调孟浩然的学力不如韩愈，但是其作诗的妙悟却远超韩愈，他这样说道："大抵禅道惟在妙悟，诗道亦在妙悟。且孟襄阳学力下韩退之远甚，而其诗独出退之之上者，一味妙悟而已。惟悟乃为当行，乃为本色。"

宋仁宗嘉祐四年（1059）九月，苏轼、苏辙兄弟守母丧期满（服除）。十月，二人计划侍父游京师。十二月，二人陪同父亲苏洵从四川往楚地。该年十二月八日，苏氏父子一行抵达江陵驿。在《上王兵部书》中，苏东坡对此行的记述很详尽："自蜀至于楚，舟行六十日，过郡十一，县三十有六……"然后，父子三人又自荆门由宜城、襄阳等地至京师。

在缓缓渡过汉水的小舟中，苏轼的思绪如同江水一般波动起伏。

> 舍棹忽逾月，沙尘困远行。
>
> 襄阳逢汉水，偶似蜀江清。
>
> 蜀江固浩荡，中有蛟与鲸。
>
> 汉水亦云广，欲涉安敢轻。
>
> 文王化南国，游女俨如卿。

洲中浣纱子，环珮锵锵鸣。

古风随世变，寒水空泠泠。

过之不敢慢，伫立整冠缨。

——苏轼《汉水》

襄阳以及汉水自然会令苏东坡遥想起当年的孟夫子和美味的槎头鳊。

晓日照江水，游鱼似玉瓶。

谁言解缩项，贪饵每遭烹。

杜老当年意，临流忆孟生。

吾今又悲子，辍箸涕纵横。

——苏轼《鳊鱼》

一代大才子王士祯（1634—1711）在襄阳的万山也想起孟浩然和槎头鳊来。

新钓槎头缩项鳊，楚姬玉手鲙红鲜。

万山潭水清如昨，只忆襄阳孟浩然。

——王士祯《万山》

天顺四年（1460），明英宗朱祁镇在《赐襄阳王瞻墡四时歌》中对槎头鳊和宜城美酒大加赞美："适情细脍槎头鳊，洽欢满泛宜城酒。"

诗人已逝，千古悠悠，唯有流淌不息的汉水和鲜美依旧的槎头蝙见证了一代又一代的江山兴衰与世事无常。

第十四章

微观的唐代农家生活：鸡黍、土酒与农桑

唐代以诗取士，故诗至盛唐气象全出。严羽称："大历之诗，高者尚未失盛唐，下者渐入晚唐矣。晚唐之下者，亦堕野狐外道鬼窟中。"（《沧浪诗话》）

我们所熟知的伟大诗人李白、杜甫、王维、孟浩然、王昌龄、贺知章、张九龄、高适、岑参、王之涣等都主要生活于开元及天宝时期，正所谓"夫学诗者以识为主：入门须正，立志须高；以汉、魏、晋、盛唐为师，不作开元、天宝以下人物"（《沧浪诗话·诗辨》）。严羽强调的是后世所不能企及的盛唐诗的高妙之处，其对孟浩然评价甚高："孟浩然之诗，讽咏之久，有金石宫商之声。"

关于孟浩然主要生活的盛唐开元时期，很多读者都想了解当时的人是如何生活的，比如他们的日常环境以及吃穿住行。我们可以通过孟浩然来大体了解一下开元时期普通农家的生活状态。

> 故人具鸡黍，邀我至田家。
>
> 绿树村边合，青山郭外斜。
>
> 开轩面场圃，把酒话桑麻。

待到重阳日，还来就菊花。

——孟浩然《过故人庄》

这是唐诗中非常典型的田园诗。孟浩然写出了纯朴、自然的乡村景象以及重阳节之际亲切、温暖的对饮场面。关于重阳登高，唐诗中最著名的当数王维的《九月九日忆山东兄弟》，其中"遍插茱萸少一人"写尽了朋友之间的深情。

孟浩然非常幸运地赶上了开元盛世，其时"左右藏库，财物山积，不可胜较。四方丰稔，百姓殷富，管户一千余万，米一斗三四文，丁壮之人，不识兵器。路不拾遗，行者不囊粮"（《开天传信记》）。杜甫则不幸地赶上了唐玄宗末年至唐代宗初年的安史之乱，从而也经历了大唐由盛转衰的拐点。

孟浩然与杜甫二人的田园诗、农事诗刚好反映了唐代不同时期的农民截然不同的乡村生活与命运，一喜一悲、一静一乱构成了唐代丰富多变的社会史。

至德二年（757），任左拾遗不久的杜甫因上书支持房琯而触怒唐肃宗，以至被贬华州（今华县），后被放还。该年闰八月，杜甫由凤翔往鄜州羌村（今陕西富县北）探望在此寓居了一年的妻儿。

安史之乱导致的民不聊生、田园荒芜以及百姓颠沛流离而朝不保夕的景象尽收于杜甫的笔端。

群鸡正乱叫，客至鸡斗争。

驱鸡上树木，始闻叩柴荆。

父老四五人，问我久远行。

手中各有携，倾榼浊复清。

苦辞酒味薄，黍地无人耕。

兵戈既未息，儿童尽东征。

请为父老歌，艰难愧深情。

歌罢仰天叹，四座泪纵横。

——杜甫《羌村三首·其三》

　　天宝年间人口近四千九百万，更早时期是六千万，而鼎盛时期人口达八千万以上。经八年之久的安史之乱（755—763），唐朝的人口在唐代宗广德二年（764）骤减到"户二百九十余万，口一千六百九十余万"（《资治通鉴·唐纪》）。这种"人烟断绝，千里萧条"（《旧唐书·郭子仪传》）的衰败景象与大饥荒及叛军屠城有很大关系，即所谓的"或为所擒戮，无敢拒之者"（《资治通鉴·唐纪》）。以原有两百万人口的京畿地区为例，叛军攻入长安后幸免于难的不到一千户。正是因为人口锐减而又需要征兵，所以安史之乱期间几乎所有的男丁都要从军，于是在杜甫的"三吏""三别"中出现了惨烈无比的时代景象。

　　还是让我们回到盛唐以及孟浩然。

　　通过孟浩然《过故人庄》这首诗，我们可以看到唐代城乡之间的差异以及普通农家的居住环境和生活水平。

　　"青山郭外斜"交代了孟浩然老朋友所在村落的居住环境。古时的村庄为了居民安全考虑，有的会设村门和村墙。唐代是在城外远郊设村，即"在邑居者为坊，在田野者村"（《旧唐书》）。村庄距离城市是有一段距离的，近的为几十里。这一距离不只是交通层面的，还涉及唐代不同阶层之间的社会差别，比如等级、秩序、经济以及心理上的落差。

唐代的襄阳城包括最为重要的子城（山南东道节度使和襄阳县的衙署）、西城以及城内的靖安、旌孝、明义三坊。城外有春台乡的汉阴里、檀溪里，殖业乡的崇教里，以及凤林乡的安远坊、南津坊（参见鲁西奇《城墙内外：古代汉水流域城市的形态与空间结构》）。唐末的杨师厚（？—915）增筑襄阳罗城。

按《唐六典》，开元时期四家为邻、五家为保、百户为里、五里为乡。郭内分为坊，郊外为村，设有里正、坊正、村正，负责户口管理、维护治安、赋役科税、课植农桑等工作。

以今天的眼光来看，孟浩然眼中的青山、绿树、园圃，吃的农家"走地鸡"以及畅饮的自酿土酒都是纯天然的、有机的、绿色的、生态的，也是充满了诗情画意而令人向往不已的。但是，如果我们的体悟不止于此，再进一步深入探究的话，就会发现那时农家真正的生活环境和日常饮食状况。

通过"故人具鸡黍"，我们来看看唐代宫廷、富族以及普通百姓的饮食差异及其构成。

从西周一直到唐宋，肉食皆以羊肉为主，所以出现了诸多嗜羊的饕客。如《云仙杂记》所载："熊翻每会客，至酒半，阶前旋杀羊。令众客自割，随所好者，彩绵系之。记号毕，蒸之，各自认取，以刚竹刀切食。一时盛行，号'过厅羊'。"

羊肉甚至还能用来酿制美酒，美其名曰"白羊酒"，如文献载："腊月，取绝肥嫩羯羊肉二十斤，肉三十斤，内要肥膘十斤。连骨，使水六斗已来，入锅煮肉，令极软，漉出骨，将肉丝擘碎，留着肉汁。炊蒸酒饭时，匀撒脂肉拌饭上，蒸令软，依常盘搅，使尽肉汁六斗泼馈了，再蒸良久，卸案上摊，令温凉得所。拣好脚醅，依前法酘拌，更使肉汁二升已来，收拾案上及元压面水，依寻常大酒法日数，但

曲尽于醅米中用尔。一法：脚醅发只于酘饭内，方煮肉，取脚醅一处，搜拌入瓮。"（北宋朱翼中《北山酒经》）

唐代的宫廷、贵族以及中层以上官员的饮食结构中最重要的肉食来自于羊，马和牛因为战备以及耕种的需要往往禁止屠杀食用且身价比较高。天宝二载（743），牛的市价是：一头细犍牛按上、中、下三等分别为四千两百文、四千文和三千八百文，再次一点的犍牛按等级分别为三千两百文、三千文和两千两百文。

唐代的笔记小说中有很多关于吃羊肉的故事，比如张鷟《朝野佥载》所记唐太宗以无脂肥羊肉作药引之事："唐太宗问光禄卿韦某，须无脂肥羊肉充药。韦不知所从得，乃就侍中郝处俊宅问之。俊曰：'上好生，必不为此事。'乃进状自奏：'其无脂肥羊肉，须五十口肥羊，一一对前杀之，其羊怖惧，破脂并入肉中。取最后一羊，则极肥而无脂也。'上不忍为，乃止。赏处俊之博识也。"

但凡事都有例外，洛州司金严升期任侍御史期间于江南巡察，其性嗜牛肉，每至州县无牛肉不食，每到一处烹宰犍牛极多，所以被当时人讽为"金牛御史"。

在唐代，猪肉被认为是等而下之的食物，往往是社会底层尤其是普通农民才食用。关于猪肉，孙思邈在《千金方》卷二十六中有介绍："凡猪肉，味苦，微寒，宜肾，有小毒。补肾气虚竭，不可久食，令人少子精，发宿病，弱筋骨，闭血脉，虚人肌。有金疮者，食之疮尤甚。"

关于猪、羊这一等级分明的饮食结构甚至在宋代还在延续。据相关资料，宋代皇家厨房仍坚持"不登彘肉"的原则。宋神宗时期，御厨房一年之内所消耗的羊肉高达四十三万四千多斤，而猪肉只有四千一百多斤的消耗。苏东坡被贬黄州之际所吃的正是被贵族、富商所不齿的猪肉。这位伟大的美食家自然不会放过将猪肉开发成美食的机会，他曾作文："净洗铛，少着水，柴头罨烟焰不起。待他自熟莫催他，火候足时他自美。黄州好猪肉，价贱如泥土。贵者不肯吃，贫者不解煮，早晨起来打两碗，饱得自家君莫管。"（《猪肉颂》）苏东坡数次在诗文中谈及猪肉，如："公之所谈，譬之饮食龙肉也，而仆之所学，猪肉也。猪之与龙，则有间矣，然公终日说龙肉，不如仆之食猪肉实美而真饱也。"（《答毕仲举书》）

　　作为知名美食家、老饕和超级"吃货"，苏东坡开创了很多菜品，比如"东坡肘子""东坡肉""东坡豆腐""东坡玉糁""东坡腿""东坡芽脍""东坡墨鲤""东坡饼""东坡酥""东坡豆花"等。苏东坡曾把自己开发出来的许多猪肉菜品（比如众所周知的东坡肉、东坡肘子、竹笋焖肉）极力推荐给周边的朋友。苏东坡曾作诗《于潜僧绿筠轩》："可使食无肉，不可居无竹。无肉令人瘦，无竹令人俗。"后来人们将此诗演化，成了如下模样："无竹令人俗，无肉使人瘦。不俗又不瘦，竹笋焖猪肉。"

　　苏东坡并非不喜欢羊肉，而是吃不起。在被贬惠州时期，他只能偶尔从屠夫手里买些羊脊骨（羊蝎子）来打打牙祭，自言："骨间亦有微肉，熟煮热漉出，不乘热出，则抱水不干。渍酒中，点薄盐炙微燋食之。终日抉剔，得铢两于肯綮之间，意甚喜之。如食蟹螯，率数日辄一食，甚觉有补。"（《与子由弟书》）

　　所以，为了生活白给自足，唐宋时期的农民大多自家养殖猪和鸡，所以猪和鸡也成为农家待客宴席上最为重要的、显得有脸面的丰盛食物的代名词。在我的老家冀东地区，那里的村庄在公元2000年之前基本家家都养殖猪和鸡，而牛和马作为重要的耕作劳力往往是由几家共同畜养。

孟浩然谈到"故人具鸡黍"，接下来我们谈谈黍。

　　关于"五谷"，《礼记》中指的是黍、稷、麦、麻、菽，《汉书》中指的是黍、稷、麦、稻、菽。

　　唐代的农作物主要有粟、黍、大麦、小麦、荞麦、水稻、大豆、小豆、高粱、胡麻等。

　　粟，北方通称"谷子"，去皮后为小米。西晋张华在《博物志》中认为大雁吃了粟翅膀就会变得沉重而不能飞，马如果吃了粟的话就会足重而不能行走。

　　黍，又称黍子、糜子，一年生草本植物，是古代重要的农作物。《诗经》有云："黍稷稻粱，农夫之庆。"在小麦和稻子推广之前，黍是不可替代的食物来源。黍子去皮后为黄米（黄粱），具有黏性。李时珍称："稷与黍，一类二种也。黏者为黍，不黏者为稷。"（《本草纲目·谷二·稷》）由此可见，稷和黍的区别在于是否具有黏性。黍子除了作为主食之外还可以用来酿酒，孔子曰"黍可为酒，禾入水也"（《说文解字》），杜甫则有诗"苦辞酒味薄，黍地无人耕"（《羌村三首·其三》）。

　　由上可见，孟浩然所说的"鸡黍"代指农家非常好的待客饭菜，其另有一诗云："客醉眠未起，主人呼解醒。已言鸡黍熟，复道瓮头清。"（孟浩然《戏题》）

　　孔子的弟子子路也曾得到农家主人"具鸡黍"的待遇，《论语·微子》云："止子路宿，杀鸡为黍而食之。"关于"鸡黍"，还有一个重要的典故。"鸡黍之交"出自《后汉书·独行列传》中范式和张劭的故事："范式字巨卿，山阳金乡人也，一名汜。少游太学，为诸生，与汝南张劭为友。劭字元伯。二人并告归乡里。式谓元伯曰：'后二年当还，将过拜尊亲，见孺子焉。'乃共剋期日。后期方至，元伯具以白母，请设馔以候之。母曰：'二年之别，千里结言，尔何相信之审邪？'对曰：'巨卿信士，必不乖违。'母曰：'若然，当为尔酝酒。'至其日，巨卿果到，升堂拜饮，尽欢而别。"鸡黍之交因此用来形容守信之交。又见《北史·卢道虔传》载："（卢道虔）为尚书同僚于草屋下设鸡黍之膳，谈者以为高。"

农家好友为孟浩然准备的鸡黍以及土酒已是当时普通老百姓待客的最高规格了。所以当裴司士、员司户来拜访的时候，倍感荣幸的孟浩然一家准备的饭菜也是鸡黍和土酒（家酿）。

府僚能枉驾，家酝复新开。
落日池上酌，清风松下来。
厨人具鸡黍，稚子摘杨梅。
谁道山公醉，犹能骑马回。

——孟浩然《裴司士、员司户见寻》

在唐代，各地州郡的长官为刺史，其下属僚佐有上佐、判司和录事参军。判司包括司功、司仓、司户、司兵、司法、司士六参军，主要负责官吏的考课、礼仪、赋税、仓库、户口、驿传、刑狱和工程水利等事务。

这里的"裴司士"指的是裴朏，为孟浩然的忘形之交。裴朏在开元十八年（730）为学士，曾任侍御史、襄州司户、礼部郎中。裴朏在开元二十九年（741）初为裴積（曾任朝议郎、尚书祠部员外郎）撰写墓志，其中有言："天不假年，神爽其善，视事累月，卧疾弥旬。以开元廿八年十二月十九日，终于长安光德里私第，春秋卅。其先葬于闻喜之东凉原也，即以辛巳岁二月癸丑廿日壬申，旋窆于长安万春乡神和原，礼也。初，日者有言曰：'且有横厄，愿禳之。'君曰：'苟无负于神明，亦何禳之有？'生死有命，诚性已齐，此则达人之用心也。君博识多闻，含光育德，志希宏济，心镜无为。尝览太一之书、黄公之略，每怀远大，自比范、张。及我宦成，期于身退，挂冠投绂，卧壑栖林。青口始阶，黄埃溘至。海内豪俊，孰不惋惜？嗣子倩等，异才动俗，纯孝通神，永慕寒泉，式刊贞石。"

> 故人荆府掾，尚有柏台威。
>
> 移职自樊衍，芳声闻帝畿。
>
> 昔余卧林巷，载酒过柴扉。
>
> 松菊无时赏，乡园欲懒归。

——孟浩然《闻裴侍御朏自襄州司户除豫州司户，因以投寄》

裴朏能够载酒来访孟浩然，可见其情意之真切。

毫无疑问，不管是裴朏带的酒还是孟浩然的家酿，基本都是用粮食来作酿酒的原料。

贾思勰在《齐民要术》中提到用麦、秫黍米、糯米、粳米等治曲酿酒的方法。

上文提到的杜甫的《羌村三首·其三》也写到了鸡黍，但是道出的却是经年离乱和民生疾苦，即所谓"苦辞酒味薄，黍地无人耕"。

孟浩然在《过故人庄》中提到了"开轩面场圃"和"把酒话桑麻"，我们也从中看到了盛唐时期非常典型的田园生活，即男耕女织的农事模式。

唐代延续了以往的均田制，土地分为永业田（世业田）和口分田（按人口多少授田），前者类似于祖业，子孙可以继承。

开元时期，农家的园宅（宅基地）情况基本是"百姓给园宅地者，良口三人已下给一亩，三口加一亩；贱口五人给一亩，五口加一亩"（《唐六典》）。至于所种田地，青壮年为一顷，年老以及废疾者是四十亩。僧人和道士为每人三十亩，女道士（女冠）和尼姑则为每人二十亩。当时是五尺为一步，二百四十步为一亩，百亩为顷。

孟浩然诗中提到了农宅中的"轩"，即带有窗子的走廊或小屋。

唐代的房屋规制等级森严："王公以下，舍屋不得施重栱藻井。三品以上，堂舍不得过五间九架，厅厦两头门屋，不得过五间五架。五品以上，堂舍不得过五间七架，厅厦两头门屋，不得过三间两架。仍通作乌头大门。勋官各依本品。六品七品以下，堂舍不得过三间五架，门屋不得过一间两架。非常参官，不得造轴心舍，及施悬鱼、对凤、瓦兽、通袱乳梁装饰。其祖父舍宅，门荫子孙，虽荫尽，听依仍旧居住。其士庶公私宅第，皆不得造楼阁，临人家。又庶人所造堂舍，不得过三间四架，门屋一间两架。仍不得辄施装饰。"（《唐会要》）

白居易身为官员，他在洛阳履道里的宅院占地十七亩，屋室占三分之一，水占五分之一，竹子占九分之一，岛树桥道间之（参见《旧唐书·白居易传》）。《太平广记》亦比较详细地描述了唐代一户较为富庶人家宅院的情况："其所居也，则东向南向，尽崇山巨石，林木森翠。北面差平，即诸陵岭。西面悬下，层溪千仞，而有良田，山人颇种植。其中有瓦屋六间，前后数架。在其北，诸先生居之。东厢有厨灶，飞泉檐间落地，以代汲井。其北户内，西二间为一室，闭其门。东西间为二室，有先生六人居之。其室前庑下，有数架书，三二千卷。谷千石，药物至多，醇酒常有数石。"

至于普通庶民或农家的房屋，则主要是以泥和茅草盖成三间四架的"草屋"（茅茨），屋旁择地建有牛棚、猪圈、鸡窝（笼）和其他畜笼等。院墙一般以柴门和篱笆代替，"凡作篱，于地畔方整深耕三垄，中间相去各三尺，刺榆荚垄中种之"（《四时纂要》）。篱外为园、圃、场和花、树。

乾元二年（759）年底，杜甫由陇抵蜀，次年春末于城西郊浣花溪畔（又名濯锦江、百花潭）一亩地之上所筑的草堂的规模也大抵如此。杜甫诗云："背郭堂成荫白茅，缘江路熟俯青郊"（《堂成》）。现在我们看到的杜甫草堂则是后世不断重修和扩建之后的旅游景观了。

元和十二年（817），一向喜好山水而成癖的白居易仿照杜甫，在庐山香炉峰下（今江西九江市南庐山西北部）修建了庐山草堂，三月二十七日住进新居。对草堂的建筑规制、用料、摆设以及周边的环境、景致，白居易交代得非常清楚。一云："三间两柱，二室四牖，广袤丰杀，一称心力。洞北户，来阴风，防徂暑也；敞南甍，纳阳日，虞祁寒也。木斫而已，不加丹；墙圬而已，不加白。磶阶用石，幂窗用纸，竹帘纻帏，率称是焉。堂中设木榻四，素屏二，漆琴一张，儒、道、佛书各两三卷。"又云："前有平地，轮广十丈；中有平台，半平地；台南有方池，倍平台。环池多山竹野卉，池中生白莲、白鱼。又南抵石涧，夹涧有古松、老杉，大仅十人围，高不知几百尺。修柯戛云，低枝拂潭，如幢竖，如盖张，如龙蛇走。松下多灌丛，萝茑叶蔓，骈织承翳，日月光不到地，盛夏风气如八、九月时。下铺白石，为出入道。堂北五步，据层崖积石，嵌空垤埆，杂木异草，盖覆其上。绿阴蒙蒙，朱实离离，不识其名，四时一色。又有飞泉、植茗，就以烹燀，好事者见，可以销永日。堂东有瀑布，水悬三尺，泻阶隅，落石渠，昏晓如练色，夜中如环佩琴筑声。堂西倚北崖右趾，以剖竹架空，引崖上泉，脉分线悬，自檐注砌，累累如贯珠，霏微如雨露，滴沥飘洒，随风远去。其四旁耳目、杖屦可及者，春有锦绣谷花，夏有石门涧云，秋有虎溪月，冬有炉峰雪。"（《庐山草堂记》）可见白居易草堂附近以及香炉峰周边景致之幽静宜人。

在白居易于香炉峰下修建草堂的近百年前，孟浩然从水路途经此地。孟浩然在浩渺的烟波之上遥望香炉峰，感怀不已。

挂席几千里，名山都未逢。

泊舟浔阳郭，始见香炉峰。

尝读远公传，永怀尘外踪。

东林精舍近，日暮但闻钟。

——孟浩然《晚泊浔阳望香炉峰》

王士祯高度评价孟浩然的这首诗："诗至此，色相俱空，政如羚羊挂角，无迹可求，画家所谓逸品是也。"（《分甘余话》）

孟浩然在《过故人庄》一诗中亦借助"把酒话桑麻"道出了古代稼穑结构和纺织业中桑麻纺绩、蚕桑织染不可替代的重要性。

桑树为落叶灌木，用途非常广，比如叶子可以喂蚕，果穗味甜可食，木材可制家具或农具，皮可以造纸，其叶和果均可入药。

大麻、苎麻、黄麻、苘麻、亚麻被称为"五麻"，它们的茎皮纤维通常称为"麻"，可以用来织布或制绳索。在唐代，一般一亩田可栽种桑树九至十棵。

在诗歌文化中，"桑麻"被赋予了更多诗意化的成分而成为农事的代名词。正如宋人罗大经所言："农圃家风，渔樵乐事，唐人绝句模写精矣。余摘十首题壁间，每菜羹豆饭饱后，啜苦茗一杯，偃卧松窗竹榻间，令儿童吟诵数过，自谓胜如吹竹弹丝。"(《鹤林玉露》)然而，在"雨里鸡鸣一两家，竹溪村路板桥斜。妇姑相唤浴蚕去，闲着中庭栀子花"(王建《雨过山村》)这一类诗里，"桑麻"被诗意化、文人化和美化了，农事的辛苦以及阶层的差异却被简化和省略了。白居易在《盐商妇》中指出，"盐商妇，多金帛，不事田农与蚕绩"，这是因为汉唐时期妇人纺绩是非常辛苦的。《汉书·食货志》载："冬，民既入，妇人同巷，相从夜绩，女工一月得四十五日。"像杜甫这样伟大的现实主义诗人道出了农家生活清贫的真相："用拙存吾道，幽居近物情。桑麻深雨露，燕雀半生成。村鼓时时急，渔舟个个轻。杖藜从白首，心迹喜双清。"(《屏迹三首·其一》)

农民当然是要交税的。

唐代赋税分为租、庸、调三种，即纳粮、服劳役以及交纳织品〔绢、绵、布（麻）等〕。不仅稼穑和纺绩非常辛苦，而且农民是靠天吃饭的，过多依赖于农时、气候以及自然变化，收入非常不稳定。

唐朝近三百年，其间赶上了持续较长时间的旱灾以及蝗灾，导致农业歉收。如《明皇杂录》所载，"唐开元中，关辅大旱，京师阙雨尤甚"。据《新唐书》所载，开元二年、开元三年、开元四年、开元六年、开元七年、开元八年都发生了旱灾。自开元元年秋至开元二年正月半年多的时间里，关中地区竟然一直没有下雨，致使"人多饥乏"(参见《旧唐书》)。此外，还时有洪涝灾害发生。开元五年六月，河南巩县连月暴雨导致山洪暴发，毁城邑屋舍七百余家，溺死七十二人。

另外，开元初的时候山东就闹了一场巨大的蝗灾，"是岁，所司结奏捕蝗虫凡□百□余万石"(《开天传信记》)。开元五年二月，河南、河北虫害导致该地无法出地租。同样是开元年间，贝州（今河北邢台清河县）虫害严重，"有大白鸟数千，小白鸟数万，尽食其虫"（《酉阳杂俎》）。《新唐书》记载："开元二十二年八月，榆关蚼蚄虫害稼，入平州界，有群雀来食之，一日而尽。二十六年，榆关蚼蚄虫害稼，群雀来食之。三载，青州紫虫食田，有鸟食之。广德元年秋，蚼蚄虫害稼，关中尤甚，米斗千钱。"

每当有旱灾发生，唐玄宗就会避正殿、撤乐、减膳、祈雨、虑囚、减免税收。开元四年二月，关中大旱，唐玄宗即"遣史祈雨于骊山，应时澍雨"（《旧唐书》）。旱灾严重的时候，唐玄宗多次召集不空、一行等僧人祈雨。《酉阳杂俎》载："梵僧不空，得总持门，能役百神，玄宗敬之。岁常旱，上令祈雨，不空言，可过某日，令祈之，必暴雨。上乃令金刚三藏设坛请雨，连日暴雨不止，坊市有漂溺者。遽召不空，令止之。不空遂于寺庭中，捏泥龙五六，当溜水，作胡言骂之。良久，复置之，乃大笑，有顷，雨霁。"

关于农事劳作的艰辛以及农民生存的艰难，唐初诗僧王梵志（生卒年不详）亦有诗云：

妇即客舂捣，夫即客扶犁。

黄昏到家里，无米复无柴。

男女空饿肚，犹似一食斋。

里正追庸调，村头共相催。

幞头巾子露，衫开肚皮开。

体上无裈袴，足下复无鞋。

——王梵志《贫穷田舍汉》

声色与酒徒

第十五章
另一个孟浩然：宴饮、歌妓与闺情

　　孟浩然给后世留下的是瘦削、恬淡和清雅的"白衣隐者"形象，但是这是真实而全面的孟浩然吗？隐士背后，他的真实形象到底是什么样子的？

　　纵观唐代，无论是在长安、洛阳还是在各个州府县，聚会宴饮和交游之风都颇盛。其时友朋们幕天席地，歌舞管弦，诗歌唱和、行酒令，不亦乐乎。王定保在《唐摭言》中就提到唐代的大相识、次相识、小相识、闻喜、樱桃、月灯打球、牡丹、看佛牙、关宴等具有代表性的重要宴集。

　　五代十国时期南唐翰林待诏顾闳中（910—980）的《韩熙载夜宴图》对贵族（即中书侍郎韩熙载）家宴的琵琶独奏、六幺独舞、宴间休憩、清吹（管乐合奏，两人吹横笛，三人吹筚篥）、宾客应酬以及歌妓调笑等纵情声色的场面有着非常直观和生动的描画。韩熙载"多好声伎，专为夜饮，虽宾客糅杂，欢呼狂逸，不复拘制"的形象跃然纸上。其宋代摹本（绢本设色，宽28.7厘米，长335.5厘米）现藏于北京故宫博物院。在唐代，和尚和道士参加宴会并不少见，在《韩熙载夜宴图》中，韩熙载的好友德明和尚就参加了宴集。

开始于景龙年间（707—710）而终止于开元时期（713—741）的烧尾宴是士子登科和官位升迁之际最著名的宴会，《夜航船·选举部》载："唐士人得第，必展欢宴，谓之烧尾宴。谓鱼化为龙，必烧其尾"。《封氏闻见记》卷五亦有记载："士子初登荣进或迁除，朋僚慰贺，必盛置酒馔音乐，以展欢宴，谓之'烧尾'。"

关于"烧尾"的来由，说法众多。

《旧唐书·苏瑰传》载："公卿大臣初拜官者，例许献食，名曰'烧尾'。"《封氏闻见记》载："说者谓虎变为人，惧尾不化，须为焚除，乃得成人。故以初蒙拜授，如虎得为人，本尾犹在，体气既合，方为焚之，故云'烧尾'。一云新羊入群，乃为诸羊所触，不相亲附，火烧其尾则定。"

对于一朝登科的举子们而言，"烧尾"寓意鲤鱼跃龙门，"鱼将化龙，雷为烧尾"（《北梦琐言》卷四）。

景龙三年（709）二月，韦巨源（631—710）升任尚书左仆射（曾四次拜相），向唐中宗进宴，这就是著名的烧尾宴。

烧尾宴的冷盘有生鱼片，热炒则有切一尺长的炒羊肉丝（羊皮花丝）、豆苗贴田鸡（雪婴儿）、奶汁炖鸡（仙人脔）、鹿鸡同炒（小天酥）、烤鹌鹑（箸头春）、各种炸肉（过门香）、烧烤（如金铃炙、红羊枝杖、光明虾炙），还有甜品面点（如巨胜奴，即蜜制馓子；婆罗门轻高面，即蒸面；贵妃红，即红酥皮；曼陀样夹饼）、汤羹粥（冷蟾儿羹、白龙、长生粥）以及看菜（突出菜的观赏性，最为壮观的是用素菜和蒸面做成一群蓬莱仙子的"素蒸音声部"）等，总计近六十道各色菜品，所用食材更是令人叹为观止。

在盛唐宴饮的大背景下，我们发现孟浩然的宴饮诗非常多。

所以，在唐代诗人注重交游的整体文化氛围之下，孟浩然的交往也不可能全然排除功利性的一面，尤其是在科举时代，这种广泛交游也是情理之中的事情。

实际上，孟浩然同李白、杜甫一样，有些形象是其自身的真实面貌的体现，而有些形象甚至刻板印象则是同时代诗人、文士以及后世的读者为了一时的需要和想象及心理寄托而强加在他们身上的。对于这一点，我非常认同汉学家宇文所安的说法："每一时代的诗人和读者为了从人类生活中寻找自己的价值观念，创造了各种英雄；而那些复杂而矛盾的凡人被迫成为英雄角色时，不可避免地在其最大的赞美者手中被曲解和简单化。孟浩然诗中所呈现的形象是复杂多样的：他是一位失败的求仕者，一位热情的旅行家，一位喜欢饮宴的朋友，及一位闲适的乡村绅士。他欣赏京城的文士圈子，喜好优美的东南风光；而他最热爱的，是在邻近襄阳的家园中的僻静生活，他在此接待了许多朋友，并游览了本地的风景点和历史遗迹。然而，李白及其他人需要一位傲岸的隐士，一种蔑视仕宦'轩冕'的'自由精神'，及一位将时光付于中等酒的'中圣'的狂士。"（《盛唐诗》）

毫无疑问，孟浩然同样是具有个性的生命体，是极其丰富而又复杂、矛盾的复合体。他也曾偶尔做出例外之举和"破格"之事，打破我们对他延续千百年的惯常印象，比如他放浪形骸的宴饮，比如他写关于歌妓的诗及一些闺情诗。

我们先来看看孟夫子在崔明府夜宴上观妓一事。

> 画堂观妙妓，长夜正留宾。
>
> 烛吐莲花艳，妆成桃李春。
>
> 髻鬟低舞席，衫袖掩歌唇。

汗湿偏宜粉，罗轻讵著身。

调移筝柱促，欢会酒杯频。

倘使曹王见，应嫌洛浦神。

——孟浩然《宴崔明府宅夜观妓》

在崔明府家夜宴观妓时，孟浩然还作有另外一首诗，可见当时孟浩然的兴致极高。

白日既云暮，朱颜亦已酡。

画堂初点烛，金幌半垂罗。

长袖平阳曲，新声子夜歌。

从来惯留客，兹夕为谁多。

——孟浩然《崔明府宅夜观妓》

孟浩然这里提到的"妓"是"官妓"或"家妓"。孟浩然对她们的服饰、发饰、妆饰、面容、身段以及歌舞、弹奏、欢饮的细节和场面极其详尽的描写散发着香艳之气和狎妓之思。较之孟浩然，开元时期的进士万楚在端午节观乐妓时所写到的内容更为直接："西施谩道浣春纱，碧玉今时斗丽华。眉黛夺将萱草色，红裙妒杀石榴花。新歌一曲令人艳，醉舞双眸敛鬓斜。谁道五丝能续命，却令今日死君家。"（《五日观妓》）

其时，唐代各级州府县之人在职位升迁、送迎、游玩、聚饮、唱和之时往往有官妓或家妓在侧。

唐代官妓都有乐籍，她们也被称为官使女子、官中奴、府妓、府娟、郡妓。有唐一代写"观妓""听妓"的诗人众多，其中当然也包括孟浩然。在妻子去世后，王维清心寡欲地在辋川闲居，因而被称为"诗佛"，但王维也曾写过歌妓："画楼吹笛妓，金碗酒家胡。锦石称贞女，青松学大夫。脱貂贳桂醑，射雁与山厨。闻道高阳会，愚公谷正愚。"（《过崔驸马山池》）

在张明府以及张记室宅第宴饮的时候，孟浩然也格外关注到了歌妓，有诗云"香炭金炉暖，娇弦玉指清"（《寒夜张明府宅宴》），又云"妓堂花映发，书阁柳逶迤。玉指调筝柱，金泥饰舞罗"（《宴张记室宅》）。

春天万物复苏，正是经历了蛰居寒冬而春情萌发的时节。在春意盎然、万物萌动之际孟浩然也难免沉湎于声色，如其诗云："酒伴来相命，开樽共解醒。当杯已入手，歌妓莫停声。"（《晚春》）

实际上，唐代的诗歌传播与教坊、歌舞乐妓、优伶、官署、青楼、茶馆、酒肆有着极其密切的关系，当时还有专门的酒妓、饮妓、酒佐。歌妓院落、教坊以及其他供宴饮、娱乐的相关场所对唐诗的口头传播以及再生产起到了不可替代的作用。

诗人的诗作在传播过程中还掺杂了商业化和功利化的因素，比如唐代诗人李益（746—829）长于歌诗，"每作一篇，为教坊乐人以赂求取，唱为供奉歌词。其《征人歌》《早行篇》，好事者画为屏障；'回乐峰前沙似雪，受降城外月如霜'之句，天下以为歌词"（《旧唐书》）。

这位李益也是蒋防所撰的唐传奇《霍小玉传》中的那位薄情郎，其中写道："玉沉绵日久，转侧须人。忽闻生来，欻然自起，更衣而出，恍若有神。遂与生相见，含怒凝视，不复有言。羸质娇姿，如不胜致，时复掩袂，返顾李生。感物伤人，坐皆歔欷。顷之，有酒肴数十盘，自外而来。一座惊视，遽问其故，悉是豪士之所致也。

因遂陈设，相就而坐。玉乃侧身转面，斜视生良久，遂举杯酒，酬地曰：'我为女子，薄命如斯。君是丈夫，负心若此。韶颜稚齿，饮恨而终。慈母在堂，不能供养。绮罗弦管，从此永休。征痛黄泉，皆君所致。李君李君，今当永诀！我死之后，必为厉鬼，使君妻妾，终日不安！'乃引左手握生臂，掷杯于地，长恸号哭数声而绝。"

当时，确实有歌妓为了出名而向著名诗人求诗的，也确实有因为一首诗而一夜成名的，比如刘泰娘。此事见孙棨《北里志》所载："刘泰娘，北曲内小家女也。彼曲素无高远者，人不知之。乱离之春，忽于慈恩寺前，见曲中诸妓同赴曲江宴。至寺侧下车而行，年齿甚妙，粗有容色。时游者甚众，争往诘之。以居非其所，久乃低眉。及细询之，云：'门前一樗树子。'寻遇暮雨，诸妓分散。其暮，予有事北去，因过其门，恰遇犊车返矣。遂题其舍曰：'寻常凡木最轻樗，今日寻樗桂不如。汉高新破咸阳后，英俊奔波遂吃虚。'同游人闻知，诘朝诣之者，结驷于门矣。"

有唐一代，歌妓的身价往往并不是按姿色分级别，而是以才能、技艺高低来定，其中自然也包括唱诗，这也揭示了唐代诗歌传播的整体生态。白居易曾写道，"及再来长安，又闻有军使高霞寓者，欲聘倡妓，妓大夸曰：'我诵得白学士《长恨歌》，岂同他妓哉？'由是增价。又足下书云：到通州日，见江馆柱间有题仆诗者。复何人哉？又昨过汉南日，适遇主人集众乐娱他宾，诸妓见仆来，指而相顾曰：'此是《秦中吟》《长恨歌》主耳。'自长安抵江西，三四千里，凡乡校、佛寺、逆旅、行舟之中，往往有题仆诗者；士庶、僧徒、孀妇、处女之口，每每有咏仆诗者。此诚雕虫之戏，不足为多，然今时俗所重，正在此耳"（《与元九书》）。

唐代薛用弱在传奇小说集《集异记》中就记述了开元时期著名

诗人王昌龄、高适、王之涣三人奇遇歌妓的故事。

在大雪天，三人闲游，于登楼会宴之际遇到了十几个梨园伶官和歌妓。故事经过详见原文："三诗人因避席隈映，拥炉火以观焉。俄有妙妓四辈，寻续而至，奢华艳曳，都冶颇极。旋则奏乐，皆当时之名部也。昌龄等私相约曰：'我辈各擅诗名，每不自定其甲乙，今者可以密观诸伶所讴，若诗人歌词之多者，则为优矣。'俄而一伶，拊节而唱曰：'寒雨连江夜入吴，平明送客楚山孤。洛阳亲友如相问，一片冰心在玉壶。'昌龄则引手画壁曰：'一绝句。'寻又一伶讴之曰：'开箧泪沾臆，见君前日书。夜台何寂寞，犹是子云居。'适则引手画壁曰：'一绝句。'寻又一伶讴曰：'奉帚平明金殿开，暂将团扇共徘徊。玉颜不及寒鸦色，犹带昭阳日影来。'昌龄则又引手画壁曰：'二绝句。'之涣自以得名已久，因谓诸人曰：'此辈皆潦倒乐官，所唱皆《巴人》《下里》之词耳，岂《阳春》《白雪》之曲，俗物敢近哉？'因指诸妓中最佳者曰：'待此子所唱，如非我诗，吾即终身不敢与子争衡矣。脱是吾诗，子等当须列拜床下，奉吾为师。'因欢笑而俟之。须臾次至双鬟发声，则曰：'黄河远上白云间，一片孤城万仞山。羌笛何须怨杨柳，春风不度玉门关。'之涣即撽歈二子曰：'田舍奴，我岂妄哉！'因大谐笑。诸伶不喻其故，皆起诣曰：'不知诸郎君何此欢噱？'昌龄等因话其事。诸伶竞拜曰：'俗眼不识神仙，乞降清重，俯就筵席。'三子从之，饮醉竟日。"

由此可见唐代诗人在社会上的重要地位，原因在于那时的著名诗人基本都是各个层级的官员，而以诗取士则是其根本原因。

唐代宫廷（太常寺）设置燕乐、清乐、西凉乐、天竺乐、高丽乐、龟兹乐、安国乐、疏勒乐、康国乐、高昌乐等十部伎乐，用于大宴和重大活动。

众所周知，极其嗜好且擅长音乐、歌舞的唐玄宗大开教坊，遂有"梨园"之说。史料记载："玄宗既知音律，又酷爱法曲，选坐部伎子弟三百教于梨园，声有误者，帝必觉而正之，号'皇帝梨园弟子'。宫女数百，亦为梨园弟子，居宜春北院。梨园法部，更置小部音声三十余人。"（《新唐书·礼乐志》）太乐署负责对这些宫廷乐人进行培训、管理和考核，如文献载："凡习乐，立师以教，而岁考其师之课业为三等，以上礼部。十年大校，未成，则五年而校，以番上下。"（《新唐书·百官志》）

唐玄宗将教坊分为负责"雅乐"的内教坊和负责"燕乐"（俗乐、新乐、胡乐）的外教坊，长安和洛阳两京禁宫外各有左、右教坊。文献载："唐之盛时，凡乐人，音声人、太常杂户子弟，隶太常及鼓吹署，皆番上，总号音声人，至数万人。"（《新唐书·礼乐志》）

宫廷乐舞逐渐影响到百官、富商、文士以及市井，其中最著名的非《霓裳羽衣曲》莫属。清人张德瀛指出："唐开元时有《霓裳羽衣舞》，并《霓裳羽衣曲》。曲则西凉节度使杨敬述所造，玄宗从而润色之。故王仲初《霓裳词》、白太傅《霓裳歌》，皆笔于篇以纪其事。"（《词徵》）

唐代是舞蹈发展的一个高峰期，无论是绘画、舞谱残卷、墓室壁画、碑刻、唐三彩、陶俑还是敦煌莫高窟、龙门石窟，都有其时形式多样的舞者或曼妙或刚健的形象留存。唐代乐舞不断吸收各种外来元素和民族元素，逐渐形成立部伎乐和坐部伎乐，两者共有十四种乐舞。

唐代的乐器（比如琵琶、竽篥、箜篌、羯鼓、横笛等）对于乐舞的兴盛也起到了重要作用。关于竽篥，李颀曾说："南山截竹为觱篥，此乐本自龟兹出。流传汉地曲转奇，凉州胡人为我吹。"（《听安万善吹觱篥歌》）其中羯鼓还被称为"八音之领袖"，认为"诸乐不可方也"。（《新唐书·礼乐志》）。唐代墓葬壁画中至今可见吹笛、吹箫的乐伎等。

当时舞蹈还分为健舞和软舞，影响比较大的是《霓裳羽衣舞》《剑器舞》《胡旋舞》《胡腾舞》《团乱旋舞》《柘枝舞》《白纻舞》《绿腰舞》《杨柳枝舞》《苏合香舞》《赤白桃李花舞》《春莺啭舞》等。

说到胡旋舞，我们自然会想到发动了安史之乱的安禄山（703—757）。据说安禄山重三百多斤，"腹缓及膝，奋两肩若挽牵者乃能行"（《新唐书》），但是他跳起舞来却灵活得很，迅疾如风。当代诗人西川非常戏剧化地调侃了安禄山跳胡旋舞的情形：

> 一个瘦子噘噘跳开胡旋舞有什么了不起？一个胖子把胡旋舞舞得风生水起才有些意思。一个男胖子风生水起地把胡旋舞舞给一个女胖子或十个女胖子看，意思就出来了。那名叫杨玉环的女胖子陶醉到双腮红晕，仔细辨认这一半东波斯粟特人一半突厥人的那种胡人，认下这粗眉深目、名叫安禄山的英俊胖子为义子。
>
> ——西川《安禄山的胡旋舞》

在唐代舞蹈中，影响最大、声名最盛的无疑是《霓裳羽衣舞》。

我们可以通过白居易的诗来领略一二，其诗云："千歌万舞不可数，就中最爱霓裳舞。舞时寒食春风天，玉钩栏下香案前。案前舞者颜如玉，不著人间俗衣服。虹裳霞帔步摇冠，钿璎累累佩珊珊。

娉婷似不任罗绮,顾听乐悬行复止。磬箫筝笛递相搀,击恹弹吹声逦迤。散序六奏未动衣,阳台宿云慵不飞。中序擘騞初入拍,秋竹竿裂春冰坼。飘然转旋回雪轻,嫣然纵送游龙惊。小垂手后柳无力,斜曳裾时云欲生。螾蛾敛略不胜态,风袖低昂如有情。上元点鬟招萼绿,王母挥袂别飞琼。繁音急节十二遍,跳珠撼玉何铿铮!翔鸾舞了却收翅,唳鹤曲终长引声。"(《霓裳羽衣舞歌》)

从盛唐诗歌传播的大环境来看,孟浩然于官员朋友的宴会上关注和描述歌妓就不是什么值得大惊小怪的不雅之事了,比如其诗云:"窈窕夕阳佳,丰茸春色好。欲觅淹留处,无过狭斜道。绮席卷龙须,香杯浮玛瑙。北林积修树,南池生别岛。手拨金翠花,心迷玉红草。"(《襄阳公宅饮》)

在此,孟浩然提到了"狭斜道",也就是娼女、歌妓的居所。孟浩然甚至不止一次提到"狭斜道",如其"春风狭斜道,含笑待逢迎"(《美人分香》)一句。

唐代的乐伎、歌舞伎、娼妓的等级和地位划分是比较复杂的,"卖艺""卖笑"的区别也比较大。其中既有以音乐(丝竹)、歌舞以及绳竿球马等技艺为业的女艺人,也有青楼的娼妓。当时著名的竿木妓有范汉女大娘子、王大娘,如文献载:"教坊有王大娘者,善戴百尺竿,竿上施木山,状瀛洲、方丈,令小儿持绛节出入于其间,歌舞不辍。"(《明皇杂录》)唐时比较注重的是歌妓的才艺、谈吐。唐代孙棨编撰的《北里志》对长安城内平康坊中北曲、中曲和南曲的环境、居所以及妓之间的差别进行了详细介绍:"平康里入北门,东回三曲,即诸妓所居之聚也。妓中有铮铮者,多在南曲、中曲。其循墙一曲,卑屑妓所居,颇为二曲轻视之。其南曲中曲者,门前通十字街,初登馆阁者,多于此窃游焉。二曲中居者,皆堂宇宽静,各有三数厅事。前后植花卉，或有怪石盆池，左右对设，小堂垂帘，茵榻帷幌之类称是。诸妓皆私有所指占，厅事皆彩版，以记诸帝后忌日。"

唐代还有宫妓（教坊妓）、官妓（官中奴、府娟）、家妓（女乐、音声人）、市妓（市井妓、私娼、民妓）的严格区分。

就长安城来说，官员以及新科进士、举子们狎妓是有相应要求的："京中饮妓，籍属教坊，凡朝士宴聚，须假诸曹署行牒，然后能致于他处。惟新进士设筵顾吏，故便可行牒。追其所赠之资，则倍于常数。诸妓皆居平康里，举子、新及第进士，三司幕府但未通朝籍、未直馆殿者，咸可就诣。如不吝所费，则下车水陆备矣。其中诸妓，多能谈吐，颇有知书言话者。自公卿以降，皆以表德呼之。其分别品流，衡尺人物，应对非次，良不可及。"（《北里志》）

官妓只在官场供官员娱乐之用，而官妓和市妓都具有公共性质，工作内容包括歌舞、陪酒以及侍夜。天宝时期的申王李璘与宫妓纵欢时就有"妓围"和"醉舆"的极其骄奢淫逸之举："申王，每至冬月有风雪苦寒之际，使宫妓密围于坐侧，以御寒气，自呼为'妓围'。""申王每醉，即使宫妓将锦彩结一兜子，令宫妓辈抬升归寝室。本宫呼曰'醉舆'。"（《开元天宝遗事》）

尽管唐朝是开放的时代，但由于等级森严，一些地位低下的奴婢、侍女、歌女的命运是极其可怜的，比如骄横一时的杨国忠居然"独具匠心"地发明出了"肉阵"："杨国忠于冬月，常选婢妾肥大者，行列于前，令遮风。盖藉人之气相暖，故谓之'肉阵'。"（《开元天宝遗事》）

据统计，在唐代的三千六百多个墓志中，女子改嫁、再嫁的只有十例，孀居妇女达两百六十四例。此外，很多女性还普遍信仰佛教，修行方法主要是居家修行。

写有《悯农二首》（其一："春种一粒粟，秋收万颗子。四海无闲田，农夫犹饿死。"其二："锄禾日当午，汗滴禾下土。谁知盘中餐，粒粒皆辛苦。"）的李绅（772—846）镇守淮南时，正值张又新（元和九年状元及第）刚刚被贬。在李绅的酒宴上张又新巧遇二十年前结识的一名官妓（酒妓），二人重逢自是颇为感伤，《本事诗》详细记载了此事："目张悒然，如将涕下。李起更衣，张以指染酒，题词盘上，妓深晓之。李既至，张持杯不乐。李觉之，即命妓歌以送酒。遂唱是词曰：'云雨分飞二十年，当时求梦不曾眠。今来头白重相见，还上襄王玳瑁筵。'张醉归，李令妓夕就张郎中。"此外，李绅还曾送歌妓给白居易、刘禹锡等人。"司空见惯"的成语即来自刘禹锡在李绅酒席上观妓时所作之诗："高髻云鬟宫样妆，春风一曲杜韦娘。司空见惯浑闲事，断尽苏州刺史肠。"（《赠李司空妓》）

唐代著名现实主义诗人白居易在中年之后逐渐意志消退，蓄养侍姬、婢女、家妓竟然高达一百多人，整日宴饮、弹唱，悠哉乐哉，如其诗云："菱角执笙簧，谷儿抹琵琶。红绡信手舞，紫绡随意歌。"（《小庭亦有月》）这也是白居易有一百多首关于歌妓弹奏琵琶的诗作的重要原因。

白居易的家妓中最得宠也最为出名的是樊素和小蛮，其中一个善歌一个善舞，正如白居易诗中所描述的那样："樱桃樊素口，杨柳小蛮腰。"（唐孟棨《本事诗·事感》）其时，白居易已年迈且多病，而小蛮、樊素正当丰艳，白居易因此以"杨柳之词"托意："一树春风万万枝，嫩于金色软于丝。永丰西角荒园里，尽日无人属阿谁。"这些家妓在白居易病重时纷纷被遣散，其时樊素已经事主达十年之久，白居易有言："乐天既老，又病风，乃录家事，会经费，去长物。妓有樊素者，年二十余，绰绰有歌舞态，善唱《杨枝》，人多以曲名名之，由是名闻洛下。籍在经费中，将放之。"（《不能忘情吟·序》）以此推算，樊素入白府为家妓之时也就十岁出头。

至于市井妓肆，除了长安和洛阳之外，当属扬州最为繁盛。

我们可以看看当年杜牧（803—852）在扬州时的放浪情形。

杜牧给歌妓写有《赠别》二首，其一云："娉娉袅袅十三余，豆蔻梢头二月初。春风十里扬州路，卷上珠帘总不如。"其二云："多情却似总无情，唯觉樽前笑不成。蜡烛有心还惜别，替人垂泪到天明。"这两首诗作于大和九年（835），此时杜牧即将离开扬州回长安任监察御史。

三年的宴乐时光即将结束，面对年轻漂亮的歌妓，杜牧极尽夸饰之功予以描写，而对于酒席上太多的别离之苦，诗人的沉默和压抑又蕴含了更多的弦外之音。宇文所安指出，"唐代诗人一般不会为流泪而感到难堪；但是也有一种压抑的美感，强烈的感情通过一个眼光或姿势溢出。但是在这首诗中，我们看到的是否定的宣告，最强烈的感情以无情的方式宣泄。感情的证据在喝酒中，喝酒应该有欢笑（买一位歌妓是'买笑'），但是不知如何却无法欢笑"，"其寓意是象征性地表达可以而且常被理解成是（因各种原因，包括政治上失意）表达受阻的迹象"（《杜牧的诗》）。

荆襄地区尤其是襄阳自古为繁华名胜地，八方商贾云集，文人荟萃，歌妓遍地。正如严耕望所言："中道之总干线为襄荆道，水陆并通，可谓为中古时代最繁荣之交通路线，商旅繁会，声色之乐最盛，宜城大堤，尤为妓艺声色之中心，犹先秦之邯郸、明清之秦淮。"（《唐代交通图考》）

当时襄州地区有一位声显四方的歌妓名为韩襄客，在后世的诗话和笔记小说中甚至传出她与孟浩然有着非同一般的关系。

韩襄客（生卒年不详），汉南女子，一说为湖北随州人，因善歌诗而知名于襄汉间，大体生活于开元间。

宋代阮阅编撰的《诗话总龟》卷十三引《诗史》对韩、孟二人的交往和诗歌唱答有简略描述：

> 孟浩然赠诗曰："只为阳台梦里狂，降来教作神仙客。"
> 襄客《闺怨诗》曰："连理枝前同设誓，丁香树下共论心。"
> 先公熙宁中迁房使成尧锡，见遗衣服，刺此联于裹肚上，
> 其下复刺丁香、连理、男女设誓之状。虏人重此句为佳制。

在一些胡扯式的网络文章以及一本当代人所著的孟浩然新传中居然说韩襄客是孟浩然的妻子，这种毫无依据的小说家之言已经无异于只为了博人眼球的荒唐之谈了。

孟浩然不乏《美人分香》这种看起来比较香艳的诗：

> 艳色本倾城，分香更有情。
> 髻鬟垂欲解，眉黛拂能轻。
> 舞学平阳态，歌翻子夜声。
> 春风狭斜道，含笑待逢迎。

在这首诗中，孟浩然对"美人"（歌妓）的发式（髻鬟）、妆容（眉黛）、舞步、歌声以及笑容姿态予以了深入的描写。

就妆容来说，唐玄宗曾大力推广、传播十种经典的画眉样式，

其中有横云眉、斜月眉。当时流行的画眉样式有鸳鸯眉（八字眉）、小山眉（远山眉）、五岳眉、三峰眉、垂珠眉、却月眉、分梢眉、涵烟眉、拂云眉、倒晕眉、桂叶眉等。

经由孟浩然诗中提及的"髻鬟低舞席"（《宴崔明府宅夜观妓》），我们可以看看唐代女性花样翻新的几十种发式，比如椎髻、单刀半翻髻、反绾乐游髻、双鬟望仙髻、回鹘髻、双丫髻、愁来髻、归顺髻、闹扫妆髻、堕马髻、盘桓髻、惊鹄髻、抛家髻、倭堕髻、解散髻、斜插簪、锦绞髻等（段成式《髻鬟品》）。

女性化妆按步骤主要有敷粉、施朱、涂额黄、画眉、点唇（点口脂、点绛唇）、涂斜红、画面靥、贴花钿等。唐代描写女性妆容最为柔腻、繁缛、俗艳的诗人是元稹（779—831），如其诗云："晓日穿隙明，开帷理妆点。傅粉贵重重，施朱怜冉冉。柔鬟背额垂，丛鬓随钗敛。凝翠晕蛾眉，轻红拂花脸。满头行小梳，当面施圆靥。最恨落花时，妆成独披掩。"（《恨妆成》）

通过孟浩然提到的"衫袖掩歌唇"可知其时歌妓所穿为单衣。

唐代女性的穿着基本为襦裙，即上衣（衫或襦）、下裙、外帔（长披巾、帔帛、帔子、披帛）。还有在襦衫外面套半袖上衣的，名为"半臂"，最初起自宫廷，后推广至市井，在民间成为常服。文献载："半袖裙襦者，东宫女史常供奉之服也。"（《新唐书·车服志》）因为武周之后女子衫口开得比较低，所以唐时女子在衫内穿有贴身小衣，名为"抹胸"。教坊曲《柳青娘》对此即有描述："青丝髻绾脸边芳，淡红衫子掩酥胸。出门斜撚同心弄，意恛惶，故使横波认玉郎。叵耐不知何处去，教人几度挂罗裳。待得归来须共语，情转伤，断却妆楼伴小娘。"女性衣服的材质有绫、罗、绸、纱、绢等，比如孟浩然提及的"金泥饰舞罗"（《宴张记室宅》）。

女子上衣的下襟多束于长裙内。裙子为多幅拼制，幅数（名为"破"）越多则越讲究越显身份。通过绘画（比如唐代周昉的《宫乐图》）、墓画、石窟壁画以及诗人的描述，我们可以知道唐代裙子非常流行的颜色是像石榴或茜草一样的大红色，所以当时以及后世的人们形容红裙为"石榴裙""茜裙"，而"石榴裙"的说法还与石榴花瓣重叠的形状有关。武则天甚至还专门写到石榴裙："看朱成碧思纷纷，憔悴支离为忆君。不信比来长下泪，开箱验取石榴裙。"（《如意娘》）白居易任杭州刺史时携歌妓回洛阳，之后歌妓又被遣返钱塘，刘禹锡对此言道："其奈钱塘苏小小，忆君泪点石榴裙。"（《乐天寄忆旧游，因作报白君以答》）古时往往用茜草、蜀葵花、重绛、苏方木等将衣服染成红色。茜草在我国种植历史悠久，是非常好的植物染料，胭脂的主要来源红蓝花也是茜草中的一种。尤其，茜草的根部呈鲜红色，富含可以提炼红色染料的"茜素"。

唐代女性的鞋子基本为花鞋和线鞋，有平头和高头之分，比如重台履、吴越高头草履、高墙履等。花鞋材质以皮革、彩帛以及锦绣织物为主，线鞋则主要用麻线或其他彩线制成。

孟浩然还有描写女性（"佳人"）声音和形象的闺情诗，比如《赋得盈盈楼上女》《闺情》《春情》《春怨》《寒夜》《早梅》等。如其所作《春意》云："佳人能画眉，妆罢出帘帷。照水空自爱，折花将遗谁。春情多艳逸，春意倍相思。愁心极杨柳，一动乱如丝。"

在此，我们可以一起读读《寒夜》这首诗，来感受一下孟浩然除隐士形象之外的另一面。

闺夕绮窗闭，佳人罢缝衣。

理琴开宝匣，就枕卧重帏。

夜久灯花落，薰笼香气微。

锦衾重自暖，遮莫晓霜飞。

第十六章
"嗜酒见天真"：冰凉的火，亮星般的火舌

孟浩然一生爱酒、嗜酒，追求的是"颓然醉里得全浑"，甚至卧病期间都会纵饮。

我们先来说说与酒有关的襄阳岘山南麓的习家池。

该池因东汉时期的襄阳侯习郁（字文通，襄阳人）在此养鱼、种莲、栽竹而得名，连郦道元在《水经注》中都对此有详细记述："（沔水）东南流径岘山西，又东南流注白马陂水。水又东入侍中襄阳侯习郁鱼池。郁依范蠡养鱼法作大陂，陂长六十步，广四十步。池中起钓台。池北亭，郁墓所在也。列植松篁于池侧沔水上，郁所居也。又作石洑逗引大池水于宅北作小鱼池，池长七十步，广二十步。西枕大道，东北二边限以高堤，楸竹夹植，莲芡覆水，是游宴之名处也。"

习家池亦称高阳池，汉代郦食其（？—前203）自称"高阳酒徒"。习家池边原有凤泉馆、芙蓉台，遍布绿柳红桃、苍松翠柏。

一生嗜酒的杜甫对习家池一直心向往之，如其诗云："戏假霜

威促山简，须成一醉习池回。"（《王十七侍御抡许携酒至草堂奉寄此诗便请邀高三十五使君同到》）"非寻戴安道，似向习家池。"（《从驿次草堂复至东屯二首·其一》）

明代张岱也在《夜航船》中提及习家池："汉侍中习郁于岘山南，依范蠡养鱼法作鱼池，池边有高堤，种竹及长楸，芙蓉缘岸，菱芡覆水，是游燕名处。山简每临此池，未尝不大醉而返，曰：'此是我高阳池也。'"

孟浩然的诗写酒的非常多，反倒是几乎没有提到过茶。

李白写有长诗《答族侄僧中孚赠玉泉仙人掌茶》："常闻玉泉山，山洞多乳窟。仙鼠如白鸦，倒悬清溪月。茗生此中石，玉泉流不歇。根柯洒芳津，采服润肌骨。丛老卷绿叶，枝枝相接连。曝成仙人掌，似拍洪崖肩。举世未见之，其名定谁传。宗英乃禅伯，投赠有佳篇。清镜烛无盐，顾惭西子妍。朝坐有余兴，长吟播诸天。"

该诗前还有一长序："余闻荆州玉泉寺近清溪诸山，山洞往往有乳窟，窟中多玉泉交流。其中有白蝙蝠，大如鸦。按《仙经》，蝙蝠一名仙鼠，千岁之后，体白如雪，栖则倒悬，盖饮乳水而长生也。其水边处处有茗草罗生，枝叶如碧玉。惟玉泉真公常采而饮之，年八十余岁，颜色如桃李。而此茗清香滑熟，异于他者，所以能还童振枯，扶人寿也。余游金陵，见宗僧中孚，示余茶数十片，拳然重叠，其状如手，号为'仙人掌茶'。盖新出乎玉泉之山，旷古未觌。因持之见遗，兼赠诗，要余答之，遂有此作。后之高僧大隐，知仙人掌茶发乎中孚禅子及青莲居士李白也。"

李白所赞扬的玉泉山以及好茶、好水、好景致正来自孟浩然的老家荆襄地区。玉泉寺位于当阳西南十多公里的玉泉山东麓，是号称"天下四绝"之一的佛教圣地。当阳在唐代属于江陵郡（今属宜昌市），地处鄂西山地向江汉平原的过渡地带，连通荆门、荆州。玉泉寺曾为天台宗智顗大师（538—597）的道场。李白在《答族侄僧中孚赠玉泉仙人掌茶》中提到了玉泉寺的兰若真和尚，即玉泉真公。

相较于李白，孟浩然对茶可谓不闻不理。

孟浩然并非不知道玉泉寺，他在陪同张九龄往紫盖山的途中经过玉泉寺时甚至曾留诗一首——《陪张丞相祠紫盖山，途经玉泉寺》：

> 望秩宣王命，斋心待漏行。
> 青衿列胄子，从事有参卿。
> 五马寻归路，双林指化城。
> 闻钟度门近，照胆玉泉清。
> 皂盖依松憩，缁徒拥锡迎。
> 天宫上兜率，沙界豁迷明。
> 欲就终焉志，恭闻智者名。
> 人随逝水没，波逐覆舟倾。
> 想像若在眼，周流空复情。
> 谢公还欲卧，谁与济苍生。

这也是一首长诗，但是孟浩然只字未提"茶"。

尽管唐代茶文化不如宋代那样繁盛，但南方人饮茶已经比较普遍。甚至随着隋唐佛道文化的发展，禅茶、道茶也开始推广，僧道成为非常庞大的茶叶消耗群体。他们以茶供佛，以茶助禅，以茶悟道，以茶待客，以茶养心，以茶养生。赵州从谂禅师的名言就是"吃茶去"，这成为尤为著名的禅宗公案之一。详见文献所载："有僧到赵州。从谂禅师问：'新近曾到此间么？'曰：'曾到。'师曰：'吃茶去。'又问僧，僧曰：'不曾到。'师曰：'吃茶去。'后院主问曰：'为甚么曾到也云吃茶去，不曾到也云吃茶去？'师召院主，主应诺，师曰：'吃茶去。'"（《指月录》）

孟浩然与诸多僧人、道士、隐者和高士有密切交往。

唐宣宗时期有一位已经一百二十岁的高僧，宣宗问其长寿的秘诀，该僧说自己保持每天喝茶的习惯，一天少则四五十碗，多则一百多碗。尽管初唐和盛唐的茶文化不及中唐，比如唐武宗时期江南地区已经是"百姓营生，多以种茶为业"（《册府元龟》），但襄阳地区自古产茶。孟浩然的日常生活以及应酬、出行等，接触茶的机会是比较多的。

> 荆、巴间采叶作饼，叶老者，饼成以米膏出之。欲煮茗饮，先炙令赤色，捣末，置瓷器中，以汤浇覆之，用葱、姜、橘子芼之。其饮醒酒，令人不眠。

这段话出自汉末三国时期张揖的《广雅》。尽管较之孟浩然，陆羽（733—804）生活的年代略晚，但通过其所撰《茶经》可知，荆州和襄州地区自古产茶叶，只是因产地不同茶叶有好次的区别罢了，即"山南：以峡州上，襄州、荆州次，衡州下，金州、梁州又下"。

孟浩然所生活的开元时期，僧道饮茶已经比较普遍，比如泰山灵岩寺有一位降魔师大兴禅教，"学禅务于不寐，又不夕食，皆恃其饮茶。人自怀挟，到处煮饮，从此转相仿效，遂成风俗"（《封氏闻见记·饮茶》）。

帝里重清明，人心自愁思。

车声上路合，柳色东城翠。

花落草齐生，莺飞蝶双戏。

空堂坐相忆，酌茗聊代醉。

——孟浩然《清明即事》

这首诗反映出来的恰恰是孟浩然对茶近乎天然的排斥。"酌茗聊代醉"已经十分明确地表现了清明时节孟浩然未能饮酒的一些失落。

唐代煎茶法比较繁琐，要经历炙茶、碾茶、筛茶、煮水、投茶、酌茶、吃茶等工序，且喜欢往茶汤中投加各种作料。1987年法门寺地宫出土了唐僖宗（873—888）时期的一系列精美金银茶具，可见中晚唐时期饮茶之兴盛。

相较孟浩然数量可观的酒诗而言，其与茶有关的诗完全可以忽略不计。我们可以由此认定酒与茶在孟浩然这里的地位有着霄壤之别，也可见孟浩然嗜酒的程度有多深。正如杜甫对李白的评价那样："未负幽栖志，兼全宠辱身。剧谈怜野逸，嗜酒见天真。"（《寄李十二白二十韵》）

所谓黄帝始作醴，夷狄作酒醪，杜康制秫酒，周公作醇酒，齐桓公行酒令，刘表以酒器称雅，晋代张元作酒帘，唐人则以酒名春（参见《夜航船·饮食》）。

自古以来，酒与名士、诗人结下了难解之缘，饮酒也成了隐者们的一桩乐事。

张岱在《夜航船》中列举了各种名酒，比如齐人田无已中山酒、汉武帝兰生酒、曹操缥醪、刘白堕桑落酒、唐玄宗三辰酒、虢国夫人鹿肉天圣酒、裴度鱼儿酒、魏征翠涛、孙思邈屠苏、隋炀帝玉薤、陈后主红粱新酝、魏贾锵昆仑觞、房寿碧芳酒、羊雅舒抱瓮醪、向恭伯秋露、殷子新黄娇、易毅夫瓮中云、胡长文银光、宋安定郡王洞庭春、苏轼罗浮春、陆放翁玉清堂、贾似道长春法酒、欧阳修冰堂春等。

李时珍在《本草纲目》中提到了各种药酒，比如五加皮酒、白杨皮酒、地黄酒、当归酒、桑葚酒、人参酒、枸杞酒、菖蒲酒、茴香酒、竹叶酒、松节酒、海藻酒、葱豉酒等。

自古以来以酒闻名的各色狂士和酒徒更是数不胜数，历来不乏"酒徒""酒怪""酒痴""酒癖""酒狂""酒鬼""酒癫子""瘾君子"，至于能够被称为"酒仙""酒圣"的，那就是极少数了。

据《夜航船》所载，汝阳王琎自称"酿王"，蔡邕为"醉龙"，李白为"醉圣"，白居易为"醉吟先生"，皮日休为"醉士"，王绩为"斗酒学士"，山简为"高阳酒徒"……

晚唐时期的画家孙位绘有以"竹林七贤"为题材的《高逸图》。其中，刘伶已经喝醉正欲呕吐，身后的童子捧着一个壶接着，但刘伶的双手仍然捧着六角酒杯不放以备随时一饮而尽。这是极其典型的魏晋名士作风，也是活脱脱的酒徒形象。

中国诗歌史夸张一点说有一半是饮酒交游史，诗人与酒有着非同寻常的"命运伙伴"般的关系。形神相分的幻觉也暂时消解了诗人的郁闷和痛苦以及人与人之间的隔膜。

酒是中国文化的重要组成部分，是中国诗人特有的血液，尤其代表了诗人、名士、隐士文化。当代学者指出："在中国，无论从道德或是身体层面出发，适当饮酒都不会受到谴责。甚至孔子也被传说为没有限度地饮酒，尽管他总是有所节制。在杜甫的时代，一般是把酒温热之后再喝的，酒劲来去都很迅速。像杜甫《饮中八仙歌》中描述的那种过量饮酒比较少见，即便如此，这种近乎紊乱的沉迷于酒也被普遍视为乐观旷达而非受到强烈反对。"（洪业《杜甫：中国最伟大的诗人》）

美国著名汉学家比尔·波特在寻访中国古代诗人遗迹和写作《寻人不遇》《一念桃花源：苏东坡与陶渊明的灵魂对话》的过程中经常以威士忌或中国本地白酒来祭拜。显然，他深知酒与中国文人的"血缘关系"，如其所言："我把苏东坡喜欢的桂酒倒入大运河，让运河水把我们的敬仰带给苏东坡，也把苏东坡的仰慕传给陶渊明。"（《飞鸿雪泥：驾鹤常州》）

确实，诗人与酒存在着"血缘关系"，诗人对酒有着本能式的反应。古代诗人无论是壮游、宦游、交游还是独游、冶游、仙游、夜游，其实都离不开酒，是名副其实的载酒游。

独酌时的杜甫道出"醉里从为客，诗成觉有神"（《独酌成诗》）；苏东坡则称"俯仰各有态，得酒诗自成"（《和陶渊明〈饮酒〉》）。在傅山的眼中，"酒"与"官"是相对立的，"官"需要强权、等级、功利、理性以及逢迎伪饰，"酒"则与之相反，需要纯粹、真率和本性，正所谓"酒也者，真醇之液也。真不容伪，醇不容糅"（《莲老道兄北发，真率之言饯之》）。

在政治严苛的时代，文人、隐士、逐客借助"名士酒"还会获得特殊的社会效果或立世之法，比如以酒明志、以酒惑众、以酒佯狂、以酒避祸、以酒避世等。正如叶梦得所言："晋人多言饮酒有至沉醉者，此未必意真在于酒。盖时方艰难，人各惧祸，惟托于醉，可以粗远世故。"（《石林诗话》）要不然，当年的鲁迅也不会写出《魏晋风度及文章与药及酒之关系》这样的文章来，其中写道："走了之后，全身发烧，发烧之后又发冷。普通发冷宜多穿衣，吃热的东西。但吃药后的发冷刚刚要相反：衣少，冷食，以冷水浇身。倘穿衣多而食热物，那就非死不可。因此五食散一名寒食散。只有一样不必冷吃的，就是酒。吃了散之后，衣服要脱掉，用冷水浇身；吃冷东西；饮热酒。"这是典型的超脱放纵，怪诞任性，正所谓"囚首丧面，而谈诗书"（苏洵《辨奸论》）也。

竹林啸聚、欢饮达旦、觥筹交错、纵酒狂歌、嗜酒佯狂、任性放浪、率直任诞、扪虱而谈等，不一而足，它们都能折射出不同时代尤其是乱世的政治环境以及文人心态。当代张新奇指出："魏晋六朝几百年乱世，是肉体最痛苦，命运最无常的时代。秩序大解体，礼法大崩溃，也给行为的狂放、思想的自由留出了巨大的空间。醉酒、清谈、裸游、扪虱，不过是肉体在乱世之火煎熬下的绝望挣扎；他们寻求的，是精神的出路与解脱。"（《南京传》）

名士饮酒不只是单纯的日常所需，而往往是借酒以显"魏晋风度""名人风范"，当然也存在着刻意模仿名士风度的跟风行为。《世说新语·德行篇》引王隐《晋书》曰："魏末阮籍嗜酒荒放，露头散发，裸袒箕踞。其后，贵游子弟阮瞻、王澄、谢鲲、胡毋辅之之徒，皆祖述于籍，谓得大道之本。故去巾帻，脱衣服，露丑恶，同禽兽。甚者名之为通，次者名之为达也。"

唐代上至宫廷下至百姓不觉掀起一股饮酒风潮，一时卖酒和饮酒的场面颇为壮观。

长安自昭应县至都门，官道左右村店之民，当大路市

酒，量钱数多少饮之，亦有施者与行人解之，故路人号为

歇马杯。

——王仁裕《开元天宝遗事》

甚至，一些店铺为了招徕八方来客，让相貌独特而能歌善舞的胡姬（泛指西域女子）当垆卖酒，这成为当时独特的景观。

在此，我们可以一起看看更早年代的辛延年对胡姬酒肆的描述：

昔有霍家奴，姓冯名子都。

依倚将军势，调笑酒家胡。

胡姬年十五，春日独当垆。

长裾连理带，广袖合欢襦。

头上蓝田玉，耳后大秦珠。

两鬟何窈窕，一世良所无。

一鬟五百万，两鬟千万余。

不意金吾子，娉婷过我庐。

银鞍何煜爚，翠盖空踟蹰。

就我求清酒，丝绳提玉壶。

就我求珍肴，金盘脍鲤鱼。

——辛延年《羽林郎》

李白则在《少年行》（其二）中写道："五陵年少金市东，银鞍白马度春风。落花踏尽游何处，笑入胡姬酒肆中。"甚至，李白还反复写到于胡姬酒肆饮酒的场面，比如："银鞍白鼻騧，绿地障泥锦。细雨春风花落时，挥鞭直就胡姬饮。"（《白鼻騧》）张祜

亦有《白鼻騧》诗："为底胡姬酒,长来白鼻騧。摘莲抛水上,郎意在浮花。"

孟浩然的好友贺朝还曾于醉醺醺之际给胡姬酒肆赠诗一首:"胡姬春酒店,弦管夜锵锵。红毡铺新月,貂裘坐薄霜。玉盘初鲙鲤,金鼎正烹羊。上客无劳散,听歌乐世娘。"(《赠酒店胡姬》)

唐人还专门发明了用于醒酒的酒,即在酒中加入一些草药之类的东西。此外,唐人还用一些有特殊香味的花草来醒酒。甚至经特殊调制的酒还能治病,如文献载:"王文正太尉气羸多病,真宗面赐药酒一注瓶,令空腹饮之,可以和气血,辟外邪。文正饮之,大觉安健,因对称谢。上曰:'此苏合香酒也。每一斗酒,以苏合香丸一两同煮。极能调五脏,却腹中诸疾。每冒寒夙兴,则饮一杯。'"(沈括《梦溪笔谈》)

在一定程度上,孟浩然带有"酒徒"的性质。任何时代的酒徒都会玩出各式喝酒的花样,都会乐此不疲地制造出一个又一个的戏剧性场面来。南北朝时期政权仅存在二十八年的北齐(550—577)有一桩不可思议而又张扬之至的酒事:"季式豪率好酒,又恃举家勋功,不拘检节。与光州刺史李元忠生平款游,在济州夜饮,忆元忠,开城门,令左右乘驿持一壶酒,往光州劝元忠。"(《北齐书》)

被杜甫誉为"饮中八仙"之一的李适之(694—747)酒量极大,杜甫诗谓"左相日兴费万钱,饮如长鲸吸百川,衔杯乐圣称避贤"(《饮中八仙歌》)。《云仙杂记》称李适之有极其名贵的九种酒器,即蓬莱盏、海川螺、舞仙盏、瓠子卮、幔卷荷、金蕉叶、玉蟾儿、醉刘伶、东溟样。唐代有一位叫张麟的,一次大醉了六日,把家里的柱子啃掉了大半而自己竟浑然不知。

白居易近三千首诗中写到酒的居然高达九百多首，几乎占到了三分之一。据统计，杜甫的一千五百多首诗中约五分之一涉及饮酒。至于孟浩然、杜甫以及李白，他们的死都被认为与酒有关，尽管李白因"醉酒捉月"而溺水的说法并不太可信。《旧唐书》《新唐书》《明皇杂录》都表明杜甫是饱食剧饮而亡，如《新唐书》所载："涉旬不得食，县令具舟迎之，乃得还。令尝馈牛炙白酒，大醉，一昔卒，年五十九。"郭沫若更是认为杜甫一生嗜酒如命，至后来，"舟行至耒阳遇大水，县令聂馈以牛酒。天热肉腐，中毒死"（《李白杜甫年表》）。孟浩然的死也与同王昌龄剧饮和食鲜导致病发直接相关，即"相得欢甚，浪情宴谑，食鲜疾动，终于冶城南园"（王士源《孟浩然集·序》）。

　　唐代的水酒（米酒、黄酒）为粮食酿造，度数比较低，大体相当于今天度数略高的啤酒，区别于今天我们一般意义上所说的蒸馏酒，即烧酒和白酒。《本草纲目》载："烧酒非古法也。自元时始创其法，用浓酒和糟入甑，蒸令气上，用器承取滴露。凡酸坏之酒，皆可蒸烧。近时惟以糯米或粳米或黍或秫或大麦蒸熟，和麹（曲）酿瓮中七日，以甑蒸取。其清如水，味极浓烈，盖酒露也。"

　　《红楼梦》第三十八回"林潇湘魁夺菊花诗 薛蘅芜讽和螃蟹咏"既提到了黄酒又提到了烧酒："黛玉放下钓竿，走至座间，拿起那乌银梅花自斟壶来，拣了一个小小的海棠冻石蕉叶杯。丫鬟看见，知她要饮酒，忙着走上来斟。黛玉道：'你们只管吃去，让我自斟，这才有趣儿。'说着便斟了半盏，看时却是黄酒，因说道：'我吃了一点子螃蟹，觉得心口微微的疼，须得热热的喝口烧酒。'宝玉忙道：'有烧酒。'便令将那合欢花浸的酒烫一壶来。黛玉也只吃了一口便放下了。"

元代把白酒称为"阿剌吉酒"。李时珍认为白酒在元代出现的这一说法影响比较大，但也有研究者认为时间应该更早，即在宋代。

1959年，李约瑟（1900—1995）通过对甘肃榆林窟三号窟西夏（1038—1227）壁画《蒸馏图》的观察和研究，推断出至晚在北宋时期即有了采用蒸馏法制得的白酒，即烧酒。甚至，江西南昌地区发掘的海昏侯刘贺墓中出土了西汉时期的青铜蒸馏器，其整体为灶上甑的结构，上半部将甑改进为凝露室，下部为圆釜。如果这一蒸馏器是用于制酒的话，那么中国白酒（烧酒）的历史将完全被改写。

唐代的水酒又分为清酒、浊酒、新酒、旧酒、春酒等。

清酒显然比浊酒更好喝，身价也就更贵。南方和北方有大曲酒和小曲酒的区别，二者都要经过微生物发酵，但是因为原料、制曲温度以及酿制环境、时间（周期）的差异，口感区别比较明显。南方多用小药曲造酒，以大米或米糠为原料加入一些中草药或蓼粉，为半固态法发酵。北方则采用大曲酿酒，以小麦、大麦、豌豆等为原料，为固态法发酵。

一般来说，唐代的酒是酿好后直接饮用，其中混合的酒糟、浮渣等杂质往往并不过滤或过滤得不够干净，因而酒体显得比较浑浊而不够清亮。这也就是古人所说的醪，即连水带渣的"浊酒"。如杨慎曾云："一壶浊酒喜相逢，古今多少事，都付笑谈中。"（《临江仙》）其时，饮者将微微泛着绿色而掺杂大小如蚁般的杂质的浊酒称为"绿酒""绿蚁酒"，如"千杯绿酒何辞醉"（李白《赠段七娘》），又如"绿蚁新醅酒，红泥小火炉"（白居易《问刘十九》）。古人往往在冬天酿酒，次年春乃成，故名之为春酒。如《诗经》有言："八月剥枣，十月获稻。为此春酒，以介眉寿。"

当时，除了水酒之外还有西域的葡萄酒（果酒）以及来自波斯的"三勒浆类酒"（庵摩勒、毗梨勒、诃梨勒），也就是所谓的"洋酒"。

张骞出使西域带回黄、白、黑三种颜色的葡萄（蒲陶），西域用葡萄酿酒的历史很久远，比如史料记载："宛左右以蒲陶为酒，富人藏酒至万余石，久者数十岁不败。"（《史记·大宛列传》）西晋博物学家张华（232—300）在《博物志》中就谈道，"西域有蒲萄酒，积年不败。彼俗云：'可十年饮之，醉弥月乃解'"。到了唐贞观十四年（640），征服高昌之后，长安又多了紫色的葡萄品种，即马乳葡萄。唐代设立良酝署，唐太宗曾亲自用马乳葡萄酿酒，如文献载："得其酒法，帝自损益造酒，酒成，凡有八色，芳香酷烈，味兼醍醐。既颁赠群臣，京中始识其味。"（《唐会要》）后来，唐德宗时期建立榷酒制度，只允许官方酿酒，不准百姓私自酿酒和出售。

从生活的普遍性需求来说，人总是需要各种事物来刺激身体和精神，这时酒作为特殊的液体就发挥了不可替代的作用。它闲置的时候往往是常温的甚至是冰凉的，但一旦进入口腔和胃部，它就会立时变得灼热起来，如明亮的火舌慢慢吞噬着一个人的理性。一位诗人形容道："当我把它打开／我闻到食物储藏室里／渐渐弥漫起灌木丛／那被扰乱的酸味宁静／当我倒出它／它形成一片刀刃／并吐出／亮星般的火舌。"（谢默斯·希尼《黑刺李杜松子酒》）

酒，确实是极其特殊的液体，看起来和水差别不大，一旦喝下去，整个人就会被点燃。酒的浇灌使得人的身体感受和心理意识都发生了区别于日常惯性状态的变化，如荣格所言："几盅小酒下肚，让人亢奋，我觉得自己进入全新而意外的意识状态，无内无外，无我无他，主次不分，无慎无怯。天地，世界和世间一切'飞禽走兽'上下翻滚，合为一体。我醉得满怀羞怯又得意洋洋，如同淹没在沉醉深思的海洋里，由于海浪汹涌而用双眼、双手和双脚抓住一切牢固的物体，以在波动起伏的街道上、在倾斜的房屋与树木之间维持平衡。我想，棒极了，不过可惜偏偏喝多了。"（《荣格自传：回忆·梦·思考》）

酒精更容易对那些艺术家和作家发挥巨大的催化作用。E.M.齐奥朗说过："美酒使人接近上帝，远胜神学。不过，悲伤的酒鬼（难道还有别的类型吗？）令隐士自惭形秽已经是很久以前的事了。"（《眼泪与圣徒》）

谈论孟浩然，不能不说酒。

在唐代，当时的名酒名字中往往带有"春"字，比如荥阳的土窟春、富平的石冻春、剑南的烧春、宜城的竹叶春、麴米春、老春、松醪春、梨花春，等等。

距离襄阳城仅四五十公里的宜城自古盛产美酒，如文献载："河东之乾和蒲萄、岭南之灵溪、博罗，宜城之九酿，浔阳之湓水，京城之西市腔，蛤蟆陵郎官清、阿婆清。"（李肇《唐国史补》）

宜城酒又称宜城醪、宜城醴醪、九酝醡、宜城春、竹叶春、竹叶酒，其酿造历史非常悠久。

东汉的郑玄、曹魏时期的曹植以及晋代的张华、傅玄都曾提到过这种地方美酒。李贤注《后汉书》称："宜城县故城在襄州率道县南，其地出美酒。"清同治《宜城县志》载："金沙泉在城东二里，其水造酒甘美，谓之竹叶春。旧传，云水洲村中井即金沙泉。"

南朝梁的刘潜（484—550）对宜城酒极力赞许，他这样说道，"孝仪启：奉教，垂赐宜城酒四器。岁暮不聊，在阴即惨。于斯二理，总萃一时。少府斗猴，莫能致笑。大夫落雉，不足解颜。忽值瓶泻椒芳，壶开玉液。汉樽莫遇，殷杯未逢。方平醉而遁仙，羲和耽而废职。仰凭殊途，便申私饮。未瞩昙耻，已观帻岸。倾耳求音，不闻霆击。澄神密视，岂觌山高。愈疾消忧，于斯已验。遗荣勿贱，即事不欺。酩酊之中，犹知铭荷"（《谢晋安王赐宜城酒启》）。

宜城有美酒，所以孟浩然嗜酒有得天独厚的优势，对于本地宜城的美酒，孟浩然当然会酗饮赋诗，如"祖席宜城酒，征途云梦林"（《岘山送张去非游巴东》），又如"宜城多美酒，归与葛强游"（《九日怀襄阳》）。

唐代诗人吟唱宜城酒的诗作很多，比如宋之问的"尊溢宜城酒，笙裁曲沃匏"，白居易的"江陵橘似珠，宜城酒如饧"，温庭筠的"宜城酒熟花覆桥，沙晴绿鸭鸣咬咬"。到了宋代，苏东坡、黄庭坚、王安石、司马光、周邦彦、晁补之等人都有相关诗文，如："大堤花容绰约，宜城春酒郎同酌，醉倒银缸罗幕。"（晁补之《调笑令》）

苏轼对宜城美酒青眼相看。

楚人汲汉水，酿酒古宜城。

春风吹酒熟，犹似汉江清。

耆旧何人在，丘坟应已平。

惟余竹叶在，留此千古情。

——苏轼《竹叶酒》

孟浩然诗歌中与酒、酒杯、饮酒、醉酒有关的诗句很多，活脱脱的一个"酒徒"。

为了印证这一说法，我们不妨列举一下孟浩然关于酒的诗句。比如"且乐杯中物，谁论世上名"（《自洛之越》），"客醉眠未起，主人呼解酲。已言鸡黍熟，复道瓮头清"（《戏题》），"酒酣白日暮，走马入红尘"（《同储十二洛阳道中作》），"秦城游侠客，相得半酣时"（《醉后赠马四》），"开襟成欢趣，对酒不能罢"（《宴包二融宅》），"酒伴来相命，开尊共解酲。当杯已入手，歌妓莫停声"（《晚春》），"何当载酒来，共醉重阳节"（《秋登兰山寄张五》），"曲岛浮觞酌，前山入咏歌"（《宴张记室宅》），"何时一杯酒，重与季鹰倾"（《永嘉别张子容》），"童颜若可驻，何惜醉流霞"（《宴梅道士山房》），"主人开旧馆，留客醉新丰"（《东京留别诸公》），"耕钓方自逸，壶觞趣不空"（《题张野人园庐》），"共乘休沐假，同醉菊花杯"（《和贾主簿昇九日登岘山》），"一杯弹一曲，不觉夕阳沉"（《听郑五愔弹琴》），"宜城多美酒，归与葛强游"（《九日怀襄阳》），"渐看春逼芙蓉枕，顿觉寒销竹叶杯"（《除夜有怀》），"山公来取醉，时唱接离歌"（《宴荣二山池》），"壶酒朋情洽，琴歌野兴闲"（《游凤林寺西岭》），"落帽恣欢饮，授衣同试新"（《九日得新字》），"酌酒聊自劝，农夫安与言"（《山中逢道士云公》），"停杯问山简，何似习池边"（《冬至后过吴、张二子檀溪别业》），"旧曲梅花唱，新正柏酒传"（《岁除夜会乐城张少府宅》），"共美重阳节，俱怀落帽欢"（《卢明府九日岘山宴袁使君、张郎中、崔员外》），"手拨金翠花，心迷玉红草"（《襄阳公宅饮》），"达是酒中趣，琴上偶然音"（《洗然弟竹亭》），"倾杯鱼鸟醉，联句莺花续"（《初春汉中漾舟》），"醉来方欲卧，不觉晓鸡鸣"（《寒夜张明府宅宴》），"斗酒须寒兴，明朝难重持"（《家园卧疾，毕太祝曜见寻》），"客中谁送酒，樽里自成歌"（《九日龙沙作，寄刘大昚虚》），"山公能饮酒，居士好弹筝。世外交初得，林中契已并。纳凉风飒至，逃暑日将倾。便就南亭里，余尊惜解酲"（《张七及辛大见寻南亭醉作》）等。

孟浩然活脱脱的"酒徒"甚至"酒狂"的形象已经如在眼前了。

孟浩然诗中提到的"落帽"，典故来自东晋好酒的名士孟嘉，即"孟嘉落帽"。详见文献载："九月九日，（桓）温游龙山，参左毕集，四弟二甥咸在座。时佐吏并著戎服。有风吹君帽坠落，温目左右及宾客勿言，以观其举止。君初不自觉，良久如厕。温命取以还之。廷尉太原孙盛，为咨议参军，时在座，温命纸笔令嘲之。文成示温，温以著坐处。君归，见嘲笑而请笔作答，了不容思，文辞超卓，四座叹之。"（陶渊明《晋故征西大将军长史孟府君传》）

孟浩然甚至在卧病之际仍不忘饮酒为乐，有诗为证："斗酒须寒兴，明朝难重持。"（《家园卧疾，毕太祝曜见寻》）孟浩然在此化用了沈约的"勿言一樽酒，明日难重持"（《别范安成》）。

显然在孟浩然看来，人生无常，生死有期，只有饮酒尽兴才是常道。

孟浩然钟情于山简嗜酒的名士作风。

其诗歌中频繁出现山简（山公、山翁）饮酒的身影，比如"谁道山公醉，犹能骑马回"（《裴司士、员司户见寻》），"停杯问山简，何似习池边"（《冬至后过吴、张二子檀溪别业》），"叔子神如在，山公兴未阑"（《卢明府九日岘山宴袁使君、张郎中、崔员外》），"山公能饮酒，居士好弹筝"（《张七及辛大见寻南亭醉作》），"当昔襄阳雄盛时，山公常醉习家池"（《高阳池送朱二》），"山公来取醉，时唱接离歌"（《宴荣二山池》）。

正是因为孟浩然好酒、嗜酒且以山简为榜样，所以在好友王维的眼中他就是复活了的山简。

开元二十八年（740），也就是孟浩然与王昌龄相聚喝酒、食鲜导致孟浩然背疽复发亡故的这一年，时任殿前侍御史的王维南下，途经襄阳。面对极其壮阔苍茫的汉水和襄阳城，王维写下《汉江临眺》一诗：

> 楚塞三湘接，荆门九派通。
>
> 江流天地外，山色有无中。
>
> 郡邑浮前浦，波澜动远空。
>
> 襄阳好风日，留醉与山翁。

王维把孟浩然比作爱饮酒的"山翁"。

山翁指的是晋代的名士山简（253—312），其乃"竹林七贤"之一山涛的第五子。永嘉三年（309）三月，山简为征南将军，镇守襄阳。《晋书·山简传》载："于时四方寇乱，天下分崩，王威不振，朝野危惧。简优游卒岁，唯酒是耽。诸习氏，荆土豪族，有佳园池。简每出嬉游，多之池上，置酒辄醉，名之曰高阳池。"山简每次嬉游纵饮都是酩酊大醉，以至于当地有关于他烂醉如泥的儿歌："山公出何许，往至高阳池。日夕倒载归，酩酊无所知。时时能骑马，倒著白接离。举鞭问葛疆，何如并州儿？"

也曾在鹿门山隐居且自号"醉士""醉民""醉吟先生"的晚唐诗人皮日休也深谙酒道、极其嗜酒，在这方面，他与孟浩然、李白、杜甫算是不分伯仲。

从皮日休所撰诗文的题目即可见一斑，比如《酒箴（并序）》

《奉和添酒中六咏》《酒中十咏》《酒病偶作》《酒具诗（三十
首）》《续酒具诗序》《醉中寄鲁望一壶并一绝》《春夕酒醒》等。
皮日休自言："皮子性嗜酒，虽行止穷泰，非酒不能适。居襄阳
之鹿门山，以山税之余，继日而酿，终年荒醉，自戏曰'醉士'。
居襄阳之洞湖，以舴艋载醇酎一甊，往来湖上，遇兴将酌，因自
谐曰'醉民'。于戏！吾性至荒，而嗜于此，其亦为圣哲之罪人也。
又自戏曰'醉士'，自谐曰'醉民'，将天地至广，不能容醉士、
醉民哉？"〔《酒箴（并序）》〕甚至，孟浩然还因为嗜酒如命
耽误了前程、仕途。

这就要提到孟浩然因为贪杯而爽约之事。《新唐书》记载："采
访使韩朝宗约浩然偕至京师，欲荐诸朝。会故人至，剧饮欢甚。或
曰：'君与韩公有期。'浩然叱曰：'业已饮，遑恤他！'卒不赴。
朝宗怒，辞行，浩然不悔也。"上面的这个故事进一步验证了孟浩
然率直不羁而又任性、不拘小节的性格，正如王士源评价的："行
不为饰，动以求真，故似诞；游不为利，期以放性，故常贫。"(《孟
浩然集·序》)

对于孟浩然此等"出格"的怪诞行为，闻一多将之归结为这是
孟浩然作为真正的隐士所为，是向其心仪的庞德公致敬的过程。他
这样说道："在一个乱世，例如庞德公的时代，对于某种特别性格
的人，入山采药，一去不返，本是唯一的出路。但生在'开元全盛
日'的孟浩然，有那必要吗？然则为什么三番两次朋友伸过援引的
手来，都被拒绝，甚至最后和本州采访使韩朝宗约好了一同入京，
到头还是喝得酩酊大醉，让韩公等烦了，一赌气独自先走了呢？正
如当时许多有隐士倾向的读书人，孟浩然原来是为隐居而隐居，为
着一个浪漫的理想，为着对古人的一个神圣的默契而隐居。在他这

回，无疑的那成立默契的对象便是庞德公。孟浩然当然不能为韩朝宗背弃庞公。鹿门山不许他，他自己家园所在，也就是'庞公栖隐处'的鹿门山，决不许他那样做。"（闻一多《唐诗杂论·孟浩然》）

李白以及王昌龄能够与孟浩然成为忘形之交或忘年之交，也与他们都爱饮酒有着极大的关系。至于后人所说的李白激赏孟浩然是因为喝了诸多的美酒而且还有丰厚的"路费"可拿，于是"吃人家嘴短"说了孟浩然的好话。这实为附会之词，只能说明二人关系非同一般。

李白在《赠孟浩然》这首诗中提到了"中圣"，即"醉月频中圣，迷花不事君"。这涉及李白与孟浩然共同的癖好，即不只是一般意义上的贪杯，而是近乎"酒徒""酒狂"般的嗜酒如命。

中圣，即醉酒。

古人称酒清者为圣人，酒浊者为贤人。《三国志·徐邈传》载："徐邈字景山，燕国蓟人也。太祖平河朔，召为丞相军谋掾，试守奉高令，入为东曹议令史。魏国初建，为尚书郎。时科禁酒，而邈私饮至于沉醉。校事赵达问以曹事，邈曰：'中圣人。'达白之太祖，太祖甚怒。度辽将军鲜于辅进曰：'平日醉客谓酒清者为圣人，浊者为贤人，邈性修慎，偶醉言耳。'竟坐得免刑。"由此，也便产生了"清圣浊贤"的典故。李白对此大大地赞扬了一番："天若不爱酒，酒星不在天。地若不爱酒，地应无酒泉。天地既爱酒，爱酒不愧天。已闻清比圣，复道浊如贤。贤圣既已饮，何必求神仙。三杯通大道，一斗合自然。但得酒中趣，勿为醒者传。"（《月下独酌·其二》）

孟浩然为多山水乐，频作泛舟行。名士嗜酒与扁舟夜游、雪夜访戴、穷途而哭一样，凸显了万端世相与矛盾心态。皮日休云："杜

271

康肇造，爰作酒醴，可名酒后。近世以来，人徒醑酾。李白一斗，为诗百篇，自名酒仙。郦食其，辨士也，初见沛公，称高阳酒徒。杜根，贤者也，逃难宜城，为酒家佣保。郑广文贫而好饮，苏司业送酒钱。杜子美无钱赊酒，而诗言酒债。周官有酒正，则掌之者必有其人。以法式授酒材，则酝之者必有其物。"（《续酒具诗序》）

苏东坡（1037—1101）酒量不大，一般一次不超过五杯，却偏爱饮酒。甚至在最为落魄而无米可炊之际，苏东坡难以放弃的还是一个小小的荷叶型酒杯。林语堂有言："张方平饮酒甚豪，他的酒量是一百杯。据苏东坡自己说，他自己的酒量则小得多，但是他说他并不以自己酒量小而戒酒。欧阳修也是海量，但是张方平却胜过他，因为张方平开始喝酒时，他不向客人说他们要喝多少杯，而是多少天。苏东坡说：'对你们海量的人我并不羡慕，我喝完一杯就醉，不是和你们一样得其所哉吗？'"（《苏东坡传》）

"颓然醉里得全浑"这样的诗句只能出自苏东坡。正如他所言："天下之不能饮，无在予下者……天下之好饮，亦无在予上者。"古人流行饮酒夜游。正所谓"饮酒乐甚，扣舷而歌之"。于是苏大学士发出慨叹："呜呼天下士，死生寄一杯。"（《和陶乞食》）

爱酒、饮酒、嗜酒、醉酒、写酒还不够，苏东坡甚至开始自己酿酒。他还能就地取材且时有创新，所酿有米酒、桂酒、蜂蜜酒、天门冬酒、中山松醪酒、罗浮春酒、真一酒等。由《庚辰岁正月十二日，天门冬酒熟，予自漉之，且漉且尝，遂以大醉，二首》这一诗题，苏东坡与酒的关系即可见一斑。至今在黄州、定州、惠州和儋州都流传着他酿酒的故事，甚至据说一些酒的秘方被保存下来且被当地商家用作营销噱头。关于酿酒方法，最可信的当然是苏东坡的自述："收薄用于桑榆，制中山之松醪。救尔灰烬之中，免尔

萤爝之劳。取通明于盘错，出肪泽于烹熬。与黍麦而皆熟，沸春声之嘈嘈。味甘余而小苦，叹幽姿之独高。"（《中山松醪赋》）

在《东坡酒经》《酒子赋并引》《浊醪有妙理赋》《饮酒说》《蜜酒歌》《新酿桂酒》《桂酒颂并序》等诗文中，苏东坡对自己的酿酒心得颇为自豪。酿酒之快乐简直溢于言表，对于被流放的苏子而言，世间至乐似乎只有酒和诗了。值得注意的是，苏东坡在《中山松醪赋》中专门提到了嵇康、阮籍及刘伶。物以类聚、人以群分，每个人都在寻找"同类""知己"和"精神伙伴"，李白、王昌龄之于孟浩然也是如此。他们的人生都充分演绎了文人的酒文化。

激动、亢奋、狂热、本能、过度、燥热、不稳定、逃避、麻醉、忘我的酒神状态不一定能成就伟大的文学艺术，但是文学艺术往往离不开狄奥尼索斯式的酒神精神（Dionysian Spirit）。

孟浩然嗜酒如命的一生再一次印证了诗与酒在中国诗人这里是浑然一体的，诗神与酒神也是合二为一的，所以在古代，酒又有"钓诗钩"之称。孟浩然所携带的"酒神精神"正是乘物而游、自由意志、悲剧意识和自我的综合体现。

卷
九

行迹与江湖

第十七章
超级背包客：从洛阳到浙东的"唐诗之路"

　　行万里路，读万卷书。唐代诗人因为求学、干谒、出仕（升迁或贬谪）、出塞、交游及求仙问道，往往呈现出"在路上"的状态，所以"唐人好诗，多是征戍、迁谪、行旅、离别之作，往往能感动激发人意"（严羽《沧浪诗话》）。

　　地图既是日常视域下物质文化和视觉文化的融合体，又是一个国家政治文化和地理形势在空间想象上的缩影。柯律格指出："地图与测绘也是将空间转化为实物的方式之一，在明代文化中，地理空间的视觉图像十分盛行。这些图像中既有最负盛名的绘画形式'山水画'，也有田契上黏附的微小的多边形图案，描摹的是被交易的土地的大致轮廓。明朝伊始，太祖皇帝便颁发了一道敕令：'令天下州郡绘上山川险易图。'"（《大明：明代中国的视觉文化与物质文化》）

　　曾有网络平台把李白、杜甫、孟浩然、岑参、韩愈、苏轼一生的行迹通过地图的形式标识出来，让后来人对他们的出生地、游历、升迁、流放以及曲折的行旅有更为直观的体认。

　　中国古代的制图技术已经达到了很高的水平，北宋的沈括（1031—1095）就是一位制图高手，其自言："予尝为《守令图》，虽以二寸折百里为分率，又立准望、互融，傍验高下、方斜、迁直七法，以取鸟飞之数。图成，得方隅远近之实，始可施此法，分四至、八到为二十四至，以十二支、甲乙丙丁庚辛壬癸八干、乾坤艮巽四卦名之。使后世图虽亡，得予此书，按二十四至以布郡县，立可成图，毫发无差矣。"（《梦溪笔谈》）沈括还独创了更为特殊的制图技术，比如"木图"，见文献所载："遍履山川，旋以面糊、木屑写其形势于木案上。未几寒冻，木屑不可为，又熔蜡为之。"

唐代诗人的出行线路图极其壮阔，他们几乎把千里江山、溪山行旅的图景尽收眼底、胸壑和笔端。对于孟浩然这样的隐者来说，寄情山水、闲居草庐、参禅悟道及拜访名胜遗迹能够缓解他内心的失意和不平，而山川风物也构成了他的精神乌托邦。所谓诗画同源，诗是有声的画，画是无声的诗，正如黄庭坚所说的"李侯有句不肯吐，淡墨写出无声诗"（《次韵子瞻子由题〈憩寂图〉二首·其一》）。

在永恒如斯的山水面前，在历史时间、自然时间、现实时间以及个人时间的交汇点上，画家和诗人往往会生发出更多的浩叹及人生的虚无之感。相应地，他们的画作和诗文也就更多地发挥了精神慰藉的功能。西川说过："王希孟明白，无名的人物，更只是山水的点缀，就像飞鸟明白，自己在人类的游戏中可有可无。鸟儿在空中相见。与此同时，行走在山间的人各有各的方向，各有各的打算。这些小人儿穿着白衣，行走，闲坐，打鱼，贩运，四周是绿色和蓝色，就像今天的人们穿着黑衣，出现在宴会、音乐会和葬礼之上，四周是金色和金色。这些白衣小人儿从未出生，当然也就从未死去，就像王希孟这免于污染和侵略的山水乌托邦，经得起细细的品读。远离桎梏的人啊谈不上对自由的向往，未遭经验损毁的人啊谈不上遗忘。王希孟让打鱼的人有打不尽的鱼，让山坳里流出流不尽的水。在他看来，幸福，就是财富的多寡恰到好处，让人们得以在山水之间静悄悄地架桥，架水车，修路，盖房屋，然后静悄悄地居住，就像树木恰到好处地生长在山岗、水畔，或环绕着村落，环绕着人。远景中，树木像花儿一样。它们轻轻摇晃，就是清风送爽的时候。清风送爽，就是有人歌唱的时候。有人歌唱，就是空山成其为空山的时候。"（《题王希孟青绿山水长卷〈千里江山图〉》）

以今天的标准来看，孟浩然属于超级背包客和"驴友"，他给我们呈现了一幅唐代的诗歌地图。

襄阳的汉水、襄水、鱼梁洲、檀溪、万山、岘山、鹿门山、北涧、涧南园、高阳池以及附近的郢中、江陵（荆州）、江夏、鹦鹉洲、黄鹤楼，孟浩然自是非常熟悉。除此之外，孟浩然曾到过长安、洛阳、汉中、扬州、镇江、溧阳、九江、浔阳、龙沙、庐江、宣城、亳州、当涂、杭州、富阳、天台、山阴（绍兴）、剡县、乐成（乐清）、临海、彭山、京山、安阳、京口、润州、犍为以及赣石、庐山、香炉峰、终南山、望楚山、天台山、明月峡、洞庭湖、湘水、钱塘江（浙江）、耶溪、渔浦潭、永嘉江、建德江、桐庐江、七里滩、牛渚、扬子津、彭蠡湖、嘉陵江等地。

孟浩然所到之地以名山名楼以及寺庙和道观为主，比如天台山、终南山、庐山、望楚山、紫盖山，比如岳阳楼、黄鹤楼，比如其故乡的景空寺、凤林寺、玉泉寺、龙泉精舍、鹿门寺、岘山寺、精思观、岘山观，此外还有长安的总持寺和翠微寺，洛阳的香山寺、龙兴寺，吴越之地的云门寺、大禹寺、石城寺、桐柏观等。

孟浩然游历范围之广已经远远超出了我们的想象。

包括孟浩然及李白、杜甫在内，他们以大量的游历和诗作证明了伟大的诗人都是优异的地理学家，他们起到了重新发现和命名山水风物人文的作用。

非常具有代表性的是李白在长篇歌行《送王屋山人魏万还王屋（并序）》中近乎全景式地展现的地理景观，令人眼花缭乱的纷繁景观及其描写达到了令人叹为观止的地步。李白丰富的地理知识已经远非一般的游记专家和地理学者所能及，其诗中云："逸兴满吴云，飘飘浙江汜。挥手杭越间，樟亭望潮还。涛卷海门石，云横天际山。白马走素车，雷奔骇心颜。遥闻会稽美，且度耶溪水。万壑与千岩，峥嵘镜湖里。秀色不可名，清辉满江城。人游月边去，舟在空中行。此中久延伫，入剡寻王许。笑读曹娥碑，沉吟黄绢语。天台连四明，日入向国清。五峰转月色，百里行松声。灵溪咨沿越，华顶殊超忽。石梁横青天，侧足履半月。忽然思永嘉，不惮海路赊。挂席历海峤，回瞻赤城霞。赤城渐微没，孤屿前峣兀。水续万古流，亭空千霜月。缙云川谷难，石门最可观。瀑布挂北斗，莫穷此水端。喷壁洒素雪，空濛生昼寒。却思恶溪去，宁惧恶溪恶。咆哮七十滩，水石相喷薄。路创李北海，岩开谢康乐。松风和猿声，搜索连洞壑。径出梅花桥，双溪纳归潮。落帆金华岸，赤松若可招。沈约八咏楼，城西孤岩峣。岩峣四荒外，旷望群川会。云卷天地开，波连浙西大。乱流新安口，北指严光濑。钓台碧云中，邈与苍岭对。"

孟浩然的朋友中有一位叫陶翰的，在开元十八年（730）考中了进士。

陶翰，生卒年不详，润州丹阳（今江苏镇江）人，在中进士后的第二年又擢博学宏词科，曾任华阴丞、大理评事、太常博士、礼部员外郎等职。关于陶翰生平的记述文字非常简略，但他给后世留下了一份非常重要的材料，可以让我们更为详细地知道孟浩然行迹的一些情况。

这就是《送孟六入蜀序》：

> 襄阳孟浩然，精朗奇素，幼高为文，天宝年始游西秦，京师词人，皆叹其旷绝也。观其匠思幽妙，振言孤杰，信诗伯矣。不然者，何以有声于江楚间？嗟乎！夫子有如是才、如是志，且流落未遇，风尘所已（疑）。然谓天下无否泰、无时命，岂不谬哉？翰读古人文，见《长杨》《羽猎》《子虚》赋，壮哉！至广汉城西三千里，清江夤缘，两山如剑，中有微径，西入岷峨，□有奇幽，皆感子之兴矣。勉旃！故交不才，以文投赠。

陶翰对孟浩然的文才给予了极高的评价，但是这段文字中有非常明显的错误。陶翰认为孟浩然在"天宝年始游西秦"，显然系后世传抄有误所致，因为天宝指的是742年至756年，而孟浩然在740年就已经去世了，所以"天宝"应为"开元"之误。文中点明了一个非常重要的信息，即孟浩然是先到的长安以及周边地区，然后再从秦地去往蜀地。

当时由关中翻越秦岭抵达汉中盆地主要有四条道路，由西向东分别是陈仓道、褒斜道、傥骆道和子午道。穿越巴山抵达四川盆地的蜀古道自西向东分别是金牛道、米仓道和荔枝道，分别抵达成都、巴中和涪陵。如果从天水（秦州）出发，则可经祁山道向北或向南蜿蜒通往以上七条古道。

我们可以看看此次孟浩然入蜀时的沿途所见之情形和变动的内心世界。

已失巴陵雨，犹逢蜀坂泥。

天开斜景遍，山出晚云低。

余湿犹沾草，残流尚入溪。

今宵有明月，乡思远凄凄。

——孟浩然《途中遇晴》

山路泥泞难行，一个异乡人如何不思念遥远的故园？

古人出行由于交通不便，在路上所要经受的劳累、痛苦以及各种意想不到的事情是今天的人们难以想象的。

孟浩然由长江入峡之际正值落木萧瑟的深秋露重时节。

悬崖峭壁如刀削斧凿般冷峻，两岸山林的秋风悲鸣不已，其间回响不绝的凄厉猿啼更是令人忧伤而又心惊。此时穿着单薄、形单影只的孟浩然更加怀念故园和弟弟孟洗然。

吾昔与尔辈，读书常闭门。

未尝冒湍险，岂顾垂堂言。

自此历江湖，辛勤难具论。

往来行旅弊，开凿禹功存。

壁立千峰峻，溪流万壑奔。

我来凡几宿，无夕不闻猿。

浦上摇归恋，舟中失梦魂。

泪沾明月峡，心断鹡鸰原。

离阔星难聚，秋深露已繁。

因君下南楚，书此示乡园。

——孟浩然《入峡寄弟》

明月峡的得名及具体地点，历代说法众多。

一种说法是，因峡江中有巨石能够在晚上发光犹如明月而得名。此外，也有说是因为峡谷两岸的山体呈银白色而得名。还有人认为明月峡即灯影峡，是位于莲坨至南津关间的峡谷，而南津关与阆中古城隔江相望。

《华阳国志》卷一载："（巴郡）东枳有明月峡、广德峡，故巴亦有三峡。"《水经注·江水注》载："江水又左径明月峡，东至梨乡，历鸡鸣峡。江之南岸有枳县治。"《华阳国志》和《水经注》所言的是位于重庆与涪陵（古枳县）之间的巴东三峡，即铜锣峡、明月峡、黄草峡（黄葛峡）。

按照孟浩然入蜀的大体路线和季节，此时孟浩然所在的位置应该是川陕甘三省交界处的明月峡。这个明月峡位于四川广元嘉陵江西陵峡东段，峡谷全长约四千米，江面宽约百米，面积六点一平方公里。

明月峡距广元城区很近，位于城北二十三公里处的嘉陵江畔。这里是四川的北大门，为连接南北入蜀的咽喉重地。明月峡被誉为"金牛古道上的一颗明珠"。明月峡又因为唐玄宗避安史之乱由秦入蜀时当地官员在此接待朝拜而称朝天峡。明月峡有先秦古栈道、嘉陵水道、纤夫鸟道、金牛驿道。

孟浩然此行还沿着嘉陵江一线到了位于川西平原西南嘉州地区的犍为县（今属乐山市）。犍为县又称武阳县、灵石县、隆山县。唐玄宗先天元年（712），为避李隆基讳而改隆山县为彭山县，此地被誉为"蜀西门户"。

川暗夕阳尽，孤舟泊岸初。

岭猿相叫啸，潭嶂似空虚。

就枕灭明烛，扣舷闻夜渔。

鸡鸣问何处，人物是秦余。

——孟浩然《宿武阳川》（一作《宿武阳即事》）

如果我们认定当年孟浩然所到的"明月峡"就是《华阳国志》和《水经注》所言的重庆与涪陵（古枳县）之间的巴东三峡之一，那么此次孟浩然从长安入峡的整个路线的难行程度几乎是难以想象的。也正是孟浩然自己所言的："未尝冒湍险，岂顾垂堂言。自此历江湖，辛勤难具论。"（《入峡寄弟》）

这条路线不仅极其遥远，而且一路上的艰难险阻超乎想象。沿途的山川、峡谷、险滩、急湍以及秋冬时节的万物肃杀，想想都令人不寒而栗。

通过孟浩然好友陶翰的《送孟六入蜀序》及孟浩然诗中提及的不多的线索——比如明月峡、武阳（川），我们可以约略还原一下孟浩然的此次行程。

孟浩然先是从长安附近出发过古道过秦岭，然后大体是从水路沿着嘉陵江经过了九井、玉盘岭、嘉川驿、筹笔驿、龙洞阁、朝天岭、望云岭、深渡驿、佛龛、利州、嘉陵驿、汉源驿、剑州、上亭驿、梓潼县、绵州、万安县、德阳县、雒县、新都县、剑南、双流县、新津县、彭山县、眉州、龙游县、犍为县、义宾县、戎州、鱼津、绵水县、清溪镇、江安县、泸川县、泸州、黄龙滩、合江县、成湍滩、七门滩、江津、涂山禹庙、古阳关、黄葛峡、明月峡、黄草峡、鸡鸣峡、涪州……

如果继续沿着这条水路回襄阳的话，孟浩然还要经涪州往铜柱滩、东望峡、丰都县、平都山、虎须滩、禹庙、黄华浦、湖滩、使君滩，之后继续沿着水路往东阳峡、南乡峡、瞿塘峡、巫峡、空舲峡、峡州、合江亭、枝江、松滋渡、荆州，然后从荆州走水路或陆路回襄阳。如果从荆州走水路的话，则是从临沙驿、扬水再往汉水北上郢州，从郢州继续往北到大堤城、襄河驿、东津、襄阳城。

孟浩然选择游历，一部分原因是科场失意而需要山水及好友的安慰，这从孟浩然自洛阳往越中游历可以清晰地看出来。

> 皇皇三十载，书剑两无成。
> 山水寻吴越，风尘厌洛京。
> 扁舟泛湖海，长揖谢公卿。
> 且乐杯中物，谁论世上名。

> ——孟浩然《自洛之越》

通过孟浩然的诗作，我们可以看到孟浩然把自己的出游严格区分为两个类别：一是为干谒、科举和应酬而进行的功利性交游，二则是自己主动选择的没有任何功利心的纯粹本真的游历。显然，孟浩然更倾心于后者，这也是他在诗中反复强调和渲染的之所以要"山水寻吴越"是因为自己"书剑两无成"以及"风尘厌洛京"。只有真正地回归于自然、人性以及自我的怀抱，孟浩然才能真正感受到山水之乐、求佛问道之乐以及开怀畅饮而不问功与名的隐士畅达之乐。

孟浩然所生活的开元时期，最为重要的两大中心是长安和洛阳，即"两京"。

隋文帝时期（581—604），著名建筑学家宇文恺（555—612，字安乐，鲜卑族）设计、营建了长安城（大兴城）。隋炀帝时期（604—618），宇文恺又设计了洛阳城，而洛阳城仅在十个月之内便建造完工。当时估计有两百多万人迁入洛阳城，其中包括富商巨贾数万户。

隋唐时期洛阳被称为东都（东京），地位十分重要，如储光羲诗云："洛城本天邑，洛水即天池。"（《送恂上人还吴》）因为隋唐大运河，洛阳的重要性不言而喻。洛阳城东、西、南、北城墙分别长 7312 米、6776 米、7290 米、6138 米，可以看出城墙整体上是东南长而西北窄。宫城设在西北方向。除了城西无门之外，其余三面共有八座城门。唐代洛阳和长安都是坊市制，执行严格的宵禁制度。以洛水为界，洛南有八十一坊、二市，洛北有二十八坊、一市。南市、北市和西市中属南市的规模最大，计一百二十多行、三千余家店铺。当时洛阳城内有佛寺二十所、道观十多处，至于城郊的寺庙和道观则更多，比如香积寺、草堂寺以及"樊川八大寺"（兴教寺、兴国寺、华严寺、观音寺、牛头寺、法幢寺、禅经寺、洪福寺）。

唐玄宗（685—762，因排行第三又称李三郎）于农历八月初五（公历九月八日）出生于东都洛阳，这也是他多次往返于长安和洛阳的重要原因。

唐玄宗为唐代在位时间最长的皇帝，其年号为先天、开元、天宝。在弱冠之年他就目睹了神龙政变。张柬之等人发动此次政变并诛杀了武则天的男宠张易之兄弟——二人皆长相俊美但目不识丁、手不解书。《朝野佥载》云："长安四年十月，阴，雨雪，一百余日不见星。正月，诛张易之、昌宗等，则天废。"天宝十五载（756）太子李亨在甘肃灵武即位（唐肃宗），李隆基被尊为太上皇。宝应元年（762）四月，唐玄宗病逝于神龙殿，葬金粟山。

唐玄宗多次驾临洛阳，而安史之乱后很少有皇帝再来洛阳，东都也从此走向了衰落。元稹诗云："洛阳大底居人少，从善坊西最寂寥。"（《送刘太白》）

从开元五年（717）正月开始至开元二十四年（736）十月，二十年时间里唐玄宗带着文武百官不断驾临东都。考察唐玄宗的行止，开元五年（717）正月至二月、开元六年（718）十一月、开元十年（722）正月至十月、开元十二年（724）十一月、开元十四年（726）十月至十五年（727）十月、开元十九年（731）的十月至次年一月、开元二十二年（734）正月至开元二十四年（736）十月，唐玄宗均在洛阳。

开元二十四年（736）十月二十一日回长安以后，唐玄宗就不再去洛阳了。自此，繁盛一时的东都洛阳的行宫基本被闲置下来。加之安史之乱，当年金碧辉煌的行宫已是破败不堪，所以就有了后来元稹的诗句："寥落古行宫，宫花寂寞红。白头宫女在，闲坐说玄宗。"（《行宫》）白居易在《上阳白发人》中更是将洛阳宫内满眼的萧瑟之景升华为对一个时代由盛转衰的政治讽喻："上阳人，上阳人，红颜暗老白发新。绿衣监使守宫门，一闭上阳多少春。玄宗末岁初选入，入时十六今六十。同时采择百余人，零落年深残此身。忆昔吞悲别亲族，扶入车中不教哭。皆云入内便承恩，脸似芙蓉胸似玉。未容君王得见面，已被杨妃遥侧目。妒令潜配上阳宫，一生遂向空房宿。宿空房，秋夜长，夜长无寐天不明。耿耿残灯背壁影，萧萧暗雨打窗声。春日迟，日迟独坐天难暮。宫莺百啭愁厌闻，梁燕双栖老休妒。莺归燕去长悄然，春往秋来不记年。唯向深宫望明月，东西四五百回圆。今日宫中年最老，大家遥赐'尚书'号。小头鞋履窄衣裳，青黛点眉眉细长。外人不见见应笑，天宝末年时世妆。上阳人，苦最多。少亦苦，老亦苦，少苦老苦两如何。君不见昔时吕向《美人赋》，又不见今日上阳白发歌。"

无论是长安还是洛阳，实则都是孟浩然的伤心地。他为了谋求功名在这两地干谒数年，但最终无果。功名无望，孟浩然也只能寄情山水，任岁月蹉跎了。

吴越泛舟和浙东之游对于孟浩然一生的行迹来说至为重要。在洛阳访友储光羲、綦毋潜期间，孟浩然卧病了一段时间，病愈之后离开洛阳前往越中游历。

至今在雁荡山比较罕见的唐代摩崖石刻中，于大龙湫潭水前的一块石头上还可以看见三个字——"审言来"。

这个"审言"不是旁人，正是杜甫的祖父。实际上，除了这三个字外还有另外两个字，只是已经被岁月磨洗掉了。明代王献芝《游雁山记》载："近崖有潭，潭畔乱石磊落，石上有题'杜审言来此'字。"而到了清代，"杜""此"二字就逐渐消失了。此外，唐代的太守夏启伯在开元二年（714）也到此游历，留下"太守夏启伯到此"七个大字。此外，在雪洞崖壁上还刻有关于夏启伯的文字。清代施元孚《雁荡山志》称："雪洞内石壁有古书数十行，石泐不可辨，可辨者'夏启伯太守建寺'等字。"如今我们能够见到的几个字是"开元二年九月□日太守夏启伯到山"。

孟浩然曾经三次游历吴越，但具体时间一直有争议。大体为开元十三年（725）至开元十六年（728）、开元二十一年（733）以及开元二十三年（735）。其中第一次在越中滞留有近三年之久。

陈平无产业，尼父倦东西。

负郭昔云翳，问津今亦迷。

未能忘魏阙，空此滞秦稽。

两见夏云起，再闻春鸟啼。

怀仙梅福市，访旧若耶溪。

圣主贤为宝，君何隐遁栖。

——孟浩然《久滞越中，贻谢南池、会稽贺少府》

所以，在浙东的"唐诗之路"上我们能够比较多地看到孟浩然的身影。

孟浩然是非常钟爱吴越山水的，以至于他在登故乡的望楚山的时候还忘不了将其与会稽作一番比较："山水观形胜，襄阳美会稽。最高唯望楚，曾未一攀跻。石壁疑削成，众山比全低。晴明试登陟，目极无端倪。云梦掌中小，武陵花处迷。暝还归骑下，萝月映深溪。"（《登望楚山最高顶》）

望楚山又名英山、马鞍山，海拔三百三十五米，在襄阳城西南八里。望楚山有三墩，见文献所载："宋元嘉中，武陵王骏为刺史，屡登陟焉。以望见鄢城，改为望楚山。后遂龙飞，为孝武帝所望之处，时人号为凤岭。高处有三墩，是刘弘、山简等九日宴赏之处。"（《南雍州记》）

在浙东的"唐诗之路"上，绍兴有著名的秦望山（刻石山），海拔五百四十多米，传说系秦始皇刻石处，这让我们想到孟浩然故乡的望楚山。

从洛阳至越地，孟浩然要走水路。

隋代开皇四年（584）广通渠开凿。隋炀帝在大业元年（605）派宇文恺（长安城和洛阳城的设计师）主持开凿大运河的工作，主要是开通通济渠（605 年开凿）和永济渠（608 年开凿）。

隋唐大运河全长两千七百多公里，连接了黄河、淮河、长江、钱塘江和海河这五大水系。正因为隋唐大运河的重要性，洛阳长期占据了政治、经济和文化的中心位置，正所谓"控以三河，固以四塞，水陆通"（《隋书·卷三·炀帝纪上》）。

至宋代，隋唐大运河仍在发挥重要的作用，如宋人卢襄载："念隋大业间炀帝所以浚辟，使达于扬州者，不过事游幸尔。今则东南岁漕上给于京师者，数千百艘，舳舻相衔，朝暮不绝。盖有害于一时而利于千百载之下者，天以隋为吾宋王业之资也。"（《西征记》）

元代开始废弃隋唐大运河而改道京杭大运河。

尽管出土的唐代的船舶很少，但是从出土船只的情况以及文献来看，其时造船技术已经非常发达。一般的船只都有水密舱壁，大多用石灰掺杂桐油等来密封船板的缝隙。甚至唐代已经有了"楼船""车船""斗舰""艨艟"，其中车船（车轮船）为山南东道荆南节度使李皋（733—792）所创，他"常运心巧思，为战舰，挟二轮蹈之，翔风鼓浪，疾若挂帆席，所造省易而久固"（《旧唐书·李皋传》）。敦煌壁画上有唐代船夫的形象，他们戴斗笠，穿小袖短衣、长裤，脚着麻鞋、草鞋。

在孟浩然生活的那个时期，走水路从洛阳往浙江一定会经过隋唐大运河。

孟浩然所经过的路线大概是：从洛阳出发沿大运河通济渠段到盱眙，继从盱眙沿淮河到山阳（今江苏淮安），然后沿大运河邗沟段（山阳渎）到江都，从江都沿长江往京口，从京口沿江南运河到杭州。途中主要经过汴州、宋州、宿州、泗州、盱眙、楚州、山阳、江都（扬州）、润州（京口）、苏州、余杭。

回顾孟浩然的一生，其有大约一半的时间都在路上或船上，正所谓"风水为乡船作宅"（白居易《盐商妇》）。

唐代的水路状况以及官方水运驿站已经很发达了，所以乘船出行成为很多官员、商贾和文士的首选。

按照《唐六典》，陆路和水路的行进速度有明文规定，"凡陆行之程：马日七十里，步及驴五十里，车三十里。水行之程：舟之重者，溯河日三十里，江四十里，余水四十五里；空舟溯河四十里，江五十里，余水六十里；沿河之舟则轻重同制，河日一百五十里，江一百里，余水七十里"。

让我们回到孟浩然从洛阳启程的那一天。

孟浩然早上从汴河（通济渠）出发，在黄昏时分到了谯县（唐属亳州，现谯城区）地界。此行他是要去拜会当时分别任谯县主簿和少府的两位老朋友。

朝乘汴河流，夕次谯县界。

幸值西风吹，得与故人会。

君学梅福隐，余从伯鸾迈。

别后能相思，浮云在吴会。

——孟浩然《适越留别谯县张主薄、申屠少府》

通过"君学梅福隐"一句，我们可以知晓孟浩然的这两位老朋友尽管混迹官场但都有归隐之心。梅福（前44—44），九江郡寿春（今安徽寿县）人，曾任南昌县尉，于王莽当政时辞官归隐青云谱，被誉为"茶祖"。宋高宗赐梅福为"吏隐真人"。梁鸿（字伯鸾）为东汉隐士，与妻孟光"举案齐眉"的故事家喻户晓。

申屠少府指的是申屠液。他于开元十二年（724）任亳州临涣县尉，该年十月撰有《虢国公杨花台铭（并序）》，其中云："原夫真假生即空，从色声而有相；道源无体，因法教以沿流。所以人天舍千万之资，神鬼建由旬之塔。金衣绀发，尽留多宝之台；银叠青莲，并入真珠之藏。湛然释氏，一千余年。辅国大将军虢国公杨等，皆天子贵臣，忠义尽节。布衣脱粟，将军有丞相之风；牛车鹿裘，骠骑减中人之产。爰抽净俸，申庄严之事也。华檐覆像，尽垂交露之珠；王砌连龛，更饰雄黄之宝。风筝逸韵，飞妙响于天宫；花雨依微，洒香尘于世界。犹恐蓬莱海变，石折不周，仍镌长者之经，必勒轮王之偈。"

唐代亳州下辖谯、临涣、酂、城父、鹿邑、蒙城、永成、真源八个县。临涣县紧挨着谯县，所以孟浩然此行又往临涣访友。裴明府召集一众文友迎接孟浩然并设宴款待，孟浩然诗云："河县柳林边，河桥晚泊船。文叨才子会，官喜故人连。笑语同今夕，轻肥异往年。晨风理归棹，吴楚各依然。"（《临涣裴明府席遇张十一、房六》）

辞别了裴明府之后，孟浩然继续赶路。尽管江湖壮阔且一路风光动人，但孟浩然早已舟车劳顿、满身倦意，还好距离余杭越来越近了。

渔浦潭位于富阳、萧山和钱塘三县的共管地带，在萧山西南三十里，孟浩然路经此地有诗云："东旭早光芒，渚禽已惊骇。卧闻渔浦口，桡声暗相拨。日出气象分，始知江湖阔。美人常晏起，照影弄流沫。饮水畏惊猿，祭鱼时见獭。舟行自无闷，况值晴景豁。"（《早发渔浦潭》）

通过孟浩然诗中"祭鱼时见獭"一句，可知此时当在孟春（农历一月），正所谓："（孟春之月）东风解冻，蛰虫始振。鱼上冰，

獭祭鱼，鸿雁来。"（《礼记·月令》）

关于富阳、渔浦和定山、赤亭山（赤松子山）所处的大体位置，可以看看谢灵运的诗——《富春渚》：

宵济渔浦潭，旦及富春郭。

定山缅云雾，赤亭无淹薄。

溯流触惊急，临圻阻参错，

亮乏伯昏分，险过吕梁壑。

富阳向东九里是赤亭山，向东三十里是渔浦，钱塘西南五十里是定山。

关于渔浦和定山，不同时代的诗人江淹、沈约、丘迟、苏轼以及钱惟善分别写有《赤亭渚》《早发定山》《旦发渔浦潭》《往富阳新城，李节推先行三日，留风水洞见待》《定山早行》。

渔浦，位于萧山西北。定山，又名浙山、狮子山，其上有定山寺，位于杭州城西南的周浦乡。《太平寰宇记》引虞喜《志林》注曰："今钱塘江口浙山，正居江中，潮水投山下，折而曲。"定山因为处在钱塘江的特殊位置而成为古代检阅和训练水军以及观潮的绝佳地点。文献载："晋建武将军吴喜等破东军，吴越王钱镠讨薛朗，皆以定山为军事要地。"（《杭县志稿》）当时此地设有将坛，如文献载："将坛，在定山北。每岁春秋，万大长分翼江上，帅士卒习水战于此。"（钱惟善《江月松风集》）又见《西湖游览志》所载："定山高七十五丈，宋时春秋习水战于此。有将坛存焉。"

南朝宋明帝泰始二年（466），会稽太守孔觊（字思远，会稽山阴人）起兵反宋，当时在定山和渔浦发生了战争，见文献所载：

"东军据岸结寨，农夫等攻破之，乘风举帆，直趣定山，破其大帅孙会之，于陈斩首。自定山进向渔浦，戍主孔睿率千余人据垒拒战。佃夫使队主阚法炬射杀楼上弩手，睿众惊骇，思仁纵兵攻之，斩其军主孔奴，于是败散。"（《宋书》卷八十四）孟浩然的好友崔国辅时任山阴县尉，也曾路过定山并夜宿范浦，作有诗云："月暗潮又落，西陵渡暂停。村烟和海雾，舟火乱江星。路绕定山转，塘连范浦横。鸱夷近何去，空山临沧溟。"（《宿范浦》）

在临安（唐朝时属余杭郡）休整一段时日之后，孟浩然辞别李主簿等朋友开始浙东之行。

据统计，唐代到过浙东的四百四十多位诗人留下了一千五百多首诗。其中不乏李白、杜甫、孟浩然、王维、贺知章、王昌龄、骆宾王、李商隐、白居易、刘禹锡、元稹、杜牧、韦应物、刘长卿这样的大诗人。唐代诗人游历的浙东范围大体是浦阳江流域以东、括苍山以北至东海这一区域。具体言之，浙东的"唐诗之路"从钱塘江畔的西陵渡开始，沿东晋时开凿的浙东运河至绍兴鉴湖，沿曹娥江、剡溪至新昌、天姥山、天台山，向东经四明山、宁波，西南向诸暨、金华。大体路线图是：萧山—柯桥—绍兴—上虞—嵊州—新昌—天台—临海，辐射至诸暨、余姚、慈溪、宁波、溪口、奉化、三门、仙居、黄岩、台州、温岭。涉及会稽山、云门寺、四明山、天台山、雪窦山、新昌大佛寺、龙宫寺、沃洲山禅院、穿岩十九峰、天姥山、华顶峰、国清寺、桐柏观、括苍山等著名的山水人文景观及浙东运河、浦阳江、钱清江、鉴湖、若耶溪、曹娥江、剡溪、姚江、甬江、永安溪、椒江、东海等水系。

唐代诗人之所以如此钟情于浙东——甚至像李白和孟浩然那样数次来游的不乏其人——应与浙东的佛道文化尤其是佛教的兴盛

有着密切关联。

我们知道，魏晋南北朝时期以及隋唐两朝是中国的佛教以及道教发展的黄金时期，尽管也有过统治者灭佛的极端情况——比如北魏太武帝、北周武帝以及唐武宗的灭佛事件，史称"三武灭佛"。唐代奉行"三教合一"，是禅宗得以发展乃至兴盛的重要时期。唐睿宗李旦在景云元年（710）一次度僧道达三万人。佛道的发展尤其是禅宗文化也使得包括孟浩然、王维等在内的唐代诗人的禅诗蔚为壮观，正所谓"诗为禅客添花锦，禅是诗家切玉刀"（元好问《赠嵩山隽侍者学诗》）。唐代的佛教文化显然已经影响到了人们日常的生活起居，比如隋帝极其爱吃蛤，甚至所食以千万计，但最后因对佛的敬畏而不再食用。《夜航船》记载："忽有一蛤置几上，一夜有光。及明，肉自脱，中有一佛二菩萨像，帝自是不复食蛤。"

据封野《汉魏晋南北朝佛寺辑考》所述，浙东地区在唐代以前佛寺多达三百多所，其中越州、台州和明州的寺庙就超过了两百多座。隋唐以及五代时期浙东又兴建了一大批新的寺庙。尤其，对于那些仕途失意、异乡寓居以及困顿没落的诗人而言，浙东的山水形胜以及遍布的佛寺、道观以及僧道、隐士群体对于抚慰他们不平的内心世界和坎坷的人生遭际起到了重要作用。其中，浙东的大禹庙、云门寺、桐柏观、石城寺、国清寺、沃洲山禅院、法华寺、华严寺、龟山寺等频频进入诗人的笔端，而求仙问道和归隐山林构成了唐诗叙事抒情的重要传统。

在来吴越之前，浙东之路上的寺庙和道观是孟浩然最为心仪的"乌托邦"，这一趟旅程也是他将自己暂时托付给山水、宗教，从而回归本性、真心的精神慰藉之旅。

汉学家宇文所安以孟浩然在浙东之路上所作的《舟中晓望》作

为切入点，非常准确地指明了孟浩然的此番旅程是摆脱功利而寻求自由、洒脱、无为的灵魂之路和问道之旅。宇文所安指出："诗人的注视和旅行都有着固定的方向，与其他人漫无方向的来往形成对照，那些人的唯一目标是获利，故只能生活于持续的不安之中，将自己交付给风潮。诗人的旅程是直线的，而导致其奔向东南方向的未指明地点的西北——长安及其所代表的仕宦生涯。诗人避开了那些不安全的事物，将自己引向固定的、安全的事物———一座石桥和一座山。这种固定和安全也是精神上的感觉，因为天台山和红霞都与神仙有关。当诗人期待地凝视时，鲜红的晚霞变成了赤城山的幻影，赤城山在天台山附近，其高'标'吸引着诗人向前。"（《盛唐诗》）

值得注意的是，或许是因为宇文所安所见唐诗的版本有限，其所援引的孟浩然该诗的题目误为《舟中晚望》（应为《舟中晓望》）。原诗最后的"坐看霞色晓"也误为"坐看霞色晚"，以致宇文所安在解读的时候也将"朝霞"误解成了"晚霞"。

孟浩然曾滞留越地达三年之久，可见其对此地山水风物以及朋友们的喜爱程度。开元十五年（727）的惊蛰过后，孟浩然于病中离开乐成好友张子容后准备返回襄阳，但是途中又在越地逗留了一段时间。

唐代诗人中到浙江次数最多且停留时间比较长的非李白和孟浩然莫属。孟浩然三次入越，而李白有过四次越地之游且两次上天台山，一次是在开元年间，另一次是在天宝年间。

开元十五年（727），李白从广陵沿京杭大运河南下，经钱塘江、会稽沿曹娥江往剡中赴天姥山。对于此次行程，李白在《别储邕之剡中》一诗中已经交代得非常清楚了："借问剡中道，东南指越乡。

舟从广陵去，水入会稽长。竹色溪下绿，荷花镜里香。辞君向天姥，拂石卧秋霜。"

在天台山期间，李白还在破晓时分登上华顶峰的拜经台，如其诗云："天台邻四明，华顶高百越。门标赤城霞，楼栖沧岛月。凭高登远览，直下见溟渤。云垂大鹏翻，波动巨鳌没。风潮争汹涌，神怪何翕忽。观奇迹无倪，好道心不歇。攀条摘朱实，服药炼金骨。安得生羽毛，千春卧蓬阙。"（《天台晓望》）

同李白一样，天台山是孟浩然此行的重要一站，如其诗云："枳棘君尚栖，匏瓜吾岂系。念离当夏首，漂泊指炎裔。江海非堕游，田园失归计。定山既早发，渔浦亦宵济。泛泛随波澜，行行任舻枻。故林日已远，群木坐成翳。羽人在丹丘，吾亦从此逝。"（《将适天台，留别临安李主簿》）

孟浩然提到的"羽人在丹丘"让人想到东晋孙绰（314—371）著名的《游天台山赋》所云"仍羽人于丹丘，寻不死之福庭"。丹丘为传说中神仙所居之所，昼夜常明。曾有众多诗人写过此处，屈原《楚辞·远游》言："仍羽人于丹丘兮，留不死之旧乡。"诗僧皎然亦有诗："丹丘羽人轻玉食，采茶饮之生羽翼。"（《饮茶歌送郑容》）《神异记》则言："丹丘出大茗，服之生羽翼。"

按照《嘉定赤城志》所记，丹丘（丹邱）在宁海"南九十里。葛玄炼丹处。孙绰赋所谓'仍羽人于丹丘，寻不死之福庭'是也"。宁海为天台山和四明山的交会之处，南北朝时期月丘山上建有丹丘寺。天台城东十里亦有丹丘山，如文献载："泥土如丹，山顶平坦，山色如丹，故初名丹丘，后立县必有横山，因丹丘山在县城之东，又称东横山也。"东横山又称覆船山、一字山。《大清一统志》载："东横山在天台县东十里，状如覆舟，旧名覆舟山。四面迥绝，无所联接。其上坦平，可三十顷，中有三泉，冬温夏冽，稍东有凤凰山，三山大小如凤，亦名凤林。"

按照此次孟浩然从临安往天台山的行程，他诗中提及的丹丘山应指天台的东横山，即覆船山。

孟浩然关于天台山的诗有《将适天台，留别临安李主簿》《越中逢天台太乙子》《舟中晓望》《玉霄峰》《寻天台山》《寄天台道士》《宿天台桐柏观》。

那么，孟浩然为何反复提及天台山呢？

天台山为佛宗道源，山岳神秀。天台宗的实际创立者是智顗（538—597）大师，居天台山前后达二十二年之久，所以又被称为"天台大师"，其一生建寺庙三十多所。一千四百多年来，天台宗在海内外影响深远。天台山是历代文人墨客寻仙求道的圣地。王羲之、顾恺之、孙绰、谢灵运、李白、孟浩然、苏东坡、朱熹、陆游等都曾到过天台山。明代大旅行家徐霞客（1587—1641）更是三上天台山。

上文提到，包括孟浩然在内的唐代诗人，他们到访天台山确实与道教文化有着密切关系。在此我们可以先领略一下晋代孙绰的《游天台山赋》："天台山者，盖山岳之神秀者也。涉海则有方丈、蓬莱，登陆则有四明、天台，皆玄圣之所游化，灵仙之所窟宅。夫其峻极之状，嘉祥之美，穷山海之瑰富，尽人情之壮丽矣。"

天台山在唐代属台州，开元年间属江南东道的范围。天台山位于天台县城北，为曹娥江与甬江的分水岭，主峰为华顶山。天台山地处绍兴、宁波、金华、温州的交界地带，其东北方向就是舟山群岛。关于天台山的得名，《云笈七签》中有记载："天台上高一万八千丈，山有八重，四面如一，顶对三辰，当牛女之分，上应台宿，故名天台。"与天台山相对的正是天姥山，大台山在天姥山的东南方向。由天姥山，我们自然会想到李白的《梦游天姥吟留别》。

关于天台山有很多传说。相传，东汉明帝永平五年（62），刘晨和阮肇去天台山取榖树皮而在山中迷路。在饿了十三天之后他们已命在旦夕，却巧遇两位资质妙绝的女子，她们设美酒、美食款待刘、阮两人。虽然如此，两人"十日后欲求还去，女云：'君已来是，宿福所牵，何复欲还邪？'遂停半年。气候草木是春时，百鸟啼鸣，更怀悲思，求归甚苦。女曰：'罪牵君，当可如何？'遂呼前来女子，有三四十人，集会奏乐，共送刘、阮，指示还路。既出，亲旧零落，邑屋改异，无复相识。问讯得七世孙，传闻上世入山，迷不得归。至晋太元八年，忽复去，不知何所"（南朝刘义庆《幽明录》）。

孟浩然对天台山这等绝美之地早就是日思夜想的了。

挂席东南望，青山水国遥。

舳舻争利涉，来往接风潮。

问我今何去，天台访石桥。

坐看霞色晚，疑是赤城标。

——孟浩然《舟中晓望》

身未到天台山而心先至。孟浩然游访天台山的心情是如此迫切，正如拂晓刺破了漫漫长夜一样。天台石桥见《太平寰宇记》所引顾恺之《启蒙记》注云："天台山去天不远，路经油溪水，深险清冷。前有石桥，路径不盈尺，长数十丈，下临绝涧，惟忘身然后能济。济者梯岩壁，援葛萝之茎，度得平路，见天台山蔚然绮秀，列双岭于青霄。上有琼楼、玉阙、天堂、碧林、醴泉，仙物毕具也。"

"赤城标"即赤城山，是天台山中唯一的丹霞地貌，因赤石屏列如城、望之如云霞而得名，又因山体颜色赭赤如火烧而称烧山。"赤城栖霞"为天台八景之一。按《大清一统志·台州府一·山川》所记，赤城山在天台县北六里，号称天台山的南门，是往天台山的必经之路。李白同孟浩然一样，他们对天台山的热爱以及求仙得道的向往非同一般。我们可以通过李白之诗笔来感受一下赤城山特异的景致："四明三千里，朝起赤城霞。日出红光散，分辉照雪崖。一餐咽琼液，五内发金沙。举手何所待，青龙白虎车。"（《早望海霞边》）

　　孟浩然前往天台山、赤城山的一个重要原因是要寻访好友太乙子（一作太一子）。

　　孟浩然对太乙子一直是尊崇有加，如其诗云："仙穴逢羽人，停舻向前拜。问余涉风水，何处远行迈。登陆寻天台，顺流下吴会。兹山夙所尚，安得问灵怪。上逼青天高，俯临沧海大。鸡鸣见日出，常觌仙人簁。往来赤城中，逍遥白云外。莓苔异人间，瀑布当空界。福庭长自然，华顶旧称最。永此从之游，何当济所届。"（《越中逢天台太乙子》）

　　在《寻天台山》一诗中，孟浩然再次提到了这位好友：

　　　　吾友太乙子，餐霞卧赤城。

　　　　欲寻华顶去，不惮恶溪名。

　　　　歇马凭云宿，扬帆截海行。

　　　　高高翠微里，遥见石梁横。

　　孟浩然提到的华顶峰为天台山的主峰，海拔1098米，在天台县城东北，因峰峦围聚如同莲花形状而得名。《舆地纪胜》载："华顶峰，在天台县东北六十里，盖天台第八重最高处。旧传高一万丈，少晴多晦，夏有积雪，可观日之出入。"

华顶峰有拜经台，相传是智𫖮大师求拜《楞严经》的地方。李白的《天台晓望》即写于此，其中有云："天台邻四明，华顶高百越。门标赤城霞，楼栖沧岛月。凭高登远览，直下见溟渤。云垂大鹏翻，波动巨鳌没。风潮争汹涌，神怪何翕忽。观奇迹无倪，好道心不歇。攀条摘朱实，服药炼金骨。安得生羽毛，千春卧蓬阙。"

想天台、游天台、歌天台对于孟浩然而言还远远不够，于是他干脆借宿在天台山的道观里。

> 海行信风帆，夕宿逗云岛。
>
> 缅寻沧洲趣，近爱赤城好。
>
> 扣萝亦践苔，辍棹恣探讨。
>
> 息阴憩桐柏，采秀弄芝草。
>
> 鹤唳清露垂，鸡鸣信潮早。
>
> 愿言解缨绂，从此去烦恼。
>
> 高步凌四明，玄踪得三老。
>
> 纷吾远游意，学彼长生道。
>
> 日夕望三江，云涛空浩浩。
>
> ——孟浩然《宿天台桐柏观》

在表达访道心情的同时，孟浩然于清幽之地也感悟着人生与世事的无常。

桐柏山又名金庭山、丹池山，与四明山和天台山相连。文献载：

"桐柏山，在天台县西北三十里，周围九峰，曰紫霄，曰翠微，曰玉泉，曰卧龙，曰莲花，曰华林，曰玉女，曰玉霄，曰华顶，矗立霄汉，远近相向。晋王羲之与支道林尝往来此山。至唐，则司马承祯居焉。"（明代薛应旂《桐柏山志》）

孟浩然夜宿的这座桐柏观又名桐柏宫、桐柏崇道观，系全真派的南宗祖庭。据传，桐柏宫为三国时期道教灵宝派祖师葛玄（164—244）所开创。

李白在重阳节过后曾游历距离桐柏观非常近的琼台，作有诗云："龙楼凤阙不肯住，飞腾直欲天台去。碧玉连环八面山，山中亦有行人路。青衣约我游琼台，琪木花芳九叶开。天风飘香不点地，千片万片绝尘埃。我来正当重九后，笑把烟霞俱抖擞。"（《琼台》）从琼台向东南两公里，就是桐柏宫。

极其遗憾的是，从1958年开始，桐柏山西麓建桐柏水库，两年后桐柏水电站建成，地形、地貌也因此发生了巨大变化，落差三百二十多米、最宽处九十多米而号称"中华第一高瀑"的桐柏瀑布（又称三井瀑布）因此断流，"瀑布飞流以界道"的场面不复存在。历史悠久的桐柏宫也沉于水底不见天日，现在我们所看到的桐柏宫为鸣鹤观改建而成。2020年，消失了六十年的天台大瀑布得以重现昔日的壮阔景观。

孟浩然到来时正值桐柏观发展的鼎盛时期。其时宫观达三十六所，道士甚至多达数千人。桐柏观与唐代著名道士、上清派第十二代宗师司马承祯渊源很深，这里是他的修道处。文献载："景云中白云先生司马承祯置，自福圣观西北至此观，皆悬崖磴道，盘折而上，长松夹道，至于洞门。唐史云，中有洞天，号金庭宫，即王子晋之处也。"（《舆地纪胜》卷十二）

孟浩然的大半生正值开元盛世。我们可以看看唐玄宗题额、吏部尚书崔尚撰文、著名书法家韩择木所书的名碑《桐柏观碑记》："桐柏山，高万八千丈，周旋八百里。其山八重，四面如一。中有洞天，号金庭宫，即右弼王乔子晋之所处也。是之谓不死之福乡，养真之灵境。故相传云昔葛仙翁始居此地，而后有道之士往往因之坛址，五六厥迹，犹在泪乎。我唐有司马炼师居焉。景云中天子布命于下新，作桐柏观，盖以光昭我元。后之丕烈保绥，我国家之洪祉者也。夫其高居八重之上，俯临千仞之余，抱阴向阳，审曲面势，东西数百步，南北步如之连山巍峨，四野皆碧，茂木郁郁。四时并青，大岩之前，横岭之上，双峰如阙，中天豁开，长涧南泻，诸泉合漱一道瀑布，百丈垂流，望之雪飞。听之风起，石梁翠屏可倚也，琪木珠条可攀也。仙花灵草春秋竞发，幽鸟青猿晨昏合响，信足赏也。始丰南走云障，间起剡川，北通烟岑，相接东入沧海，不远蓬莱，西则浩然长山，无复人境，仙灵奥秘郁，为秀绝。苞元气以浑成，镇厚地而作构，非夫神与仙宅，仙得神营。其孰能致斯哉。故初营天尊之堂，昼日有云五色浮霭其上。三井投龙之所，时有异气入堂，复出者。三书之者，以记祥也。然后为虚室以凿户，起层台而累土经之营，之成，之翼，之缀，日月以为光笼，云霞以为色花，散金地香通元极。贞侣好道是游斯，息微我炼师孰能兴之。"

司马承祯（647—735），字子微，号道隐，自号天台道士、白云子、白云先生。武则天、唐睿宗、唐玄宗等都曾召见过他，可见其在盛唐时期有着巨大的影响力。唐睿宗曾向司马承祯讨教治国之道，如文献载："司马承祯事潘师正，传辟谷导引之术。唐睿宗召问其术，对曰：'为道日损，损之又损，以至于无。'帝曰：'治身则尔，治国若何？'对曰：'国犹身也，游心于淡，合气于漠，

与物自然而无私焉，则天下治。'帝嗟叹曰：'广成之言也！'谥'真一先生'。"（《夜航船》）

景云二年（711），唐睿宗下旨在天台山修建桐柏观，让司马承祯用于修道，因此桐柏观周围四十里禁止采伐。

司马承祯在《天地宫府图》中首次明确了道教十大洞天、三十六小洞天、七十二福地的划分。李白曾在江陵见过司马承祯，其自言："余昔于江陵，见天台司马子微，谓余有仙风道骨，可与神游八极之表。因著《大鹏遇希有鸟赋》以自广。此赋已传于世，往往人间见之。悔其少作，未穷宏达之旨，中年弃之。及读《晋书》，睹阮宣子《大鹏赞》，鄙心陋之。遂更记忆，多将旧本不同。今复存手集，岂敢传诸作者？庶可示之子弟而已。"（《大鹏遇希有鸟赋·序》）

世代更迭，山水形胜也发生了近乎沧海桑田般的巨变。诗人的伟大在于他们通过诗歌记录了一个时代，呈现了时间法则中人生的无常及世界的多变。孟浩然的浙东之旅为我们留下了永远不会湮灭的"唐诗之路"，这更接近于伟大精神意义上的指引。

第十八章
山水乌托邦："时时引领望天末，何处青山是越中"

开元十四年（726）在溧阳辞别李白之后，孟浩然前往越中剡溪等地游历。

此时孟浩然已经三十八岁了，年近四十仍然是"书剑两无成"。这对于唐代读书人而言，是件无比羞愧的事，而孟浩然还能够于游乐之中开怀畅饮、忘却功名，同时代人中除了李白等极少数人，很难再有谁能与之相提并论。

游历完剡溪等地之后，孟浩然决定赶往乐成（今浙江温州乐清）访十多年未见的老友张子容。

关于越地游历的经历，孟浩然有比较详尽的记述：

> 翠微终南里，雨后宜返照。
> 闭关久沈冥，杖策一登眺。
> 遂造幽人室，始知静者妙。
> 儒道虽异门，云林颇同调。
> 两心相喜得，毕景共谈笑。
> 暝还高窗眠，时见远山烧。
> 缅怀赤城标，更忆临海峤。
> 风泉有清音，何必苏门啸。
>
> ——孟浩然《题终南翠微寺空上人房》

孟浩然这首诗作于长安时期。诗中提到的"赤城标""临海峤"都与越地（浙江）有关。

接下来，我们看看孟浩然与张子容此次在乐成的久别重逢。

张子容的官场生活并不如意，此时被贬为乐成尉，如其诗云："窜谪边穷海，川原近恶溪。有时闻虎啸，无夜不猿啼。地暖花长发，岩高日易低。故乡可忆处，遥指斗牛西。"（《贬乐城尉日作》）

路途遥远，人未到而书信先至。

张子容听闻老友即将到来的消息自是激动万分，甚至到了寝食难安的地步。计算着孟浩然到来的时间，张子容亲自到上浦馆迎候。这里提到的上浦馆距离永嘉府（今温州市）城东约七十里。在古代交通极不发达的情况下，张子容不辞辛劳赶这么长的路来迎接孟浩然，可见二人感情之深厚。

彼时，孟浩然从绍兴到乐成只能走水路，路线大体是沿江从绍兴往丽水再到乐成。

在茫茫浩渺的大江之上只有一叶扁舟。在一年即将结束的特殊时刻，身处他乡的孟浩然不由得感叹起世变时易以及自己蹉跎的岁月来。

> 仲尼既云殁，余亦浮于海。
>
> 昏见斗柄回，方知岁星改。
>
> 虚舟任所适，垂钓非有待。
>
> 为问乘槎人，沧洲复谁在。
>
> ——孟浩然《岁暮海上作》

江湖浩渺，竟然容不下一处可以安然垂钓之所。

夜宿于永嘉江之上，天空中一弯斜月相伴。孟浩然想到已经离开绍兴前往长安的好友崔国辅，诗云："我行穷水国，君使入京华。相去日千里，孤帆天一涯。卧闻海潮至，起视江月斜。借问同舟客，何时到永嘉。"（《宿永嘉江寄山阴崔少府国辅》）

永嘉江即瓯江，又称永宁江、温江、慎江，为浙江第二大江。支流主要有小溪、松阴溪、好溪、宣平溪、小安溪、楠溪江、西溪、瓯渠溪、徐岙溪、菇溪、乌牛溪等，有七都岛、灵昆岛、江心屿、西洲岛，有上戍浦、竹浦、桑浦、瓯浦、西郭浦、外沙浦、黄石浦、白沙浦、梅岙浦、焦头浦、河田浦、象浦等十二浦。

瓯江跨现在的丽水、金华、温州和台州等地，贯通浙江南部山区，最后出温州湾入东海。

孟浩然与张子容在黄昏之际终于重逢。在把酒叙旧之际，孟浩然在江心屿作诗一首：

> 逆旅相逢处，江村日暮时。
>
> 众山遥对酒，孤屿共题诗。
>
> 廨宇邻鲛室，人烟接岛夷。
>
> 乡园万余里，失路一相悲。
>
> ——孟浩然《永嘉上浦馆逢张八子容》

孟浩然所言的"孤屿"在"州南四十里永嘉江中。渚长三百丈，阔七十步，屿有二峰"（《太平寰宇记》）。江心屿上建有文天祥祠，文天祥祠附近有明万历年间所建的"浩然楼"，本为纪念文天祥而建，清乾隆时期更名为"孟楼"，也就与孟浩然沾上了一些关系。

这一年的除夕，孟浩然是与张子容一起度过的。

他乡遇故知，实乃人生四大幸事（即洞房花烛夜、金榜题名时、久旱逢甘雨和他乡遇故知）之一。

除夕，兴致颇高的孟浩然接连赋诗两首。其一《除夜乐城逢张少府》云："云海泛瓯闽，风潮泊岛滨。何知岁除夜，得见故乡亲。余是乘槎客，君为失路人。平生复能几，一别十余春。"其二《岁除夜会乐城张少府宅》云："畴昔通家好，相知无间然。续明催画烛，守岁接长筵。旧曲梅花唱，新正柏酒传。客行随处乐，不见度年年。"此际，张子容岂有不写诗回赠的道理，他吟道："远客襄阳郡，来过海岸家。樽开柏叶酒，灯发九枝花。妙曲逢卢女，高才得孟嘉。东山行乐意，非是竞豪华。"（《除夜乐城逢孟浩然》）

前文提到过，古代有于除夕之际喝柏叶酒的习俗，用于辞旧迎新之际的祈福、祝寿和避邪。如南朝梁庾肩吾（487—551）《岁尽应令》云："聊开柏叶酒，试奠五辛盘。"又南北朝庾信（513—581）《正旦蒙赵王赉酒诗》云"正旦辟恶酒，新年长命杯。柏叶随铭至，椒花逐颂来。"

孟浩然与张子容当时喝的就是柏叶浸泡的酒，即张子容所言的"樽开柏叶酒"和孟浩然所吟的"新正柏酒传"。

连日来的大酒尤其是竟夜宴饮，使孟浩然身体消耗非常大，对于江南冬天的冷寒孟浩然更是吃不消。在开元十五年（727）惊蛰前后，孟浩然病倒了乐成，其间有诗云："异县天隅僻，孤帆海畔过。往来乡信断，留滞客情多。腊月闻雷震，东风感岁和。蛰虫惊户穴，巢鹊盻庭柯。徒对芳尊酒，其如伏枕何。归欤理舟楫，江海正无波。"（《初年乐城馆中卧疾怀归作》）

异乡卧病，思乡之情油然而生，于是两位老友分别的时刻也就到来了。孟浩然诗云："旧国余归楚，新年子北征。挂帆愁海路，分手恋朋情。日夕故园意，汀洲青草生。何时一杯酒，重与季鹰倾。"（《永嘉别张子容》）

送别之际总是千难万难的，尤其对于古人来说地理的阻隔是最难以逾越的障碍，所以唐诗中的送别诗比比皆是。与孟浩然分别之际，张子容诗云："东越相逢地，西亭送别津。风潮看解缆，云海去愁人。乡在桃林岸，山连枫树春。因怀故园意，归与孟家邻。杜门不欲出，久与世情疏。以此为长策，劝君归旧庐。醉歌田舍酒，笑读古人书。

好是一生事，无劳献子虚。"（《送孟八浩然归襄阳二首》）

在永嘉任职期间，张子容曾给好友袁瓘写有一首诗——《永嘉即事寄赣县袁少府瓘》："山绕楼台出，溪通里闬斜。曾为谢客郡，多有逐臣家。海气朝成雨，江天晚作霞。题书报贾谊，此湿似长沙。"在唐代，赣县属于虔州。孟浩然、张子容与袁瓘都是襄阳人。

袁瓘（生卒年不详），后移居宋州，曾任左拾遗、太祝、赣县尉等职。袁瓘与孟浩然都喜好剑术。孟浩然在洛阳时曾寻访袁瓘，但因袁瓘其时已经被贬岭南而没有遇到，那时正值乍暖还寒的早春，孟浩然诗云："洛阳访才子，江岭作流人。闻说梅花早，何如北地春。"（《洛中访袁拾遗不遇》）。开元十一年（723）孟浩然与袁瓘在长安重逢。不久之后，袁瓘任赣县尉（少府），孟浩然在送别袁瓘之际感怀往昔："何幸遇休明，观光来上京。相逢武陵客，独送豫章行。随牒牵黄绶，离群会墨卿。江南佳丽地，山水旧难名。"（《送袁太祝尉豫章》）

后来，张子容回襄阳时与孟浩然、卢僎等相聚。此时正值秋天，孟浩然还提到当年在秘书省联句的往事："侧听弦歌宰，文书游夏徒。故园欣赏竹，为邑幸来苏。华省曾联事，仙舟复与俱。欲知临泛久，荷露渐成珠。"（《同卢明府早秋宴张郎中海亭》）

一些研究者认为孟浩然诗中的"卢明府"就是卢象，但此说缺乏证据支持。

卢象（字纬卿），汶水人，曾任校书郎、左拾遗、膳部员外郎，因为受安禄山伪官而被贬永州司户参军。在史料中未见卢象曾任襄阳明府或襄阳令一职。如刘禹锡的介绍："尚书郎卢公讳象，字纬卿，始以章句振起于开元中，与王维、崔颢比肩骧首，鼓行于时。妍词一发，乐府传贵。由前进士补秘书省校书郎，转右卫仓曹掾。丞相曲江公方执文衡，揣摩后进，得公深器之，擢为左补阙河南府司录司勋员外郎。名盛气高，少所卑下。为飞语所中，左迁齐、邠、郑三郡司马，入为膳部员外郎。时大盗起幽陵，入洛师，东夏衣冠不克归王所，为虏劫执，公堕胁从伍中。初谪果州长史，又贬永州司户，移吉州长史。天下无事，朝廷思用宿旧，征拜主客员外郎。"（《唐故尚书主客员外郎卢公集序》）

卢象的经历又见《唐才子传》："象，字纬卿，汶水人，鸿之侄也。携家来居江东最久。仕为校书郎、左拾遗、膳部员外郎。受安禄山伪官，贬永州司户参军。后为主客员外郎。有诗名，誉充秘阁，雅而不素，有大体，得国士之风。集二十卷，今传。同仕有韦述，为桑泉尉。时诏求逸书，命述等编校于朝元殿。后为翰林学士，有诗名，今亦传焉。"

卢象曾为其二十二岁病逝的妹妹写有墓志，读来深切感人，如其中有言："吾与汝执亲之丧，汝以柴毁遘疾膏肓之内，物有凭焉，和、扁之流无能为也。汝以元年而生，以此年而殁，人间则木成一世为里，复何时更来……汝即府君之季女也。天属之重，爱汝特深，未卒哭而汝云逝。君子以为因丧以殒，是行孝于地下。呜呼哀哉！以开元廿二年五月二日而终，十二日权殡于洛阳东原，礼也。"（《范阳卢大人墓志》）

孟浩然诗中的这位"卢明府"实为卢僎。

卢僎，字守成，范阳涿县人，开元六年（718）自闻喜尉入为集贤殿学士，出为襄阳令，后任祠部员外郎、司勋员外郎、吏部员外郎。

张子容后来在乱离中流寓江表，最后辞官归隐旧业。

受到好友张子容的影响，孟浩然离开襄阳开始了十年之久的游历生活，其间曾数次因患病和思乡而回到故乡调整。在唐代诗人中，这种广泛的交游对于增长见识和丰富人生阅历是有益的，当然也是为谋得功名所做的必要的准备。用今天的话来说就是人脉资源的积累和经营。

浙东的天台之行对孟浩然而言无异于一次精神洗礼。在山水风物和佛道之风的濡染中，他的失意困窘暂时得到了纾解。

孟浩然从天台走水路往越州（绍兴的古称）。

潮落江平未有风，扁舟共济与君同。

时时引领望天末，何处青山是越中。

——孟浩然《济江问同舟人》

孟浩然一生对越州的感情极深，如其诗云："清旦江天迥，凉风西北吹。白云向吴会，征帆亦相随。想到耶溪日，应探禹穴奇。仙书倘相示，予在此山陲。"（《送谢录事之越》）

景云二年（711），天下分为二十四个都督府，越州被定为中都督府，隶属于江南道。顾祖禹（1631—1692）所撰《读史方舆纪要》载："绍兴府东至宁波府二百二十里，东南至台州府三百里，西南至金华府四百五十里，西北至杭州府一百三十八里，北至海口三十里。"

孟浩然不会想到，他将对会稽的另一位伟大诗人产生极其重要的影响，这位诗人就是陆游（1125—1210）。陆游曾诗云："山光渐淡川气昏，急雨乱打荷叶喧。小舟横掠湖边村，人家收网半闭门。吾庐未见见堤树，舟人指点孤灯处。蒲丛姑恶最可哀，冲雨飞鸣背人去。"（《小舟湖中夜归追和孟浩然〈夜归鹿门歌〉》）我们再来看看陆游这首和诗提到的孟浩然的《夜归鹿门歌》："山寺钟鸣昼已昏，渔梁渡头争渡喧。人随沙岸向江村，余亦乘舟归鹿门。鹿门月照开烟树，忽到庞公栖隐处。岩扉松径长寂寥，惟有幽人自来去。"

大约在开元二十一年（733）十二月初八这天，孟浩然到新昌大佛寺烧香礼佛。

新昌在唐代为会稽郡所辖剡县的一部分。十二月初八既是传统节日腊八节，又是释迦牟尼的成道日，所以又称"法宝节""佛成道节""成道会"。

在如此特殊的时节孟浩然参拜大佛寺，意义自然不一般。那天，孟浩然大概在寺中喝了"腊八粥"。如文献载："此月八日，寺院谓之腊八。大刹等寺，俱设五味粥，名曰腊八粥。"（南宋吴自牧《梦粱录》）

新昌大佛寺始建于东晋时期，最初名为隐岳寺，后更名为瑞像寺、宝相寺、石佛寺、南明寺等。在唐代，大佛寺之名还不存，名为石城寺。孟浩然在此礼佛并作诗一首，诗云：

石壁开金像，香山倚铁围。

下生弥勒见，回向一心归。

竹柏禅庭古，楼台世界稀。

夕岚增气色，余照发光辉。

讲席邀谈柄，泉堂施浴衣。

愿承功德水，从此濯尘机。

——孟浩然《腊月八日于剡县石城寺礼拜》

这座弥勒佛石像，高 16.3 米，两膝相距 10.6 米。关于当时孟浩然所看到的石像，我们可以通过刘勰在碑文中的描述看看当初大佛历经三十年开凿的艰难过程以及最终的呈现。这样更为真切而直观，恍如我们跟随孟浩然一起来到了现场。

初，隐岳未开，野绝人径。及光公驯虎，时方雨雪，导迹污涂，始通西路。又东岩盘郁，千里联嶂，有石牛届止，至自始丰，因其蹄泺，遂启东道。寻石牛通险，不资蜀丁之力；文虎摽径，无待汉守之威。岂四天驱道，为像拓境者欤？

以大梁天监十有二年岁次鹑尾，二月十二日开凿爰始，到十有五年龙集涒滩，三月十五日妆画云毕。像身坐高五丈，若立形，足至顶十丈，圆光四丈，座轮一丈五尺，从地随龛，光焰通高十丈。自涅盘已后一百余年，摩竭提国始制石像，阿育轮王善容罗汉，检其所造，各止丈六。鸿姿巨相，兴我皇时，自非君王愿力之至，如来道应之深，岂能成不世之宝，建无等之业哉！

——刘勰《梁建安王造剡山石城寺石像碑》

抵达绍兴后，孟浩然在此盘桓、停滞的时间很长。这里是他多年来一直想来的地方，如其诗云：“清旦江天迥，凉风西北吹。白云向吴会，征帆亦相随。想到耶溪日，应探禹穴奇。仙书傥相示，予在此山陲。”（《送谢录事之越》）又如：“久负独往愿，今来恣游盘。”（《游云门寺，寄越府包户曹、徐起居》）

在此期间，孟浩然多与友朋相聚，畅享山水之乐，纾解心中不得志的郁闷之气，如其诗云："陈平无产业，尼父倦东西。负郭昔云翳，问津今亦迷。未能忘魏阙，空此滞秦稽。两见夏云起，再闻春鸟啼。怀仙梅福市，访旧若耶溪。圣主贤为宝，君何隐遁栖。"（《久滞越中，贻谢南池、会稽贺少府》）

这里提到的贺少府是贺朝。贺朝（生卒年不详），越州人，曾任山阴尉。看其诗作，他应该有过边塞或从军的经历。

春天万物复苏，正是农忙的时节。身居异地的孟浩然看着田间地头农人忙碌的身影，在倍感亲切之余也感慨颇多。渔樵耕读自古是文人的传统，然而日出而作、日落而息的田园生活并非那么轻松和富有诗意，正如劳作时突逢一场大雨一样——"田家春事起，丁壮就东陂。殷殷雷声作，森森雨足垂。海虹晴始见，河柳润初移。予意在耕凿，因君问土宜"（孟浩然《东陂遇雨，率尔贻谢南池》）。

孟浩然之所以如此长时间地滞留越地与当地他的一些好朋友有关。除了刚才提到的会稽少府贺朝及谢南池（一作谢甫池，生平不详），孟浩然与崔国辅（崔二十一）及包融的交情也很深。

《唐才子传》载崔国辅（生卒年不详）是山阴（绍兴）人，在开元十四年（726）中进士，同榜登科的有储光羲（706—763，润州延陵人）、綦毋潜（692—749，虔州人）。崔国辅、储光羲与綦母潜都是孟浩然的好友。崔国辅曾任山阴尉、许昌令、集贤院直学士、礼部员外郎。孟浩然与崔国辅在绍兴相遇的时候正好是崔国辅中进士的第二年，此时崔国辅在山阴少府的任上。此次在绍兴分别时崔国辅与孟浩然约定了再聚的时间，这从孟浩然的诗中可以看出："春堤杨柳发，忆与故人期。草木本无意，荣枯自有时。山阴定远近，江上日相思。不及兰亭会，空吟祓禊诗。"（《江上寄山阴崔少府国辅》）

当孟浩然如约而至的时候，崔国辅已离开绍兴往长安任职。在夜宿永嘉江的孤零零的小船上时，孟浩然独对头顶上的一轮泛着寒辉的弯月，更为想念千里之外的这位老友，其诗云："我行穷水国，君使入京华。相去日千里，孤帆天一涯。卧闻海潮至，起视江月斜。借问同舟客，何时到永嘉。"（《宿永嘉江，寄山阴崔少府国辅》）

崔国辅不仅和孟浩然、李白交情深笃，而且对杜甫有知遇之恩。

天宝十载（751），杜甫因为献《三大礼赋》得以让唐玄宗诏试文章。当时崔国辅与于休烈作为集贤院直学士为试官，崔国辅对杜甫的诗才大加赞赏。事后，杜甫非常感念这二位的赏识，诗云："昭代将垂白，途穷乃叫阍。气冲星象表，词感帝王尊。天老书题目，春官验讨论。倚风遗鹢路，随水到龙门。竟与蛟螭杂，空闻燕雀喧。青冥犹契阔，陵厉不飞翻。儒术诚难起，家声庶已存。故山多药物，胜概忆桃源。欲整还乡旆，长怀禁掖垣。谬称三赋在，难述二公恩。"（《奉留赠集贤院崔、于二学士》）此事过去一年之后，即天宝十一载（752），崔国辅被贬为竟陵司马。在竟陵的三年时间里，他结识了一代"茶圣"陆羽。二人时时交游，一起品茗论道，友情深厚。在崔国辅任职到期即将离别之际，他送了陆羽非常珍贵的礼物，如文献载："予有襄阳太守李憕所遗白驴、乌犎牛各一头，及卢黄门所遗文槐书函一枚，此物皆己之所惜者，宜野人乘蓄，故特以相赠。"（《唐才子传》）

孟浩然与崔国辅、贺朝及包融在谷雨时节还一同游览了镜湖，孟浩然作有诗云："试览镜湖物，中流到底清。不知鲈鱼味，但识鸥鸟情。帆得樵风送，春逢谷雨晴。将探夏禹穴，稍背越王城。府掾有包子，文章推贺生。沧浪醉后唱，因此寄同声。"（《与崔二十一游镜湖，寄包、贺二公》）

镜湖位于绍兴城的西南面，又称长湖、大湖、庆湖、贺家湖，相传黄帝曾在此筑镜而称镜湖。《舆地纪胜》卷十载："镜湖，在会稽、山阴两县界。后汉永和五年太守马臻所创，水高丈余，周三百十里，灌田九千顷。或以为黄帝于此铸镜，因得名，非也。盖取其平如镜，又名鉴湖，曰照湖。"唐代初期鉴湖的面积非常大，有"鉴湖八百里"之说。唐代中叶之后鉴湖逐渐淤积、缩减。开元年间，鉴湖东岸建起纪念东汉著名水利学家、会稽太守马臻（88—141）的庙，庙侧有墓。

孟浩然还曾与曹三御史（生平不详）一同泛舟回越，有诗为证："秋入诗人意，巴歌和者稀。泛湖同逸旅，吟会是思归。白简徒推荐，沧洲已拂衣。杳冥云外去，谁不羡鸿飞？"（孟浩然《同曹三御史行泛湖归越》）

当时孟浩然与贺朝、崔国辅、包融、谢南池等友人时常畅游镜湖、云门寺、大禹寺等地，几乎已经到了"乐不思蜀"的境地。

义公习禅寂，结宇依空林。

户外一峰秀，阶前众壑深。

夕阳连雨足，空翠落庭阴。

看取莲花净，应知不染心。

——孟浩然《题大禹寺义公禅房》

我们可以通过宋代诗人苏舜钦（1008—1048）的诗来确认下大禹寺所在的位置，其诗云："鉴湖尽处众峰前，寺古萧疏水石间。殿阁北垂连禹庙，松筠东去入稽山。坐中岩鸟自上下，吟久溪云时往还。我厌区区走名宦，未能来此一生闲。"（《大禹寺》）

大禹寺，即禹王庙，始建于南朝梁大同十一年（545）。

由春入夏再入秋，孟浩然仍在此忘情游乐，如其诗云："言避一时暑，池亭五月开。喜逢金马客，同饮玉人杯。舞鹤乘轩至，游鱼拥钓来。座中殊未起，箫管莫相催。"（《夏日与崔二十一同集卫明府宅》）又如："谁家无风月，此地有琴尊。山水会稽郡，诗书孔氏门。再来值秋杪，高阁夜无喧。华烛罢然蜡，清弦方奏鹍。沈生隐侯胤，朱子买臣孙。好我意不浅，登兹共话言。"（《夜登孔伯昭南楼，时沈太清、朱升在座》）。

《游云门寺，寄越府包户曹、徐起居》中的"包户曹"就是包融。

包融（约695—约764）与储光羲是同乡，即润州延陵人。包融与崔国辅、于休烈、贺朝、万启荣都有深交。开元初年，他还与贺知章、张若虚和张旭被称为"吴中四士"。文献载："先是，神龙中，知章与越州贺朝、万齐融，扬州张若虚、邢巨，湖州包融，俱以吴、越之士，文词俊秀，名扬于上京。朝万止山阴尉，齐融昆山令，若虚兖州兵曹，巨监察御史。融遇张九龄，引为怀州司户、集贤直学士。数子人间往往传其文，独知章最贵。"（《旧唐书》）

包融与孟浩然以及参军殷遥交情深厚。盛夏时节，孟浩然还与崔国辅、贺朝等人在包融的宅邸宴饮，孟浩然有诗云："闲居枕清洛，左右接大野。门庭无杂宾，车辙多长者。是时方盛夏，风物自潇洒。五日休沐归，相携竹林下。开襟成欢趣，对酒不能罢。烟暝栖鸟迷，余将归白社。"（《宴包二融宅》）

我曾在2016年的春天专门来过一次云门寺。

其时游人稀少，寺院幽静异常，甚至连松针掉落的声响都能听到。树枝深处不知名的鸟时时传来清脆的叫声。那时，我不禁想起了罗伯特·潘·沃伦的诗《世事沧桑话鸣鸟》：

那只是一只鸟在晚上鸣叫，认不出是什么鸟，

当我从泉边取水回来，走过满是石头的牧场，

我站得那么静，头上的天空和水桶里的天空一样静。

多少年过去，多少地方多少脸都淡漠了，有的人已谢世，

而我站在远方，夜那么静，我终于肯定

我最怀念的，不是那些终将消逝的东西，

而是鸟鸣时那种宁静。

（赵毅衡　译）

于是，在江南绚烂的春光里我就不由得想到了孟浩然以及他笔下的云门寺。

云门寺位于现在绍兴市柯桥区平水镇平江村，始建于东晋义熙三年（407），其在唐代的规模已经非常庞大。宋代的陆游到此寻访时就曾感叹道："云门寺自晋唐以来名天下。父老言昔盛时，缭山并溪，楼塔重覆、依岩跨壑，金碧飞踊，居之者忘老，寓之者忘归。游观者累日乃遍，往往迷不得出。虽寺中人或旬月不得觌也。"（《云门寿圣院记》）

确凿无疑的是，云门寺本为王羲之第七子中书令王献之的旧宅，后来舍宅为寺。《嘉泰会稽志》云："王献之云门山旧居，诏建云门寺。"《云门寺记》亦称，"寺本中书令王献之旧宅"。

至于王献之这一居所改为寺庙的原因则被传得很神奇。话说晋安帝义熙三年（407）的一个夜晚，王献之宅院的屋顶上空忽然出现五彩祥云而久久不散。王献之将此事奏明晋安帝，于是晋安帝下诏赐号，将这个宅院改建为"云门寺"。门前的石桥，因为五彩祥

云之祥瑞征兆而改名为"五云桥"。《方舆胜览》载:"云门寺,在会稽南三十一里,今名雍熙,为州之伟观。昔王子敬居此,有五色祥云,诏建寺,号云门。"

据说王羲之的第七代孙智永和尚(生卒年不详)曾在云门寺练习书法达三十年之久。传闻《兰亭集序》当年就藏在香阁的梁槛之上,后来监察御史萧翼受梦寐以求要得到此书帖的唐太宗之托,从这里骗走了"天下第一行书"。

自晋代开始,云门寺高僧云集,其中较为知名的高僧有帛道猷、法旷、竺道一、支遁、昙一、弘明、弘瑜、智永、智果、圆信、湛然、灵澈、善现、重曜、净挺、辩才、允若、具德礼、王门等等。六祖慧能曾在曹溪说法,云门寺高僧善现和尚其时围绕其左右。

云门寺的高僧湛然和尚与孟浩然还是好友。而唐代文人,比如王勃、贺知章、李白、杜甫、孟浩然、王维、白居易、元稹、杜牧、宋之问、崔颢、刘长卿、韦应物等都曾在云门寺逗留并作诗,可见有唐一代云门寺的重要性。甚至,"初唐四杰"之一的王勃在永淳二年(683)的三月上巳日(魏以后固定为三月三日)模仿王羲之等人在永和九年(353)的那场兰亭春禊组织了修禊活动。关于修禊活动,《后汉书·礼仪志》载:"是月(三月)上巳,官民皆洁于东流水上,曰洗濯祓除,去宿垢疢,为大洁。"

在云门寺的王子敬山亭,王勃主持了修禊活动,王勃撰写的序文还被誉为仅次于王羲之《兰亭集序》的"天下第二修禊序文"。

感兴趣的读者朋友可以读读王勃的《修禊云门献之山亭序》(又名《三月上巳祓禊序》),感受一下其时文人雅聚的盛况。该文写道:"观夫天下四方,以宇宙为城池;人生百年,用林泉为窟宅。虽朝野殊致,出处异途,莫不拥冠盖于烟霞,披薜萝于山水。况乎山阴旧地，王逸少之池亭，永兴新交，许玄度之风月。琴台寥落，犹停隐遁之宾；酿渚荒凉，尚遏逢迎之客。仙舟荡漾，若海上之槎来；羽盖参差，似辽东之鹤举。或昂昂骐骥，或泛泛飞凫，俱安名利之场，各得逍遥之地。而上属无为之道，下栖玄邈之风。永淳二年，暮春三月，修被禊于献之山亭也。迟迟风景出没，媚于郊原；片片仙云远近，生于林薄。杂花争发，非止桃蹊；迟鸟乱飞，有余莺谷。王孙春草，处处皆春；仲阮芳园，家家并翠。于是携旨酒，列芳筵，先被禊于长洲，却申交于促席。良谈吐玉，长江与斜汉争流；清歌绕梁，白云将红尘并落。他乡易感，增凄怆于兹辰；羁客何情，更欢娱于此日。加以今之视昔，已非昔日之欢。后之视今，亦是今时之会？人之情也，能不悲乎？且题姓字，以表襟怀。使夫会稽竹箭，则推我于东南，昆阜琳琅，亦归予于西北。"

甚至一次还不够，该年秋天，王勃又操持了一次更为盛大的文人雅集活动，有近六十位官员和名士参加（参见王勃《越州秋日宴山亭序》）。

极其可惜、可叹的是，唐武宗李炎（814—846）因为极度迷恋道教而排斥佛教，于会昌年间（841—846）在全国发动毁寺、灭佛、驱僧还俗的运动。会昌五年（845）四月十六日，唐武宗命令所有五十岁以下僧尼还俗，时称"会昌法难"。云门寺以及附近的诸多寺庙也未能躲过此次浩劫，建筑遭到巨大的损毁，僧人也被驱散还俗。而富有戏剧性的是，唐武宗在灭佛运动的次年即暴病身亡。云门寺在五代后唐时期得以重建。现在我们看到的云门寺建筑基本为明清时期的了。

盛唐一代的云门寺盛景只能存在于那时诗人的游踪笔记和诗篇当中了。试看孟浩然笔下的云门寺：

我行适诸越，梦寐怀所欢。

久负独往愿，今来恣游盘。

台岭践磴石，耶溪溯林湍。

舍舟入香界，登阁憩旃檀。

晴山秦望近，春水镜湖宽。

远怀伫应接，卑位徒劳安。

白云日夕滞，沧海去来观。

故国眇天末，良朋在朝端。

迟尔同携手，何时方挂冠。

——孟浩然《游云门寺，寄越府包户曹、徐起居》

　　包融，时任越府户曹参军。孟浩然数次携友人到访云门寺及周边，如其诗云："谓予独迷方，逢子亦在野。结交指松柏，问法寻兰若。小溪劣容舟，怪石屡惊马。所居最幽绝，所住皆静者。云簇兴座隅，天空落阶下。上人亦何闻，尘念俱已舍。四禅合真如，一切是虚假。愿承甘露润，喜得惠风洒。依止此山门，谁能效丘也。"（《云门寺西六七里，闻符公兰若最幽，与薛八同往》）

　　通过这首诗中的"上人亦何闻，尘念俱已舍。四禅合真如，一切是虚假"，我们可以断定孟浩然对佛禅的理解程度已经非常深了。

　　禅宗讲究四禅八定。

　　所谓"四禅"指的是初禅（包括一觉支、二观支、三喜支、四乐支、五一心支）、二禅（包括一内净支、二喜支、三乐支、四一心支）、三禅（包括一舍支、二念支、三慧支、四乐支、五一心支）、四禅（包括一不苦不乐支、二舍支、三念支、四一心支）。其中，最后的"四禅"指的是四禅定，在达到这个境界后人就可以脱离欲望得到真正的解脱。"真如"指的是天地宇宙永恒存在的本体、本质和真实性。《六祖坛经讲话·坐禅品》有云："禅定者，外在无住无染的活用是禅，心内清楚明了的安住是定，所谓外禅内定，就是禅定一如。对外，面对五欲六尘、世间生死诸相能不动心，就是禅；对内，心里面了无贪爱染着，就是定。"参究禅定，那就如暗室放光了。

春夏之交，滞留越地的孟浩然终于离开山阴开始返乡。途中经过广陵时他与薛八再次相聚，此前他们在山阴见过面。此次相遇，应是二人提前约定好的，孟浩然诗云："士有不得志，栖栖吴楚间。广陵相遇罢，彭蠡泛舟还。樯出江中树，波连海上山。风帆明日远，何处更追攀。"（《广陵别薛八》）有研究者认为薛八是薛业。薛业，生卒年和籍贯均不详，为开元、天宝年间的处士，与独孤及、张折冲、柳芳等人均有交往。

第十九章

隐士文化："惊涛来似雪"与"沧江急夜流"

孟浩然曾溯游浙江。

浙江为钱塘江的古称。

钱塘江，古称浙、浙江、罗刹江，因其流向的形状又被称为折江、之江、曲江。钱塘江北源位于安徽休宁县怀玉山主峰六股尖的东坡，南源位于皖境县青芝埭尖北坡。钱塘江如果以北源新安江起算的话长 588.73 千米，若以南源衢江上游马金溪起算则长

522.22 千米。

钱塘江可大体分为三段，即新安江、富春江和钱塘江。

新安江和富春江是钱塘江的上游。

徽州的练江与黄山的浙江汇合后流经淳安县至建德县，这也就是我们所常说的新安江。新安江的支流主要有寿昌江、东源江、丰乐河、武强溪、昌溪、休宁河。

新安江和发源于金华的兰江在建德梅城汇合后继续向东北流，下行至浦阳江口东江嘴的河段称为富春江，流经桐庐、富阳。富春江段的支流主要有水江、渌渚江、壶源江。

富春江向东到杭州萧山闻堰三江汇入口（富春江、浦阳江和钱塘江的交汇处），即为钱塘江，然后经杭州湾喇叭口入东海。入海口的位置是海盐县的澉浦至对岸余姚的西三闸一线。钱塘江段支流有浦阳江、曹娥江等。钱塘江段流经杭州市区、余杭、海宁、海盐、平湖、萧山、绍兴、上虞、余姚、慈溪、镇海等。

钱塘江的喇叭口（出海口）因为极其特殊的地形而形成特有的大潮景观，即自古有名的钱塘江大潮。

钱塘潮又称海宁潮、浙江潮，苏东坡说过："庐山烟雨浙江潮，未至千般恨不消。到得还来别无事，庐山烟雨浙江潮。"大潮涨潮的时间不定，因地形以及季节而复杂多变，所以还可分为交叉潮、一线潮、回头潮、冲天潮、半夜潮、丁字潮、怪潮、鬼王潮等。农历八月十五至八月十八由于引潮力最大，钱塘潮的潮峰最高，场面最为壮观。八月十八还被认为是潮王的生日而称为观潮节。绝佳观潮点主要有海宁的丁桥镇、盐官古镇、老盐仓、天风海涛亭以及萧山的赭山美女坝等。

孟浩然在钱塘江游历，自然不肯错过这一壮阔而撼人心魄的大潮景观。

我们通过两首诗看看其时孟浩然观潮的具体情形：

百里闻雷震，鸣弦暂辍弹。

府中连骑出，江上待潮观。

照日秋云迥，浮天渤澥宽。

惊涛来似雪，一坐凛生寒。

——孟浩然《与颜钱塘登樟亭望潮作》

水楼一登眺，半出青林高。

帘幕英僚敞，芳筵下客叨。

山藏伯禹穴，城压伍胥涛。

今日观溟涨，垂纶学钓鳌。

——孟浩然《与杭州薛司户登樟亭楼作》

孟浩然此次观潮的时间正佳，即农历八月，如其诗云："八月观潮罢，三江越海浔。回瞻魏阙路，空复子牟心。"（《初下浙江舟中口号》）孟浩然提到的"三江"并非诸多水道的泛称，而是特指吴江、钱塘江以及浦阳江。由此我们也得知孟浩然是先在杭州郡的钱塘县和临安县等地逗留，然后继续游历越州等地。

孟浩然此次观潮的地点非常明确，即樟亭（樟亭楼）。这里是当年钱塘县最为理想的观潮点。

北宋钱俨撰《吴越备史》卷二记载钱镠于"八月，始筑捍海塘。王因江涛冲激，命强弩以射涛头，遂定其基，复建候潮、通江等城门"。候潮门又名竹车门，正临潮水之冲，城门外即是樟亭驿。到

323

宋代时候潮门附近已经非常繁盛了，如文献所记："吴越城东四门，曰竹车、南土、北土、宝德。宋城东七门，曰便门、候潮、保安、新开、崇新、东青、艮山。其候潮即竹车基也。门外为吴越射潮处，宋时有花团、鳌团、如意馆、白璧营、雪醅库、椤木营、夫差庙、红亭税务、市舶务、护圣军寨、外沙巡检、修江司营诸迹。"（《湖山便览》卷十一）

樟亭和樟亭楼所指即樟亭驿，又称南驿。据明代田汝成（1503—1557）所撰《西湖游览志》，樟亭驿大体位于今天杭州市城南白塔岭下的钱塘江滨。唐代末年，即887年的一天夜里，镇海节度使周宝被杀死在樟亭驿。

通过晏殊（991—1055）的《舆地志》可知樟亭在北宋时期已经废毁了，即"在钱塘旧治南五里，今废"。南宋时樟亭改名为浙江亭，如文献载："樟亭驿，即浙江亭也，在跨浦桥南江岸。"（吴自牧《梦粱录》）清代顾祖禹《读史方舆纪要》载："柳浦在府城东南五里候潮门外。江干有浙江亭，亭北有跨浦桥，六朝时谓之柳浦埭。"

如今樟亭楼早已不存，其附近的白塔尚在。塔身刻有"乾德三年乙丑岁六月庚子朔十五日甲寅日天下大元帅钱俶建"。

唐代诗人除了孟浩然之外，李白、白居易和许浑都写有关于樟亭的诗。

我们已经明晓孟浩然观潮的时候正是农历八月，是观潮最埋想的时间。这在古代交通不发达、出游不便的情况下，孟浩然能够赶上如此盛景是十分难得的。孟浩然的"惊涛来似雪，一坐凛生寒"让人不禁想到李白的诗句："浙江八月何如此，涛似连山喷雪来。"（《横江词》）

海宁盐官是观钱塘潮的绝佳位置之一，而距此不远的硖石是"新月派"著名诗人徐志摩（1897—1931）的故乡。

1923年9月28日这天，正是农历八月十八日的观潮节。应徐志摩之约，胡适、朱经农、陶行知、曹诚英、陈衡哲、马君武、任洪隽等一行十人乘两只船在海宁盐官相聚观潮。此事见徐志摩1923年10月1日记所载："我原定请他们看夜潮，看守即开船到硖石，一早吃锦霞馆的羊肉面，再到俞桥去看了枫叶，再乘早车动身各分南北。后来叔永夫妇执意要回去，结果一半落北、一半上南，我被他们拉到杭州去了。"

随着冬天的到来，江南的天气渐冷。年底的寒彻时节孟浩然正只身客寓富阳，作有诗云："西上游江西，临流恨解携。千山叠成嶂，万水泻为溪。石浅流难溯，藤长险易踌。谁怜问津者，岁晏此中迷。"（《游江西留别富阳裴、刘二少府》）

富阳东接萧山，南连诸暨，西南通桐庐。富阳地貌以"两山夹江"为主要特征，"两山"即西北的天目山和东南的仙霞岭余脉，"江"即富春江。

之后，孟浩然从富阳溯富春江往桐庐，作有诗云："予奉垂堂诫，千金非所轻。为多山水乐，频作泛舟行。五岳追向子，三湘吊屈平。湖经洞庭阔，江入新安清。复闻严陵濑，乃在兹湍路。叠障数百里，沿洄非一趣。彩翠相氛氲，别流乱奔注。钓矶平可坐，苔磴滑难步。猿饮石下潭，鸟还日边树。观奇恨来晚，倚棹惜将暮。挥手弄潺湲，从兹洗尘虑。"（《经七里滩》）

通过孟浩然途径的五岳、三湘、洞庭湖、新安郡（新安江）、富春江、严子陵钓台，我们已大体知道孟浩然在这段时间内的游踪以水路为主。

七里滩，别名七里泷、七里濑、富春渚，位于浙江桐庐县境内，富春江流经此处，又因东汉著名的隐士严子陵（前39—41）在此耕读垂钓而称子陵滩、严陵濑。如文献载："（严光）耕于富春山，后人名其钓处为严陵濑焉。"（《后汉书》）

严子陵钓台对应着孟浩然所说的"钓矶平可坐"，它位于桐庐县南的富春江侧，"坛下连七里濑"（《太平寰宇记》）。对于此际功名无望只能泛舟江海、寄情山水的孟浩然来说，严子陵作为隐士的标杆不能不令他仰望。后世的范仲淹撰《严先生祠堂记》一文高度评价严子陵的风范："云山苍苍，江水泱泱。先生之风，山高水长。"

飘零异地的孟浩然夜宿桐庐江上。

一轮寒月孤悬在夜空。江风彻骨，水流湍急，客舟不停地晃动，正是天冷人孤单。两岸凄厉的猿啼更是让孟浩然彻夜难眠，他不由得想起往日在广陵（扬州）交游的美好时光，竟至潸然泪下。

山暝闻猿愁，沧江急夜流。

风鸣两岸叶，月照一孤舟。

建德非吾土，维扬忆旧游。

还将两行泪，遥寄海西头。

——孟浩然《宿桐庐江寄广陵旧游》

桐庐江即桐溪，经桐庐流入桐江。

《元和郡县图志》卷二十五载："桐庐江源出杭州于潜县界天目山，南流至县东一里入浙江。"

七里滩距离建德只有四十里。之后，孟浩然从桐庐往建德。

在建德江边夜宿时，孟浩然写下千古名诗：

> 移舟泊烟渚，日暮客愁新。
> 野旷天低树，江清月近人。

——孟浩然《宿建德江》

建德江是新安江流经浙江建德西部的一段江水，为新安江和兰溪汇合而成。

此时，孟浩然客宿建德江边，傍晚时分的小洲、旷野、丛林、天空直至夜空的明月都使得一个异乡人倍感愁苦。一个"新"字几乎写尽了羁旅漂泊之人凄凉、悲戚的心理感受和精神境遇。

新安县（淳安县的旧称）的张少府是孟浩然的老友。富有戏剧性的是，孟浩然这位异乡客却要在越中送这位朋友前往秦地，如其诗云："试登秦岭望秦川，遥忆青门春可怜。仲月送君从此去，瓜时须及邵平田。"（《送新安张少府归秦中》）开元二十年（732），新安县改为还淳县，所以孟浩然此诗肯定作于732年之前。

身殁与永怀

第二十章

"恰到书生冢便低"：孟浩然的墓碑去了哪儿

孟浩然从吴越回来途中溯江夏过郢州。

在小舟中他仍然时时回味着在吴越期间的经历。

> 远游经海峤，返棹归山阿。
>
> 日夕见乔木，乡关在伐柯。
>
> 愁随江路尽，喜入郢门多。
>
> 左右看桑土，依然即匪他。
>
> ——孟浩然《归至郢中》

郢中，即现在的湖北钟祥。"钟祥"得名于明朝嘉靖皇帝，他在此出生、发迹，所以取"风水宝地、祥瑞所钟"之寓意为此地命名。著名文学家、辞赋家宋玉（约前298—前222）就是这里的人。《钟祥县志》记载："宋玉，邑人也，隽才辩给，善属文而识音。"白居易曾在郢州登临白雪楼，并作诗云："白雪楼中一望乡，青山簇簇水茫茫。朝来渡口逢京使，说道烟尘近洛阳。"（《登郢州白雪楼》）

谁也不会知道身后事。

孟浩然自然也不会料到，在自己去世后有人在这里建起一座亭子来纪念他，好友王维甚至在此给他画像、题诗。

　　　　世人都晓神仙好，惟有功名忘不了。

　　　　古今将相在何方，荒冢一堆草没了。

　　这出自《红楼梦》中跛足道人的《好了歌》。

　　如果你有机会去襄阳，按图索骥的话还能看到一座孟浩然的墓。但是唐代时期孟浩然的墓碑早已不知所终，而墓志铭对于了解孟浩然起到极其重要的作用。

　　那么这块墓碑为何消失了呢？

　　我想，这对于去过或没有去过襄阳的人来说都是解不开的千古谜团。

　　2011年12月26日，早上，樊城。

　　一艘挖石(沙)船在樊城杜甫巷码头附近挖出了一座唐代的墓碑。

　　墓碑的主人是襄阳人韩南盛（字昌本），曾经任云南郡太守。韩南盛娶会稽郡太守袁仁敬之女为妻。

　　韩南盛于开元二十八年（740）九月十九日病故于襄阳私宅，享年六十六岁。巧合的是，孟浩然也在这一年去世。有研究者猜测，韩南盛墓碑的书写者是与上官婉儿、薛涛、鱼玄机齐名的开元天宝时期的才女道士李冶（约730—784，字季兰），因为墓碑残损处有"兰书"字样。

　　孟浩然与韩南盛及韩南盛的岳父袁仁敬都有交集。

　　袁仁敬，字道周，陈郡阳夏（今河南太康）人。其高祖袁浚于梁武帝普通年间（520—527）任襄阳令，袁氏徙居襄阳。可见袁仁敬与孟浩然以及襄阳的渊源更深。袁仁敬在天授年间（690—692）中进士，曾任汤阴县尉、福昌县尉、大理评事、司直丞、大理少卿、杭州刺史、仓部司勋员外郎、御史中丞、尚书左丞。袁仁敬是唐代著名的司刑官，为人刚直清廉，死后有囚人作歌云："天不恤冤人兮，何夺我慈亲兮。有理无申兮，痛哉安诉陈兮。"（《袁仁敬歌》）

袁仁敬于开元二十一年（733）七月三十日暴卒于京师宣阳里之私第，于该年冬天十月二十七日迁葬洛阳龙门之西原。按墓志所记其享年七十一岁，则可推断袁仁敬大体生于龙朔二年（662）。

《秦中苦雨思归，赠袁左丞、贺侍郎》一诗作于孟浩然因为连日大雨羁留在关中时期，诗中提到的袁左丞就是袁仁敬。

> 念尔习诗礼，未曾违户庭。
>
> 平生早偏露，万里更飘零。
>
> 坐弃三牲养，行观八阵形。
>
> 饰装辞故里，谋策赴边庭。
>
> 壮志吞鸿鹄，遥心伴鹡鸰。
>
> 所从文且武，不战自应宁。
>
> ——孟浩然《送莫甥兼诸昆弟从韩司马入西军》

孟浩然送外甥从军，这里的"韩司马"正是韩南盛。

美国汉学家比尔·波特在襄阳寻访孟浩然墓时认为鹿门寺附近的孟浩然墓只是一个衣冠冢，他记述道："我来到前院和方丈说了几句话，当说及孟浩然之墓，他说附近确实有一座。然后他带我出

前门，在公路上指着前方大概不到一百米的地方。接着他又补充说：那座墓地不是真的，只是一座衣冠冢。"（《寻人不遇》）

甚至比尔·波特还由此作出了一个大胆的推测。

他认为孟浩然墓并不在鹿门寺附近，而是在已经消失了的汉江之上的蔡洲。

他的理由如下：

> 我突然顿悟：孟浩然的墓地根本就不在岘山。它在汉江中央的沙洲上，而那座沙洲已经消失。所以很自然，王维知道他的朋友葬在哪里——如他的诗中所言"江山空蔡洲"。孟浩然的墓地被毁，墓碑被送到寺里的原因不是由于战争或者盗墓者，而是由于汉江本身。这样的解释合情合理。
>
> ——比尔·波特《寻人不遇》

比尔·波特的这一猜测显然是来自王维的诗——《哭孟浩然》：

> 故人不可见，汉水日东流。
>
> 借问襄阳老，江山空蔡洲。

但事实上，比尔·波特的这一推测并无依据，只是充分发挥了他作为游记作家的想象力而已。

孟浩然墓位于襄阳城东南的凤林南麓。

如今我们看到的墓地都是晚近时期修葺的。墓碑上刻着"唐孟浩然之墓"以及"唐故诗人孟浩然墓志铭"。墓的附近还有两座石碑,分别刻着李白和王维写给孟浩然的诗《赠孟浩然》和《哭孟浩然》。

按照《舆地纪胜》的说法,《唐故襄州处士孟君墓碣铭》为樊泽撰文。

在唐德宗年间(780—805),孟浩然的墓就已经"瘴坏"。荆南节度使樊泽曾"封宠其墓"并刻碑"凤林山南"。

樊泽(749—798)自幼孤贫,成年后颇有武力,尤擅兵法,曾任磁州司仓、尧山县令、右补阙、御史中丞、金部郎中、山南东道行军司马、山南东道节度使、右卫大将军、荆南节度使、检校右仆射等职。

樊泽两次在襄州任职。第一次是在兴元元年(784),接替贾耽任襄州刺史兼御史大夫、山南东道节度使。这次任职期间的贞元二年(786),樊泽生擒了叛将李希烈,可见其勇武而又足智多谋。贞元三年(787)十月,樊泽接替曹王李皋(733—792)任荆南节度使、江陵尹兼御史大夫。贞元八年(792)三月十一日,因李皋突然病故在山南东道节度使兼襄州刺史任上,樊泽再次任襄州刺史、山南东道节度使。由上可见,其修缮孟浩然墓的时间在784年至792年之间,此时距离孟浩然去世去了四五十年。

但是樊泽修葺过后没几年,孟浩然的墓又受到了破坏,或是人为或是自然力所致。

唐宪宗元和四年(809),任荆南节度使赵宗儒(746—832,唐中期宰相,其于元和六年四月回京任刑部尚书)记室参军(从六品上)的符载撰有《从樊汉南为鹿门处士求修墓笺》一文。

334

符载极其详尽地描述了其时孟浩然墓地破败不堪的情形，即"颓陷荒圃，形或异斧，高不及隐，永怀若人，行路慨然"。

兹录全文如下：

> 庐山山人符载顿首顿首死罪。夫仁义扬显朗，德之充也，惠慈被幽昧，仁之原也。窃见故鹿门孟处士浩然，纳灵含粹，仗儒杰立，文宝贵重，价吞连城，一旦殒落，门胤陵蔑。吁嗟丘陇，颓陷荒圃，形或异斧，高不及隐，永怀若人，行路慨然。前日辨觉佛寺岘首亭恭睹明公垂意拳拳，将墓文表隧封起窀穸，合境搢绅，暓闻嘉声，风动兴感，偕至踊跃。然垂休务当时，从善贵流今，阁下外迫军旅程使之剧，内劳宾客俯仰之勤，牵耗星岁，未遑指顾，常恐旦夕，飞践廊庙，缠绵深旨，郁纡不写，则处士之风流精爽，沉翳厚地矣。或好事者乘而射之，孤负夙志矣。伏惟阁下醇仁盛德，覆乎草木；除恶彰善，发于乡党，割省庶务，凝神晷刻，眄睐官属，望则首尾，实足以赴士林之翘翘，慰羁魂之冥冥。事关教化，不主名誉，伏惟念虑之，始终之。幸甚！幸甚！

符载（约760—822），字厚之，武都（今四川绵竹）人。其早年与崔群、杨衡、李渤等隐居庐山五老峰下，号称"山中四友"。符载曾任奉礼郎、南昌军副使、四川节度使韦皋掌书记、京南节度使赵宗儒记室参军、监察御史。窦庠曾写诗给符载，表达自己抑郁不得志的心情："白社会中尝共醉，青云路上未相逢。时人莫小池

中水，浅处无妨有卧龙。"（《醉中赠符载》）

再说到白居易，他的家族与襄阳和孟浩然的渊源都很深。

白居易，字乐天，号"香山居士"。其于贞元十六年（800）进士及第，曾任秘书省校书郎、盩厔县尉、翰林学士、左拾遗、左赞善大夫、江州司马、忠州刺史、杭州刺史、苏州刺史等职。

白居易的父亲白季庚（729—794），华州下邽（今陕西渭南市临渭区）人，擢明经第，曾任萧山县尉、左武卫兵曹参军、宋州司户参军、彭城县令。白季庚平叛军有功，"德宗嘉之，命公自朝散郎超授朝散大夫，自彭城令擢拜本州别驾，赐绯鱼袋，仍充徐泗观察判官"（白居易《襄州别驾府君事状》）。白季庚在唐德宗贞元十年（794）五月二十八日病逝于襄州别驾任上，当时安葬于襄阳东津乡的南原。

元和六年（811）十月八日，白居易将父亲灵柩迁葬于下邽县义津乡北原。白居易此次到襄阳专门凭吊了孟浩然：

楚山碧岩岩，汉水碧汤汤。

秀气结成象，孟氏之文章。

今我讽遗文，思人至其乡。

清风无人继，日暮空襄阳。

南望鹿门山，蔼若有余芳。

旧隐不知处，云深树苍苍。

——白居易《游襄阳怀孟浩然》

此时在白居易的眼中，襄阳因为没有了孟浩然而显得空空荡荡，但他也只能远远望着鹿门山而感怀斯人。

晚唐诗人罗隐（833—910）写有《孟浩然墓》一诗："数步荒榛接旧蹊，寒江漠漠草凄凄。鹿门黄土无多少，恰到书生冢便低。"此时，罗隐看到的墓地景象已经甚为荒凉了。

到了清代末年的时候，曾经草木葳蕤、松柏森然的孟浩然墓地只有光秃秃的一个土冢了。

我们可以看看晚近时期孟浩然墓的几次修葺情况。

1928年，时任国民革命军十四军四十九师师长的岳森（1880—1957）来此凭吊孟浩然并更换了原碑。

国民革命军五十一师师长兼襄樊警备司令范石生（1887—1939）在1929年底率部移师襄阳，在此期间也曾修葺孟浩然墓。此前（1928年），他曾协助朱德摆脱蒋介石的追捕，使得朱德成功带领湘南起义军一万多人到了井冈山。1939年3月17日下午，范石生被暗杀于昆明，身中十三枪。

1955年，在县长李仲秋的主持下重修孟浩然墓，李仲秋还撰写了碑记。"孟浩然之墓"这五个字出自郭沫若之手。

1971年，湖北发电机厂在此建厂，把孟浩然墓向东迁了三百米。

现在我们看到的孟浩然的墓碑高1.8米，宽0.8米。此碑是当地文物管理部门在1983年重立的。

孟浩然不会想到他与寺庙的缘分竟然如此之深。

死后，其墓碑竟然被移至谷隐寺。

那么，为何墓碑到了谷隐寺？

谷隐寺在襄阳习家池附近的山谷中。现在的谷隐寺是2013年在原址上重建的。

"唐宋八大家"之一的曾巩（1019--1083）曾在熙宁六年至熙宁九年（1073—1076）任襄州知州。值得一提的是，曾巩的弟弟曾布（1036—1107）娶魏玩（字玉汝）为妻，而魏玩是邓城（今襄阳市樊城区）人，是与李清照齐名的女词人。曾巩在襄州期间写有为数不少的诗歌，其中便有关于谷隐寺的。

> 岘南众峰外，窅然空谷深。
> 丹楼依碧殿，蔓出道安林。
> 习池抱邻曲，虚窗漱清音。
> 竹静幽鸟语，果熟孤猿吟。
> 故多物外趣，足慰倦客心。
> 但恨绁尘羁，无繇数追寻。
>
> ——曾巩《谷隐寺》

曾巩任职期间，正好赶上襄阳大旱。为此，他写了《襄州诸庙祈雨文》《邪溪祈雨文》《诸葛武侯庙祈雨文》《五龙堂祈雨文》《灵溪洞雨祈文》等二十余篇祈雨文。

宋代庄绰（约1079—1149）曾任襄阳尉。其在《鸡肋编》（三卷）中非常详细地谈到了襄阳的历史人物、风物遗迹以及谷隐寺存放孟浩然墓碑之事。读这些文字时，我们满心尽是沧海桑田之感。

兹录如下：

> 杜预好后世名，刻石为二碑，纪其勋绩。一沉万山之下，一立岘山之上，曰："安知此后不为陵谷乎？"余尝守官

襄阳，求岘山之碑，久已无见；而万山之下，汉水故道去邓城数十里，屡已迁徙，石沉土下，哪有出期？二碑之设，亦徒劳耳！今州城在岘、万两山之间，刘景升墓在城中，盖非古所治也。岘山在东，上有羊叔子庙；万山在西，元凯祠在焉。去三顾门四里，山下乃王粲井。石阑有古篆刻，今移在州宅后圃。过山十余里即隆中，孔明故居之地，亦有祠。其前小山名作乐，相传躬耕歌《梁甫吟》于此。万山又名小岘，或曰西岘，故子美诗云："应同王粲宅，留井岘山前。"孟浩然葬凤林关外，后人迁其墓碑于谷隐寺中，遂失冢所在。习池在凤林山，北岸为汉江所啮，甚迩。数十年之后，当不复见矣。

庄绰谈到，孟浩然被葬于凤林关外。

《湖北通志》也有相关记载："按《寰宇记》，孟浩然碑在县南十二里，盖亦指凤林山而言。《碑目记》谓'在谷隐寺'，寺在县南十二里，殆后人移置寺中欤？"《舆地纪胜》卷八十二载："凤山，在襄阳县东南十里。梁韦叡于山立寺，唐《孟浩然传》云'楚泽为刻碑凤林山南'，即此。"

凤林关位于襄阳城南，东临汉水，西靠岘山，北起岘首而南至观音阁。观音阁前曾有凤凰亭，观音阁下有凤凰池（凤凰滩）。站在观音阁，向东可望鹿门山。凤林关是长约两千米的一个南北走向的狭长的古代官道。

《襄阳县志》记载："凤林关，距城七里，在凤凰山南麓，为凤林渡，昔刘景升设伏毙孙坚即此。"《三国志·孙破虏讨逆传》称：

"初平三年，术使坚征荆州，击刘表。表遣黄祖逆于樊、邓之间。坚击破之，追渡汉水，遂围襄阳，单马行岘山，为祖军士所射杀。"

值得注意的是，与此相关的史料往往"风林""凤林"混用。

古凤林渡，即渔梁渡。这里是孟浩然当年往来襄阳与鹿门山的必经之地。凤林关西，凤凰山南麓有习家池，即"高阳池"，池边原有凤泉馆、芙蓉台。

凤林关附近（岘首山东侧）还有伟大诗人杜甫的衣冠冢，即"唐杜工部之墓"。

关于杜甫之死，我们可以看看《新唐书·列传·第一百二十六》所载："大历中，（杜甫）出瞿唐，下江陵，溯沅、湘以登衡山，因客耒阳。游岳祠，大水遽至，涉旬不得食。县令具舟迎之，乃得还。令尝馈牛炙白酒，大醉，一昔卒，年五十九。"

杜甫的孙子杜嗣业从河南往湖南耒阳迁葬祖父灵柩途中路过襄阳，有感于这里是杜氏一族的老家，而将随身携带的杜甫的衣物葬于此地。

据杜甫第三十一代孙杜君陈在《重修杜氏谱牒源流发挥》（见清乾隆三十五年《京兆杜氏宗谱》）中所记，杜嗣业是在唐宪宗元和八年（813）"受父命，去甫殁余四十年启甫之柩，襄祔事于偃师，途次，子荆乞言，元稹征之为志"。

有当地研究者认为之所以孟浩然的诗歌中多次出现景空寺而没有出现谷隐寺，就在于二者实为同一所寺庙，只是不同时期的名称不同而已。

《襄阳县志》记载："景空寺在城南十里白马山。晋安王为释法聪建，初名灵泉寺，又敕徐摛住处造灵泉寺，周改为静林寺，隋改为景空，后一名白马寺。"

为什么孟浩然的墓碑在宋初的时候会到了谷隐寺呢？

其中一个重要原因就是孟浩然的墓遭到了巨大的破坏，所以墓碑被暂存在谷隐寺中。

谷隐寺为襄阳名刹，历史悠久。

据乾隆二十五年（1760）陈锷纂修的《襄阳府志》记载，该寺始建于晋代，位于"城东南谷隐山。晋宁康中建。峰峦环抱，竹树萧疏，寺之清幽者也，习凿齿栖隐于此"。宁康即373年至375年。也有研究者认为谷隐孜禅师为谷隐寺的开创者，时间在大历（766—779）贞元（785—805）年间。清同治年间李士彬编纂的《襄阳县志·寺观》载："谷隐寺在县南十里。晋建。唐元徽之《酬翰林白学士代书一百韵诗》'贪过谷隐寺，留读岘山碑'。自注云：'寺在亭侧是也。'"其中提到的元徽之就是唐诗著名诗人元稹。

谷隐寺遗址位于阎家冲的西部，距习家池很近。如今，只有寺前的两株银杏树见证了一千多年历朝历代的风雨。现代学者研究指出："谷隐寺基址尚存，在襄阳城约五公里的阎家冲西部，距习家池仅百步之遥。残存的五间硬山顶砖木结构房屋被襄樊监狱三监区占用。寺前的两株银杏树枝繁叶茂，其特异之处在于一株树叶向上，一株枝叶向下，被附近群众称作'阴阳树'。从孟浩然的诗中，也可找到景空寺即是后来谷隐寺的证据。'池上青莲宇，林间白马泉'，这里的'池上'当指习家池，'白马泉'当指白马山泉。"（魏平柱《孟浩然家居地考析》）

比尔·波特在前些年来此寻访时见到的是这样的情景："穿过一些杂草丛生的建筑，我看见旁边有一棵古银杏，于是上前去看。

树下，有一块石头，上面刻有'谷隐寺'三个字，这就是我要找的地方！远处几百米处，还有一棵银杏。如果谷隐寺是对着汉江朝东而立的话，那么这两棵树应该是分立于寺门口的。这是寺院门口的标准布置：两棵树，要么是香柏，要么是洋槐，但经常是银杏，而寺院大门一般是朝东或者朝南。谷隐寺已经不见了，孟浩然的墓碑应该就埋在几个世纪以来的乱石层下。"（《寻人不遇》）

但孟浩然的墓碑最后到底去了哪儿？

这个问题，谁也回答不了。

2022 年 3 月 17 日一稿

2022 年 4 月 15 日二稿

2022 年 5 月 12 日三稿

2022 年端午节改订于怀雪堂

2023 年 4 月 15 日修订于京郊山麓

全国总经销

捧 读 文 化
触及身心的阅读

出 品 人　张进步　程　碧

责任编辑：严　娇
特约编辑：张浩淼
内文排版：张晓冉
封面设计：仙境设计
封面插画：虫创纪文化